西北大学“双一流”建设项目资助出版
配合“爱课程网”中国大学MOOC平台线上授课教材

U0882605

创新创业
新思维与新实践

CHUANGXIN CHUANGYE XINSIWEI YU XINSHIJIAN

主编 顾 颖 王莉芳

西北大学出版社
·西安·

图书在版编目（CIP）数据

创新创业新思维与新实践 / 顾颖，王莉芳主编 .--西安：西北大学出版社，2020.8

ISBN 978-7-5604-4585-4

Ⅰ.①创… Ⅱ.①顾… ②王… Ⅲ.①创业—教材 Ⅳ.① F241.4

中国版本图书馆 CIP 数据核字（2020）第 159509 号

创新创业新思维与新实践

主　　编	顾　颖　王莉芳
出版发行	西北大学出版社
地　　址	西安市太白北路 229 号
邮　　编	710069
电　　话	029-88302825
经　　销	全国新华书店
印　　装	陕西奇彩印务有限责任公司
开　　本	787mm × 960mm　1/16
印　　张	16
字　　数	310 千字
版　　次	2020 年 8 月第 1 版　2020 年 8 月第 1 次印刷
书　　号	ISBN 978-7-5604-4585-4
定　　价	45.00 元

本版图书如有印装质量问题，请拨打电话 029-88302966 予以调换。

《创新创业新思维与新实践》

编委会

主　编　顾　颖　王莉芳

副主编　郭建琼　董　驰　房路生　王　鸿

编　委（以姓氏笔画为序）

王肖利　王莉芳　王　鸿　王晓燕　毛　倩　包雪凌

刘天利　刘　艳　杜丽萍　叶欣鸽　阮添舜　杨　帆

杨　琨　范王榜　房路生　段　阳　郭建琼　贺艳婷

顾江寒　顾　颖　彭珍珍　董　驰

内容简介

本教材主要介绍了3部分内容：

第一篇为创新创业十大精华模块理论与应用。这部分内容概括为“创办、管理、风险、机遇”，是系统性学习创新创业及创业实操的核心内容。内容不乏商业案例、商业故事和商业模式，以及解决现实问题的思路和途径，启迪读者正确认知创新创业、实践创业，把握创业公司的运营管理及创造价值。

第二篇为创新创业学习与实操交流及项目评析。这部分内容是创新创业专家、社会创业实践者、立志创业的大学生共同研讨创业中的现实问题，交流解决问题的思路、智慧，分享行业的创业经验。通过评析大学生校园创业项目案例，大家相互促进、相得益彰。

第三篇为创新创业重要专题专家论坛。这部分内容是对数字经济时代新知识、新思维的补充，强化务实创业中需要关注的重要问题以及解决问题的思路和方法。

教材中的3个部分，第一篇为本教材体系化的核心内容；第二篇和第三篇为本教材内容的实践课堂和重要补充。

本教材的特点：传承经典、时代新知、突出人本、博采众长、大道至简、案例丰富。

扫描此二维码注册、免费学习“爱课程网”中国大学MOOC

课程名称：创新创业新思维与新实践

课程编号：1202NWU025

序　言

五年前，中国政府提出的“大众创业、万众创新”是激发亿万群众智慧和创造力的重大改革举措，是实现国家强盛、人民富裕的重要途径。创新创业业已成为时代潮流，成为汇聚经济社会发展磅礴力量的强大动能。

创新创业既是社会发展之必要，同时也是国家缓解就业压力、创造就业岗位之必需。更重要的是，创新创业是学生人生的必修课，对其成长成才不可或缺。创新创业有利于把兴趣与职业紧密结合，实现人生价值；有利于培养自立自强意识、开创意识和风险意识，有利于锤炼拼搏精神和艰苦奋斗作风。创新创业教育不仅有助于为国家造就一批年轻的企业管理人才，也有利于推动我国高等教育形成新的人才质量观、新的教学质量观和新的大学质量文化观。

为加速推进高等学校高质量创新创业教育，《国务院办公厅关于深化高等学校创新创业教育改革的实施意见》《教育部关于大力推进高等学校创新创业教育和大学生自主创业工作的意见》，明确要求所有高校都开设创新创业教育课程，促进“创新创业教育”与专业教育相结合，推动新文科、新工科、新农科和新医科相结合。当前创新创业教育正在深度融入中国高校人才培养的全过程，为国家“创新驱动发展战略”提供强有力的人才支撑。

作为创新创业教育的重要平台，2015 年开启的中国“互联网 +”大学生创新创业大赛，助力于深化和强化大学生的创新精神、创业意识和创造能力。大学生利用“互联网 +”，积极探索众创、众包、众扶、众筹等新模式，促进自身学业、专业与市场需求的对接和引领，推动传统产业与新兴产业融合，有效汇聚资源，推进分享经济成长，助推创新驱动发展新格局。

呈现在读者面前的这本《创新创业新思维与新实践》，正是在创新创业不断向纵深发展的新形势下写就的。该教材是基于作者多年来从事创新创业教育和创业管理专业教学的经验积累编写而成，作者对新时代创新创业教育进行了卓有成效的探索，本教材注重科学性、理论性、系统性和实践性的有机统一，具有鲜明的时代特色，具体表现为如下的特点：

一是创新创业“新思维”。面对“互联网 +”商业格局从“规模经济”向“范

第二篇　创新创业学习与实操研讨及项目评析

第三篇　创新创业重要专题专家论坛

第一篇

创新创业十大精华模块理论与应用

模块一　最重要的创办条件：企业家本人

☞ 内容提要

创新动力、创新能力和企业家精神决定着创业者能否持续获得成功，同时，创业者只有在失败中才能找到创业成功的方法。下面将论述：什么样的人是企业家，企业家的人格与价值观，什么性格的人更适合创业，职业生涯的起点是选择创业还是就业等。

1. 创业导论

1.1 时代背景：经济业态巨变与社会发展全面转变

中国经历了将近 40 年的经济增长，传统产业依靠资本和资源驱动下的大规模生产、大规模传播、大规模营销的“圣三位一体”模式难以持续下去。这一现象的根源在于消费需求的变化，即消费者与时俱进地追求消费的个性化、差异化及多样化，而生产者却仍然在提供规模化、同质化的产品和服务。因此，产能过剩、供求失衡不可避免。互联网的迅速崛起，改变了人们的生产和生活方式，使得传统产业迎来了机遇与挑战并存的商业环境，新商业催生出新经济，如对称经济、分享经济、平台经济和商业生态圈经济等在不断涌现。

国家一方面通过“去库存、去杠杆、去产能、补短板”等方式调整经济结构；另一方面也寻找到了新的经济动能，那就是促进传统企业转型升级，强力支持来自各个层面、各个主题的创新、创业和创造行为。经济发展走势是创新驱动增长、服务创造价值，而保持中国经济持续增长和可持续发展的关键则是培育创新创业人才。

从国民经济发展的角度而言，创业有利于增强经济活力、带动社会进步、解决

就业岗位、贡献税收，以及为社会培养更多的创新管理人才等，这也是“大众创业、万众创新、人人创客”的宗旨所在。

1.2 国家高度重视大学生创新创业教育

青年人是国家未来经济社会发展的骨干力量。大学就是要培养人，它是立德树人，为国家培养“创新人才”的重要基地。国务院提出把创新创业教育融入人才培养教育之中，强力促进“大众创业、万众创新、人人创客”。人是创新最关键的因素，创新驱动就是人才驱动。加快实施创新驱动发展战略，迫切需要深化高校创新创业教育改革。

教育部提出：高校创新创业教育改革是经济结构转型、发展动能转换的根本需要，是培养应用型、创新型人才的必然要求，也是高等教育综合改革的突破口和重中之重。深化创新创业教育改革是目前高校教育五项重要改革任务之一。通过以“互联网+”大赛为典型赛事的各类大学生创新创业赛事的举办，“以赛促学，以赛促教，以赛促改”，将创新创业教育融入人才培养全过程。创新创业教育是国家提升本科教育质量的抓手，要以创新创业教育带动大学生就业以及创新人才的培育。

1.3 大学生成长与创新人才培育

人们过去对人才的认知和界定是有知识、有文化、有文凭等，而新时代的人才则是要有“知识、技能、业绩、创新”的特质。德国专家认为，是否是人才，取决于他在基础教育、继续教育、实践经验过程中的磨炼和成就。

不同的学科能使人获得不同方面的能力修炼。英国著名思想家、哲学家和科学家弗兰西斯·培根认为：“读史使人明智，读诗使人灵秀，数学使人周密，科学使人深刻，伦理学使人庄重，逻辑修辞之学使人善辩：凡有所学，皆成性格……”多学科融合地学习能使人的知识面更加全面。复合型、应用型人才更能够适应市场经济发展的需要，这些人才进入社会也更容易成为成功者！

大学生学习和实践创业，不仅可以培养他们的自立自强意识、风险意识、商业本领和拼搏精神，而且还对其未来的职业生涯发展和整个人生具有重要意义和价值。

但是，要把小企业创办成功并能够持续生存绝非易事，尤其是对年轻的创业者来说，他们需要经历许多挫折和磨砺，才能把自己锤炼成为一个真正的企业家。

2. 什么样的人是企业家

在经济发展史上，对于什么样的人是企业家这个问题，许多著名经济学家和管理学家持有不同的看法。法国的理查德·坎特龙认为："企业家为承担经济经营风险的人。"马歇尔认为："企业家是组织、管理工商企业并承担风险的人。"沃克认为："企业家是工业进步的策划者和生产的主要代理人。"科斯认为："当人们通过形成一个组织即企业，并允许某个权威即企业家来支配资源和组织生产时，其交易费用会低于通过市场来支配资源和组织生产的交易费用。"

创新理论奠基人、发展经济学家约瑟夫·熊彼特的看法最为真切。他认为："企业家就是那些有冒险意识的人，担当着创新责任的人。""他们有眼力、创造力和胆识，能在经济管理中成功地引入新产品，能看到潜在市场和潜在利润之所在，并能创造性地做出科学决策的人。"

企业家就是创办企业的人。创办企业就是要创造新产品、新服务、新价值，并最终获得经济效益。但是，要实现这一目标的前提是需要企业家预先投入人力、物力等资源。面对市场经济，企业之间的竞争格局、市场环境的不确定性、用户消费需求的不断变化，使得创办企业存在着一定的机遇和经营风险，即企业可能盈利也可能亏损，企业家就是那个需要承担盈亏责任的人。因此，企业家需要有眼力、有胆识，在引入新产品、把握市场潜在利润等方面做出科学的判断和决策。

例如，在著名华人企业家李嘉诚创业初期，香港的花卉市场供应的仅仅是天然花卉，种植、销售天然花卉也是自然而然的事情，但在当时，欧美等发达地区的消费市场已经有了许多仿真的塑料花卉。于是，李嘉诚对欧美的花卉消费市场进行了考察，他分析了天然花卉和仿真塑料花卉各自的优劣势。之后，他迅速在香港掀起了制造、销售"塑料花卉"的"旋风"，并赚取了丰厚的利润，但随之也招来其他商人经营的跟进与模仿。当许多商人都去制造塑料花卉时，商业竞争加剧，因市场需求有限，使得塑料花卉的利润越来越低，这时李嘉诚果断停止了这项生意，并将创业赚到的这桶金投入房地产行业，进行了企业业务的转型。

信息化时代，人们对"企业家"有了新的认知和界定：企业家就是那些能够带领企业"从无到有、从小到大、诚信经营、持续发展、贡献公认"的人，而把那些不太符合上述标准的人，或者仅仅"懂经营、会赚钱的商界精英"称为"职业经理人”。真正被人们称赞为“企业家”的人，还要看他的社会贡献和社会影响力，如美国的乔布斯、比尔·盖茨，日本的盛田昭夫、稻盛和夫，中国的褚时健、马云、曹德旺、雷军等。

3. 创业与企业家类型的人

3.1 企业家的人格与价值观

1904年，美国《企业家》杂志在创刊时选用《常识》中的一段话作为发刊词。此后百余年，沧海桑田，物是人非，但杂志扉页上的这段话却从来没有改变，它被称为企业家誓言：

“我是不会选择做一个普通人的——如果我能够做到的话，我有权成为一位不寻常的人。我寻找机会，但我不寻求安稳。我不希望在国家的照顾下，成为一名有保障的国民，那将被人瞧不起，而使我感到痛苦不堪。我要做有意义的冒险。我要梦想，我要创造。我要失败，我也要成功。我的天性是挺胸直立，骄傲而无所畏惧。我勇敢地面对这个世界，自豪地说：‘在上天的帮助下，我已经做到了。’”

这段话体现了企业家的人格和价值观——“不走寻常路”，不寻求安稳和国家照顾下的保障。他有梦想，要创造，要成功，也乐于接受失败！

3.2 性格、人格与创业

人性是指人的本性或人类天性，也表示“人”之所以为“人”并与其他动物相区别的属性；人性的行为表现阐释着人对真善美的追求和对假恶丑的厌恶。

性格是指表现在人对现实的态度和在相应的行为方式中的比较稳定的具有核心意义的个性心理特征；性格是人在后天社会环境中逐渐形成的品德，由于受人的价值观、人生观、世界观的影响，人的性格有好坏之分。

人格也称为个性，这个概念源于希腊语“persona”，原来主要是指演员在舞台上戴的面具，类似于中国京剧中的脸谱。后来心理学借用这个术语用来说明人格的内涵，即在人生的大舞台上，人也会根据社会角色的不同来更换面具，这些面具就是人格的外在表现。

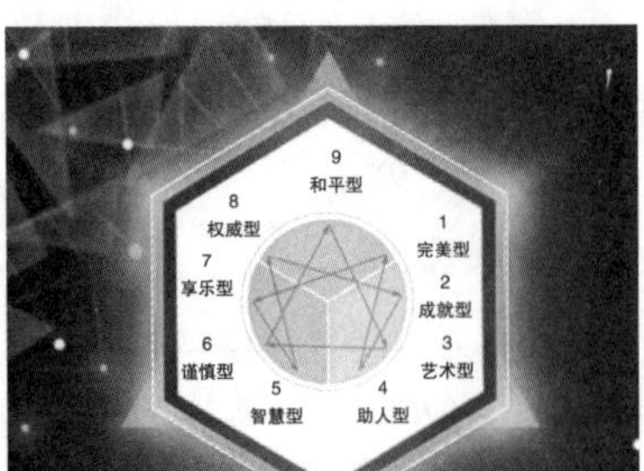

按照“九型人格”理论和思维，我们来看看企业家们都是哪种人格。

第一，“完美型人格”的特征是追求完美、严于律己、持续改进、坚持原则。比如，有人在评价被称为“经营之神”的台塑集团原董事长王永庆时说：“他的行事手段近乎残忍，对工作细节和工作时间毫不留情地苛求。”台塑集团有严格的管理体系，王永庆自己也直接参与，如每天的“午餐汇报”。王永庆每天吃完午饭后，就召见各事业单位的主管，听报告、提问题，直到问题得到解决。按照“九型人格”分类，王永庆就是典型的“完美型人格”领导。

第二，“成就型人格”的特征是重视名利、追求成功、注重形象、表现自我。典型代表是老牌企业家陈光标。他做过许多慈善活动，其个性是从不放过任何“博眼球”或者自我表现的机会。在“冰桶挑战”风靡全球的活动中，他发了“在桶里蹲了 30 分钟，谁能挑战就捐 100 万元”的视频，一时引起一片哗然。但当行家揭露其真相时，陈光标的解释是：这是带有夸张成分的行为艺术。

第三，“艺术型人格”的特征是浪漫主义、情感丰富、自我认同、特立独行。著名企业家、万科集团原董事长王石的内心信念是：我是独一无二的，我就是与众不同！他的行为都以独特为指导，比如，他绝不会选企业家都玩的高尔夫；他登山一定要攀登世界第一峰；他选商学院必须是哈佛大学、剑桥大学；他选学科一定不选别人都学的战略或营销类的商科，而是选城市规划和宗教。王石属于“艺术型人格”的企业家。

第四，“助人型人格”的特征是热情友善、慷慨大方、乐于付出、成就他人。他们比较注重人际关系，觉察力较强，经常能够敏锐地察觉到别人的需求，善解人意，渴望倾听并为他人提供建议、意见和尽可能的帮助。诺贝尔和平奖得主、孟加拉国“穷人银行家”穆罕默德·尤努斯是典型的“助人型人格”。

第五，“智慧型人格”的特征是善于观察、理想主义、博学多见、冷静理智。他们注重独立空间、积极进取，对事物敏感而不喜欢跟人交流。虽然按照“九型人格”分类这类人不太适合做管理者，但是，他们一旦成为领导者就会有自己的特色，如喜欢用遥控式的管理，不告诉你原因，只告诉你怎么样做才能达到预期目的；在处理公司管理时也往往有着惊人之举。比如，万通集团原董事长冯仑，在别人搞庆祝日的时候他却设立了万通反省日。他认为庆祝会导致懈怠，而反省则不同，将更有意义。

第六，“谨慎型人格”的特征是谋事长远、小心谨慎、安全第一、忠诚不贰。他们有着很强的洞察力，他们预估最坏的情形以有备无患。华为技术有限公司的任正非就具有这样的特质。在互联网最火爆的时候，任正非讲《华为的冬天》，他说：“华为总会有冬天，准备好棉衣，比不准备好。”“十年来，我天天思考的都是失败，对成功视而不见。”身为企业家，任正非始终存在着危机感。还在春天的时候，他就考虑到冬天的问题，他将“谨慎型人格”的性格特征表露无遗。

第七，“享乐型人格”的特征是乐观主义、率性而为、打破常规、求新求变。这类人总是积极乐观、热情洋溢、精力充沛，也是相当富有创造性的一种人格类型；思维敏捷到就像拥有一个猴子脑袋，各种想法迅速迸发并多次切换；善于根据形势变化而变化，不会在一条路上走到黑。SOHO 中国董事长、联合创始人潘石屹就是这样的企业家。这也是很多互联网人物的共性，他们先时而变，但变化太快也常常会出现不够稳定、控制不住局面的问题。

第八，“权威型人格”的特征是善于直面挑战、助强扶弱、专制独断、霸气十足。这类人天生就是掌控者、领导者。他们的控制欲极强，喜欢让所有的事情都按照自己的意愿去发展，经常对周边的人或事施加直接的影响或控制。他们对自己掌控的局面全力承担责任，因此，这种人格的人显得非常霸道。家电制造商董明珠和家电销售商黄光裕便是“权威型人格”的两个典型代表。2004 年 2 月，有家电行业“价格屠夫”之称的国美擅自将格力空调降价销售，董明珠得知此消息后下令停止向国美供货。之后，黄光裕直接向全国销售分支发布“把格力清场、清库存”的决定，霸道总裁的霸道跃然纸上。在箭拔弩张之时，格力与大中电器签订了一份包销年度协议。这一举措进一步刺激了黄光裕，不久，黄光裕不惜代价并购了大中电器。

第九，“和平型人格”的特征是温文尔雅、平和恬淡、乐观豁达、随遇而安。他们追求和平、和谐及正面的肯定评价，不喜欢冲突、紧张和恶意。为了这种和平，他们通常倾向于放弃自己的想法和感受，让别人成为更积极主动的部分。新东方教育集团创始人俞敏洪就是这种人格的领导者。他的性格比较有耐心和宽容度，不和他人发生剧烈冲突，不把事情弄到极端。对新东方教育集团各种各样的摩擦、斗争和伤害，他都能容得下。

点评　在商业市场竞争中，不同人格的企业家成功的因素各异、难分伯仲、各有千秋。但是，青年创业者如果能够掌握识别、洞察、适应“九型人格”或九种性格的人，那么对于他们提升自我修养、用人谋事、把握格局、历练本领均有重要的意义和价值。

3.3 什么性格的人更适合创业

瑞士心理分析家卡尔·荣格提出了 ENTP（extroversion，intuition，thinking，perception，外向、直觉、理性思维、知觉）性格类型的人与创业的观点，他认为具有完美主义的 ENTP 性格类型的人更适合去创业。这类人不走寻常路，智商最高，这是人群中当之无愧的企业家性格类型。

他们与众不同，挑战传统是家常便饭，坚决不按套路出牌是他们的本能，有数不尽用不完的金点子，可信手拈来各种新创意和

新方法。如果你是ENTP性格类型的人，那么，你可能还有许多缺点和不足，虽然暂时没那么明显，而你最应该做的就是刻意发掘并持续练习，最终将其发展成为行走江湖的独门绝技。

“ENTP性格类型”的解读是外向型性格类型E，直觉“天赋”N，理性思维“天赋”T，感知型态度偏好P。相比于其他性格类型，这类人很适合创业，自己做老板或负责某个项目。这类人天然具有很好的企业家气质和精神。

第一，创业需要自由创新的工作环境。直觉天赋N与感知型态度偏好P能帮助你营造自由和创新的工作环境；你可以自己制定公司的游戏规则，并让他人遵从你所制定的游戏规则。

第二，创业需要跟很多人打交道。外向型性格类型E，注定你必然需要跟很多人打交道：对内，有人员引进与调配；对外，有供应商、合作业务的商务谈判、投资人接洽等。

第三，创业有冒险性。感知型的态度偏好P，使得你喜欢刺激、体验新鲜；创业本身就是一件自带高风险属性的工作类型，恰巧能满足你爱猎奇、爱冒险的性格特质。

第四，创业需要成就和业绩。如果你是完美主义者类型NT，就会渴望不断提升自我综合素养，增强你的思维、行为能力，创造公司业绩和成就。那么，你可能更喜欢与强大的企业家和竞争对手打交道。

第五，创业需要策划并执行。你的“天赋”直觉和感知型态度偏好P，使得你很擅长出谋划策、把握全局、制定方案，并与创业团队成员执行方案。企业家的职责在于引领企业的价值观、使命、商业模式等体系，再将具体方案交给执行部门执行。

第六，说服和演说能力。外向型偏好E帮助你充满热情和正能量，这种热情很容易点燃别人；你的直觉N天赋赋予你很强的创新能力，并将各种创造性的想法，用理性思维T天赋充满条理性、逻辑性地表达出来。也就是说，你不单热情洋溢，而且还拥有深刻的见解，人们愿意追随你，并和你一起实现公司的战略目标。

点评　用“ENTP性格类型”解读更适合创业的人格侧重于人的“天赋”条件，而实际上成功创业的企业家更相信人“后天”的勤奋、智慧与坚持。著名企业家褚时健说“人要对自己负责任，你自己不想趴下，别人是无法让你趴下的”，杰出商业女性企业家董明珠的理念是“我的命由我不由天”。

4. 企业家的品质、精神与创造能力

4.1 企业家的目标与精神

信心是每一个人干成事业、取得成功的基础；恒心是指人们持之以恒地追求目标的态度，人们常说“无恒心者无恒产”。

目标是人的动力来源。创业的动力来源有两个，一是对利益的追逐，二是创业者要有独特的理性精神，也被称为“企业家精神”，比如，企业家的“成功欲”“创新精神”“担当精神”，企业家精明、理智、敏捷，敢冒风险、以苦为乐的精神，以及企业家追求进取、超越自我的事业心。

企业家的使命与愿景就是将其所领导的企业办成“受到国家和社会尊重的企业”。但是，要成为这类有品质和有价值的企业，企业家始终要承担起艰巨的经济责任和社会责任。为了实现自己的使命和目标，企业家要不断学习，要读万卷书、行万里路，要阅人无数、有名师点拨，这也是企业家长期自我修炼的过程。按照中国传统文化中的“道”与“术”的哲学思想，企业家一方面要把握规律、智慧、开悟，另一方面还要懂得操作、方法、流程。

企业家扮演的角色，一方面是“天使”，有爱心、有耐心、有信心；另一方面是“魔鬼”，他们建立制度、遵循流程、追求结果。企业若不能创造效益，企业和企业家就无法生存。那么，企业家的境界是什么？他们往往不会为表面的名利而“欣喜若狂”，而是一直在为长远的收益、风险而运筹帷幄，他展示给常人的姿态是“大智若愚”“呆若木鸡”。

4.2 企业家的信念和意志力

人人都可能成为一个有信心、有恒心、有目标的企业家。但每个人对自己的能力、意志力要有清晰的判断。下面是一则古希腊的寓言故事——狐狸与刺猬的争斗。

刺猬非常弱小。相比刺猬，狐狸则显得高大且反应敏捷。一次，刺猬刚爬出洞穴，狐狸便猛扑上去，试图吃掉刺猬。这时刺猬本能地蜷成一团，变成一个满身锋芒的

“球”，以至狐狸无法张口。其后，尽管狐狸对刺猬发起多次进攻，但均以狐狸失败和刺猬胜利而告终。

为什么会出现“弱对强”“小对大”的这种逆袭的局面呢？人们对此的解读是，当刺猬面对生死存亡的危机来临时不丧失信念：你狐狸想吃掉我，我的“锋芒”是保护自己的利器，你想吃也吃不了。

这个寓言故事演绎出两个方面的比喻。第一，狐狸和刺猬代表商业社会中存在的两类不同的人。狐狸代表奸诈、狡猾的群体，商业诡计多端，善于欺压弱者，传说中狐狸的思维是发散的；而刺猬则代表着商业社会中的弱势群体，可依靠自身“勤奋、智慧、坚持”的“锋芒”活下来、干成事。第二，也可把狐狸比喻为存在于市场经济社会中的“大型企业”，有巨大的优势；而创业企业则是市场经济社会中的“小企业”，如同小刺猬，有自己的优势，只要坚持不懈，也能够取得成功，成为隐形冠军。现实社会中，可用下面的“刺猬理念三环图”来研判一下自己。

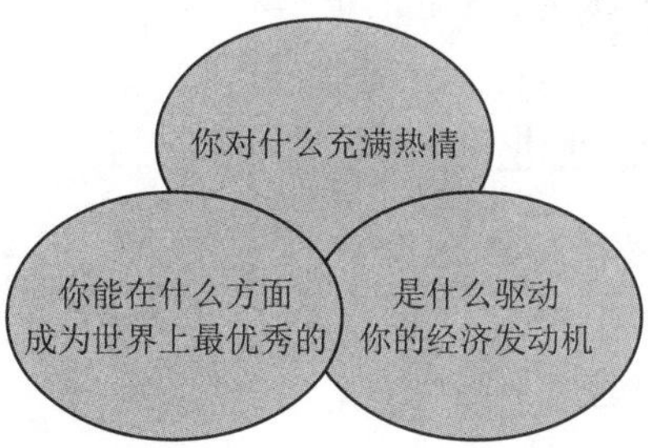

4.3 企业家的价值创造能力

日本著名管理学家、经济评论学家大前研一在这方面具有独到且务实的看法和观点。他认为企业家或创业家是那些“专业主义者”，但又不仅仅是在某项技术、某个专业领域有特长的人，而是一个“博中有专”“专中有博”的“多面手”。企业家若要能够创造价值、为社会做出贡献，必须具有实操能力。

第一，先见能力。今后的时代所需的先见能力，是指能够看清别人看不到的事物的能力。第二，构思能力。要在所预见的未来蓝图的基础上构思新的事业，并以最快的速度和最佳方法让机会变成现实。第三，讨论能力。当我们看不清前进的道路与成功的模式时，充分讨论至关重要，讨论问题和互相学习可以获得必不可少的能力和素质。第四，适应矛盾能力。经营中也包含着相互矛盾的事物，或者说需要同时解决多方面的问题。如今需要的不是把问题进行分解并还原为诸多因素的能力，而是俯瞰全局思考问题的能力。

例如，苹果公司的乔布斯，20 世纪 80 年代开始第一次创业的结果是以失败而结束。而在 20 世纪 90 年起第二次创业时，他有了常人所没有的“先见能力”：人们在 10 年、20 年后需要的是什么样的手机？人们未来需要的手机就是他的目标和构思的“宏伟蓝图”。实现人们梦想中的手机，乔布斯很明白，他需要团队合作和借助外力来克服重重障碍，他的综合能力的产出是梦幻的手机，而梦幻“手机”为苹果公司，为社会创造了价值，也实现了乔布斯的人生价值——成为伟大的企业家。

我们再看一看历史上和现在的企业家：索尼的盛田昭夫、松下的松下幸之助、微软的比尔·盖茨、华为的任正非、阿里的马云、“褚橙”的褚时健、格力的董明珠等，他们均沿着“能力—产品—价值”的目标，将梦想变为现实。在初次创业时，他们都经历过许多挫折和失败，可能被他人看不起。但是，当他们通过经验积累和能力增强并坚持不懈地创造出业绩时，则被刮目相看；依靠经验和能力创造出独特的、有价值的产品，产品的价值就是他们为社会创造的价值，也是他们本人的价值，这些成就使他们成为了不起的企业家。

5. 选择创业还是就业

现实生活中，每个人都必须面对一个问题：到底是选择创业还是选择就业？

5.1 价值观不同则选择不同

对每个人而言，选择“创业”必须暂时放弃“就业”，反之亦然。但是，在选择就业的过程中，积累财富、能力、经验和社会资源，可以为日后务实地创业做准备。经济学思维在解读这两者的关系时，可以说它们既互为“机会成本”又相辅相成。《西游记》中的一则寓言故事，能更加清晰地说明这两者之间的关系。

传说《西游记》中的白龙马在陪护唐僧等人赴西天取经之前，曾尝试邀请一头“驴”同其一起去西天取经，“驴”给“白龙马”说：它不想去也不愿意去。原因是它每天拉磨看起来很单调、无聊、受累，但是它每天食用的草料，主人一点都不会少给它，“工作”也很安全。而“白龙马”和它不一样，总想出去折腾一些事。后来，“白龙马”就

独自陪护唐僧等人去西天取经。

三年后，“白龙马”和唐僧等人回到长安，“白龙马”给那头“驴”讲述了去西天取经的故事。虽然他们去西天取经往返的路上经历了许许多多的磨难和惊险，但却实现了一个很了不起的目标，帮助唐僧完成了去西天取经的大业。当时，那头“驴”听了后很是后悔，后悔自己没有听“白龙马”的话一起去西天取经。

这则寓言故事告诉我们“白龙马”和“驴”的选择不同、经历不同，结果也就不同，“白龙马”选择了创业，“驴”选择了就业。

驴拉磨的职场解读：人在职场，不能像驴一样只知道埋头拉磨，除了本职工作外，还应尝试着主动去做其他事情，并思考如何提高效率、增加效益，学会与人合作，不故步自封，要使自己保值。

5.2 责任不同则收获不同

著名企业家郭台铭与跟随他的一名工程师之间有这样一段对话。工程师问他：“咱俩人工作多年，为什么你成了台湾的首富而我要给你打工？”郭台铭回答了 3 个方面：

“我选择创业时，赌上我的全部家产，没有退路，可能会变成在‘沙漠’中死去的骆驼。你选择了就业，可以轻松地递上简历，获得稳定的工作和收入，如果对公司不满意可随时提出走人。可见，咱俩是有退路与无退路的差别。

我每天考虑的是与谁合作来为公司创造利润，而你被分配到某个部门工作，干完工作后可以去照顾家庭或做其他爱好。可见，咱俩有选择与被选择的差别。

我承担公司全部的责任，经济、社会责任及其他无限责任，而你仅仅承担公司定时的、部分的工作岗位职责。可见，咱俩的责任大小不同。”

从郭台铭对工程师的回答中可得出如下结论：创业者承担的责任，就业者承担不了；创业者受的罪，就业者不会受；创业者挣的钱，就业者不会挣。

6. 创业的成功与失败

6.1 企业家最重要的素质是坚韧

企业家为什么能够成功？著名学者温元凯认为应具备六大要素：机遇、贵人相助、好的德行、才能、勤奋和坚毅。

成功者最重要的共性品质是什么？一些专家认为是专注、勤奋、好学、自省，

模块二　寻找创业合伙人

内容提要

“单打独斗”的创业时代已经过去，取而代之的是合伙创业。创业成功最重要的资源是人力和财力，更需要“共投、共创、共享、共担”的合作创业治理机制。下面将论述：为什么需要合伙创业，合伙创业的机制是什么，如何寻找创业合伙人。

1. 大公司治理经验对合伙创业的借鉴

1.1 从传统企业和现代公司的治理说起

要解释清楚寻找合伙人，首先要从传统企业和现代公司的治理说起。讲到公司治理，这里先给大家介绍未来学家凯文·凯利，他先后写了几本经典著作：《必然》《科技想要什么》《失控》。

《必然》揭示了我们的世界和社会发生了很大的变化，介绍了“新物种的基因特征、所思所想、行为规则和未来走向”。“扰乱”社会发展秩序的是“个人电脑”和“移动手机”。未来30年，人们的生活面对的更多是知化、流动、屏读、使用、共享、过滤、重混、互动、追踪、提问以及形成，最后和起点都是开始。凯文·凯利用了上述12个名词来刻画这种变化。

比如，他谈到“形成”，“水可以腐蚀金属”“润滑油是可以蒸发的”。这些说法，对于拥有传统观念的人而言，会感到很迷惑。比如，我们试着把一块金属放进一盆水里，观察很长一段时间，发现它没有什么变化。实际上，它在受到水和空气的影响而不断地变化着，只是我们的肉眼看不到这种改变。另外，润滑油等油污无论沾到什么地方都很难消除。其实，我们如果不人为地、刻意地去除掉它，那么，随着时间的推移，在风力和空气的作用下，润滑油油污就会自然而然地消失。

《必然》中的最后一个名词是“开始”。我们的每天都是已经发生变化后的开始，而永远不变的是新的开始。

他的《失控》一书的核心并不是讲“失去控制”，而是讲人类智慧的构成：蜂群式的集体中，每一个体都要受到周边的影响，要嵌入别人的行动之中，在一个生态体系里面运行。这个整体没有中心，但它的创造力却是极大的。

传统的大公司建立科层式的管理体制——雇佣制，管理依靠职业经理人，组织稳定，但是员工的能动性发挥得不好，公司效率和效益较低。现代互联网公司把大公司变成若干个小公司或小团队，小公司内部的运行机制是利益捆绑下的“合伙制”。

从两种公司治理的比较不难得出结论：“混乱产生秩序，稳定则带来死亡。”

1.2 职业经理人可以共创、共享，但没有共担

职业经理人可以创业、干事、共富贵，但不能共患难，一旦遭遇巨大行业风险，职业经理人则难以依靠。打工的心态，存在“危机时期的离心现象”和“道德风险”。

传统企业就像走流程，讲究的是边界清晰、权责分明、责任到位，一个部门不会关心另外一个部门的事情，专业主义的迷信高于跨界主义的好奇。

为什么部门员工近在咫尺，有事情不当面说而要发邮件？邮件白纸黑字写得清清楚楚，因此将来出了事情责任承担也一目了然。职业经理人制度导致专业主义盛行，这样一堆邮件有助于问题的解决吗？其实并不能解决问题。

所以，未来职业经理人会渐渐消亡，取而代之的则是“事业合伙人”！

2. 创业企业为什么需要事业合伙人

2.1 合作和合伙有什么区别

这个时代，人与人之间的关系状态可分成合作和合伙两种，看起来都有紧密联系，但其本质是不一样的。

合作的本质是交易，你的资源和我的资源，大家在一起交换就好，讲究的是公平。合伙的本质是风险共担，是在最危急的时刻还能彼此支持、互不背叛，讲究的是放心。站在这个角度，可以看清楚很多关系的实质。比如，一起

上班可看作是合作，一起创业那就是合伙了。

合作能保证在好的时候变得更好，合伙则能保证在坏的时候不会更坏。那么，找个什么样的合伙人共同创业呢？有人说：“要和有资源的人合作，和没有退路的人共事。”这句话是新时代的经典之言。这也是在面对残酷的市场经济格局，直面生存、生活压力，许多聪明人谋求高效率工作的必然选择。

2.2 合伙创业的“人和”与“资合”

创办企业有两个问题，一是人，二是资金。合伙人合的不是资金，而是人品、格局和规则。在这个问题上，著名企业家马云、王石、俞敏洪等人对其表达各异，但却存有共识。

2.2.1 合伙创业需要的是激情

创业，本来就是九死一生。但目前社会上你能看到的都是诸如乔布斯、马云等成功者，一个个成功的 IPO 把企业家光辉的一面无限放大，却掩盖了每天大街小巷中那些破产倒闭、为失败而痛哭的创业者。因此，你满眼成功并用这类与你无关的成功案例来激励自己，这才是最可怕和最可悲的。

别人的成功与你无关，他们要么有能力、要么有学识经历；别人能做好的那些事情，到你手上未必就能做好。换句话说，如果现在把市值数千亿元的阿里巴巴交给你，也许不到一个月你就把它经营得破产了。创业其实是为了要去做一件事情，是生命体验的一种过程，而不是成功与否或为了发财，这也是信任与格局的筹码。

假如创业者首先能想到失败后会如何，那么成事的机会就会很大。相反，如果从未思考过失败后会如何的创业者，他的创业之路可能是走不了多远，等待他的则是失败的“粪坑”。换句话说，如果你把创业看成是一个灵感工程，那么“恭喜你”，你很可能会光荣地“死”去；而你如果把创业看成是一个系统工程，不是以发财为导向，而是以自己的生命升华为导向“去完成一件事情”，那么这样的创业者就走在成功的路上了。

2.2.2 合伙很难而创业必须合伙

纵观整个世界文明史，所有形态的合伙，如革命同盟合伙、江湖合伙、政治家合伙等，基本上最后没有一个是善始善终的。更惨烈的是，合伙打天下成功之后，在分果果、排座座这个环节会发生父子反目、夫妻结仇、兄弟残杀等血淋淋的事件。

2.2.3 合伙创业比资金更重要的是规则

创业有人力、财力投入的风险，充满着不确定性，可能赚钱，也可能赔钱。假如你们三五个人合伙创业，那么，小公司赚了钱该如何分配？同样，如果公司赔了钱又该如何分担责任和债务？还有，合伙创业一段时间，矛盾冲突不可调和而必须散伙，经济利益、经济责任又该如何分割？如此等等。大量的创业实践表明：合伙创业之前，合伙人商议的最重要的问题就是“立规”。内部制度、规则不能够解决创业动态运作中的所有问题，但没有规则，将来合伙创业中的矛盾冲突就会很多，中国有句俗语叫“无规矩不成方圆”！

合伙创业的规则有哪些？第一，出资、出力、出技术和股权分配等规则，解决创业起步阶段公司核心资源的整合和未来利益分配的问题。第二，领导、管理和用人等规则，关于谁来领导，领导权多大，领导出问题该如何罢免的规则。再小的公司都需要有一个能承担责任的“老大”，其他所有的人都是具体的“用人谋事”的执行管理者。第三，公司重要事宜的决策机制和规则。比如，如何吸收新的投资或合伙人，如何聘用重要管理者，如何制定《绝不合伙法则》，如何制定《分红法则》。此外，还需要有一个提议、动议、附议、反对、弃权、表决的议事规则，以及这些法则如何修改的规则。第四，《散伙法则》。这个规则很重要，任何事情都是有合有分、有聚有散的，制定《散伙法则》的目的是为了未来好合好分、好聚好散。它既涉及合伙公司整体解散问题，又可能涉及某个合伙人的退出问题。合伙公司解散问题，实质上是公司的结算和清算并解决合伙人的债权债务问题，而这也涉及一个合伙人该如何退出、原股退出还是议价退出、损耗成本计算标准等问题。

3. 合伙创业的运行机制与公司成长

3.1 合伙创业公司内部机制的形成

“事业合伙人 = 职业经理人 + 风险共担”。比如，阿里、腾讯、小米这样的互联网企业，看似管理混乱，实则效率极高，尤其是小米的“背靠背”信任以及不同部门的相互投资渗透机制。雷军专门提到，“一个做电源的部门也投资了小米盒子的项目”，所以电源部门就会非常关心这个项目，主动为这个项目做配合性的工作。

对于阿里、腾讯、华为以及国外的黑石、凯雷等企业的合伙人机制，简单的表述就是“共创、共享、共投、共担”的合作创业机制。比如，这种利益

共享、风险共担思维在国外硅谷的创业家们、华尔街的新金融家们那里表现为积极推动职业经理人制度向更融合的“利益相关者”转变，职业经理人不仅拥有股票，同时也拥有内在的项目，甚至企业可以作为一个内部孵化平台让职业经理人变成一个内部创业者。

所谓跟投，就是对你所做的项目和所在公司用自己的真金白银投进去，给出一个“愿意捆绑在一起”的承诺。利益有了捆绑，在新机制驱动下，就有可能打破原来职业经理人科层化、责权化和专业化的窠臼，从金字塔式的组织机构转变为扁平化结构；合伙人享受工作收益（薪资）、项目收益（项目跟投分红）和股权收益（股票分红）。

传统企业可以沿着事业合伙人的思想进行转型，比如，万科集团的总经理郁亮提出的“事业合伙人 2.0 或者 3.0 版本”，未来能否将项目跟投扩大化，将产业链上下游都变成合作伙伴，建立新型房地产生态系统。在郁亮的设想中，如果让施工单位也成为事业合伙人，偷工减料的问题就能从根源上得到杜绝，工程质量将得以保证。房地产行业本身就是个资金密集型行业，如果在买地时从资金方面引入合伙人制度，成本就会大大降低。

3.2 合伙创业公司的“控制”与“失控”

过去是创始人单干制，现在则提倡合伙人兵团作战；过去是利益上下级分配制，现在则提倡合伙人之间利益分享制；过去是职业经理人用脚投票，现在则提倡合伙人之间背靠背、共进退。

过去创始人一人包打天下，100% 控股公司是常态，无须股权设计。而现在合伙创业成为互联网明星创业企业的标配。例如，过去有人利用企业创始人不懂游戏规则，趁火打劫，象征性地投入 20 万元，要求持有创业企业 55% 的股权；有的土豪，固守“谁钱多，谁老大”的老旧观念，投入 150 万元，要求持有控股创业公司 70% 的股权，把优秀团队和后续资本进入公司的通道全堵上了，使公司无法成长。而现在许多风险投资人投大钱、占小股成了常态。

过　去	现　在
雇佣制	合伙制
以钱为中心	以人为中心
单干	兵团作战
分配制 用脚投票	分享制 背靠背、共进退

例如，小米公司成为上市公司后，其 1% 的公司股权价值 4.5 亿美元；同样，阿里巴巴成为上市公司后，其 1% 的公司股权价值 20.1 亿美元。但是，如果公司市场价值低，公司的创始人就是持有 100% 的公司股权，那么又能够价值多少钱呢？

“控制中有失控，失控中有控制”。一家公司，只有控制，公司才有主人、才有方向。只有失控，公司才能走出创始人的局限性和短板，具备爆发性裂变的基因和可能性。

创始人要控制公司与控股的关系：公司在初始股权架构设计时，首要解决的是创始人的持股权数问题，即绝对控股（66% 以上）、相对控股（50% 以上）与不控股（50% 以下）。

不控股是否也可以控制公司？公司上市后，马云占阿里 7.8% 的股权，马化腾占腾讯 14.43% 的股权，周鸿祎占 360 公司 18.46% 的股权，刘强东占京东 20.47% 的股权，李彦宏占百度 22.9% 的股权，扎克伯格占 Facebook23.55% 的股权，占股在 20% 上下算是常态。

尽管马云只持阿里巴巴公司 7.8% 的股权，按照以上公司的股权价值推算，也是一笔非常可观的个人财富。7.8% 的股权相比 100% 的股权，或者相比阿里巴巴投资人、软银老板孙正义所持 34% 的股权，不是相对控股也不是绝对控股，而是“小股”。但是，7.8% 的股权既没阻挡住马云控制阿里，也没阻挡住马云个人财富和公司财富的迅猛增长！

3.3 合伙创业的理念：财聚人散、人聚财散

有创业能力、有创业心态，经过磨合，可以成为合伙人。人与人之间长期共事，既要有软的交情，又要有硬的利益。合伙创业，既是合伙一种长期利益，也是合伙一种“共创、共担、共享”的合伙创业精神。

段永平从小霸王、步步高到发展手机 OPPO、vivo，实践着大舍即是大得：他只占 OPPO10% 的股权，vivo 不到 20% 的股权。

应对互联网时代的商业模式创新，海尔提出“人单合一”模式：一是让组织灵活快捷，使员工对市场反应迅速；二是员工与企业共同面对“生死存亡”的时间挑战。

华为任正非坚持把股份分给所有人，自己只持 1.02% 的公司股份；实现企业与员工共创、共享、共担！

4. 阿米巴经营模式：人人做事业合伙人

4.1 什么是阿米巴经营模式

变形虫是一种单细胞生物，又音译为阿米巴，它没有固定的外形，可以任意改变体形，属原生动物，能够适应复杂或者糟糕的环境而存活。这种生物的特性和适应环境的生存能力，与人们创业或者经营企业的过程相类似。优秀的创业者和企业必须适应复杂的环境而存活下来，这就需要形成一种经营模式，即阿米巴经营模式。

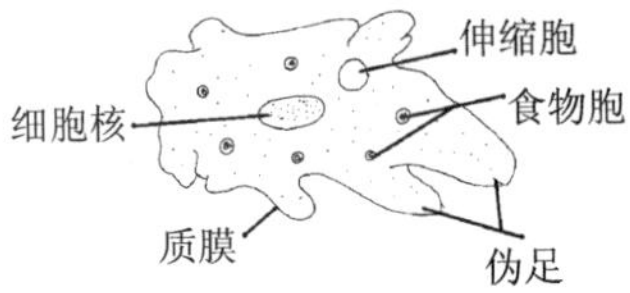

阿米巴经营模式是日本“经营之圣”稻盛和夫独创的经营模式，源于稻盛和夫创业早年的困境。当时，他一个人既负责研发又负责营销，当公司发展到100人以上时，他觉得这样经营苦不堪言，非常渴望有许多个自己的分身到各重要部门承担责任。

正是阿米巴经营模式让他创建了两家“世界500”强企业——京瓷和第二电信（KDDI），并使其茁壮成长、长盛不衰。京瓷更是创造了神话一般的业绩，50余年从不亏损，越是遇上经济危机越是大发展。事实上，阿米巴经营模式与京瓷的会计制度，被称为稻盛经营哲学的两大支柱。

1959年创办京瓷时，稻盛和夫在致力于技术开发、产品开发和营销活动的同时，不遗余力地确立了经营哲学和经营会计制度。在京瓷取得快速发展、规模不断扩大的过程中，他打心眼里渴望获得能够同甘共苦、共同分担经营重任的经营伙伴。于是，他把公司细分成所谓的“阿米巴”小集体，从公司内部选拔阿米巴领导并委以经营重任，从而培育出许多具有经营者意识的领导，也就是经营伙伴。

所谓阿米巴经营，就是以各个阿米巴的领导为核心，让其自行制定各自的计划，并依靠全体成员的智慧和努力来完成目标。让第一线的每一位员工都能成为主角，主动参与经营，进而实现“全员参与经营”。

4.2 实施阿米巴经营模式过程管理

4.2.1 融合解决三大管理难题

稻盛和夫作为企业家和管理大师，将领导力培养、现场管理和企业文化这三大企业管理难题集中在一起予以解决，即“具有经营者意识的领导人才”“与市场直接挂钩的部门核算制度”“全体员工共同参与的经营”三位一体，形成了阿米巴经营模式，也被誉为“伟大的经营模式”。虽然将这三大难题熔于一炉是个难题，但是也特别简单，只要对经营企业有热情的人就能够很好地理解和领悟其中的奥妙，这就是所谓的大道至简吧！下图是阿米巴经营理念与模式框架。

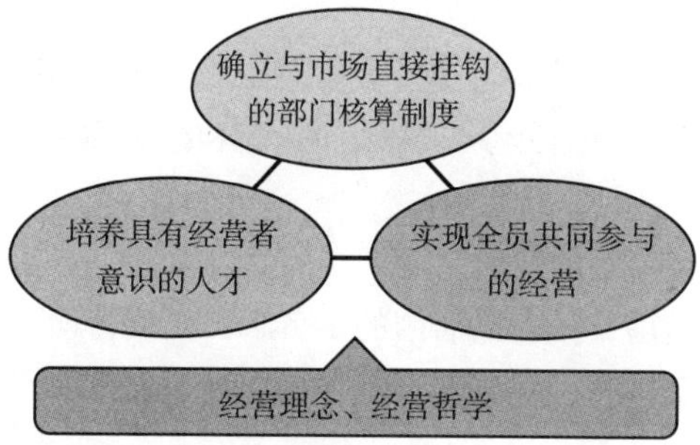

4.2.2 推行阿米巴经营的必经阶段

阿米巴经营模式的本质是一种量化的赋权管理模式，与其“经营哲学”“经营会计”相互支撑，构成完整的经营管理模式，从而能够增强企业系统竞争力。

企业只要抓住经营的本质，充分释放每位员工的潜能就能实现阿米巴经营。若还未“修炼到九段高手”时的状态，阿米巴经营就无法实现。很多中国企业效仿阿米巴经营模式，但大部分不具备一步到位“小阿米巴”的条件，脱离了具体的功法套路和修炼节奏，很可能导致“走火入魔”。

推行“量化分权”时应该遵循基本的规律，由上到下、由大到小，分层逐步推进。

4.2.3 实现阿米巴模式的条件

所谓阿米巴经营不是单纯的利润管理，而是实现全员参与经营。仅靠核算来衡量现场业绩是无法实现参与式经营的。

条件 1　企业内部的信任关系。企业需要依靠员工的智慧，员工必须抱有自己的努力和智慧关系到企业、客户甚至自己的长期利益的信念，才能实现全员参与式经营。

条件 2　数据的严谨。保证数据严谨的关键是经营者要有严肃认真的态度。各阿米巴对待数字要有严谨、追究到底的精神。

条件 3　及时把前线的数字反馈给现场。这是一种让现场员工根据数字做出判断、采取措施的制度。若等到一切都无法挽回时再把数字反馈给现场并追究现场的责任，则会严重打击现场的积极性。

条件 4　工作流程。现代企业经营越来越重视灵活性和速度，如果阿米巴的分割和工作特性不符，就有可能在某些环节出现差错或无法灵活处理所发生的问题。

条件 5　员工教育。员工如果缺乏一定的知识，就无法根据经营数字发现问题并找到合理的解决方法。这需要基于实际案例加强现场教育，高层管理人员或经营者和各阿米巴人员要有学会分享解决问题方法的智慧。

4.3 阿米巴经营模式落地案例

按照稻盛和夫的经营理念和经营哲学，阿米巴经营模式的落地实施，就是培养经营者、部门核算制度和全员参与经营三位一体的高度融合。这里用以下 3 个案例来进行解读。

案例 2-1　培养经营者的分身。

1. 引进阿米巴经营前，某食品店内的 1 名店长直接管理整个店铺

问题点：从店铺整体角度经营，没有培养现场领导者。

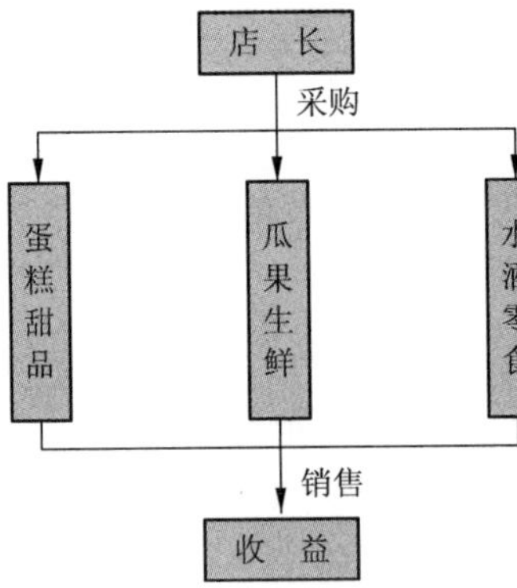

2. 引进阿米巴经营后，按部门分成阿米巴并设立领导者

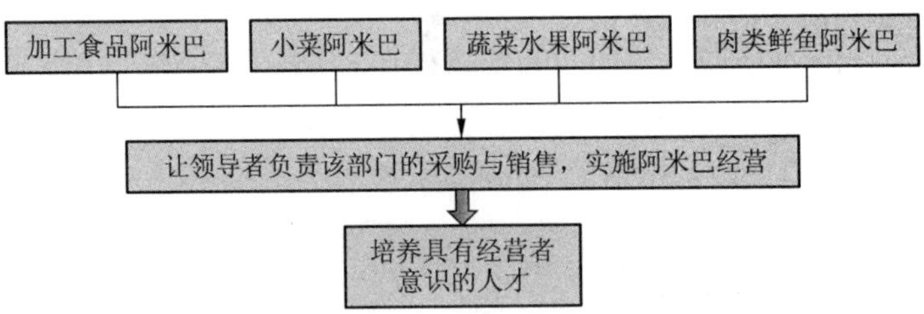

如何培养经营者的分身？

基于“按照公司运营所需职能建立组织”的思路，明确最低限度的必要职能，建立精简高效的组织。

（1）细分组织。基于职能对组织进行细分，需满足 3 个条件：①存在明确的收入并可计算出与此对应的费用。②可作为一项独立的事业。③可履行公司整体的目的、方针。

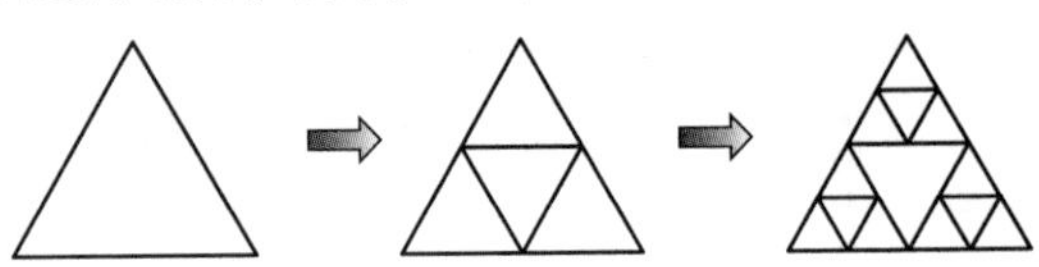

（2）培养经营者分身。在京瓷急速成长过程中，稻盛和夫的想法：如果能像《西游记》里的孙悟空一样，拔下猴毛吹一下，就能变出分身……他希望多多培养出像自己一样能承担公司经营责任并具有作为“共同经营者”意识的领导者。

稻盛和夫的思路：如果是一个小组织，即使年轻、经验尚浅的领导者也能正确掌握自己部门的情况，能有效发挥经营者的作用。于是，他将组织分成许多小小的阿米巴，并委以运营之责。

（3）把经营委托给阿米巴领导者。为了发展阿米巴而选择阿米巴领导者，根据公司的方针制定事业计划，开展实绩管理、劳务管理、物资订购、库存管理、经费管理等全面的经营。

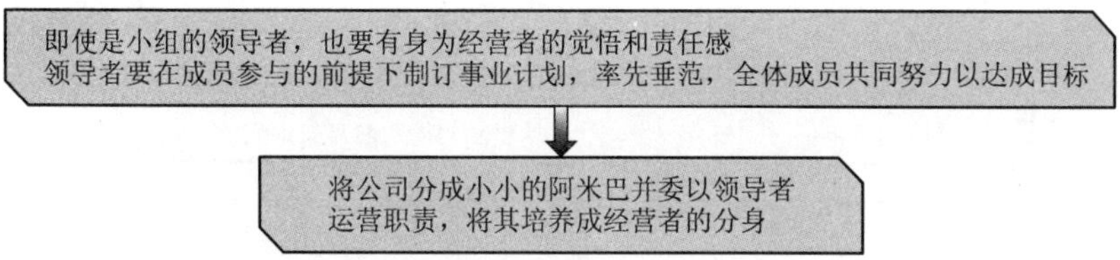

案例 2-2　应对市场变化。

1. 引进阿米巴经营前，店铺整体管理核算

问题点：笼统记账而无法掌握实际的经营情况。

2. 引进阿米巴经营模式后，启动了按部门核算制度

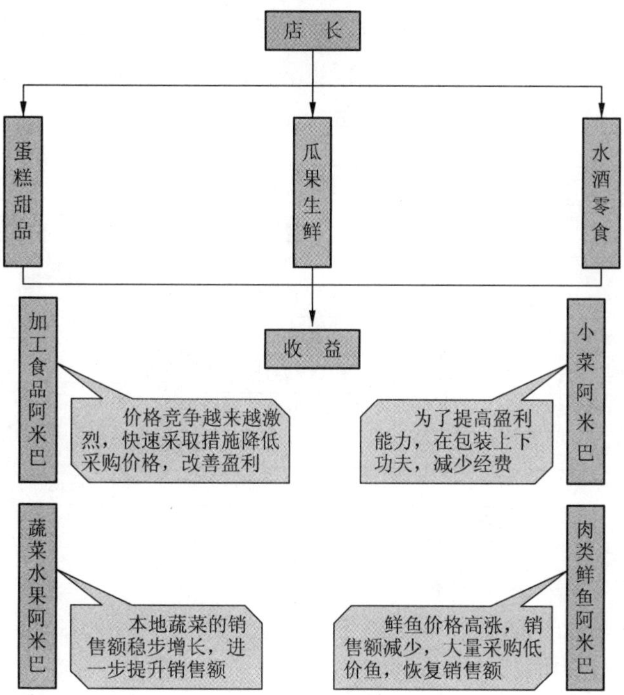

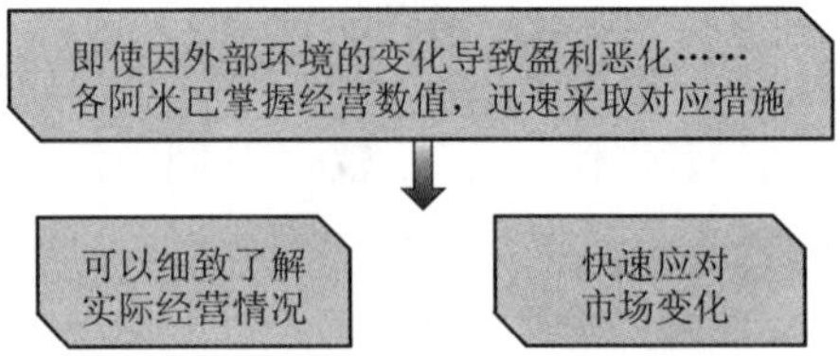

如何应对市场变化？

（1）数字经营。为应对时刻变化的市场，各阿米巴需要“活生生的经营数字”，以便采取相应的措施。

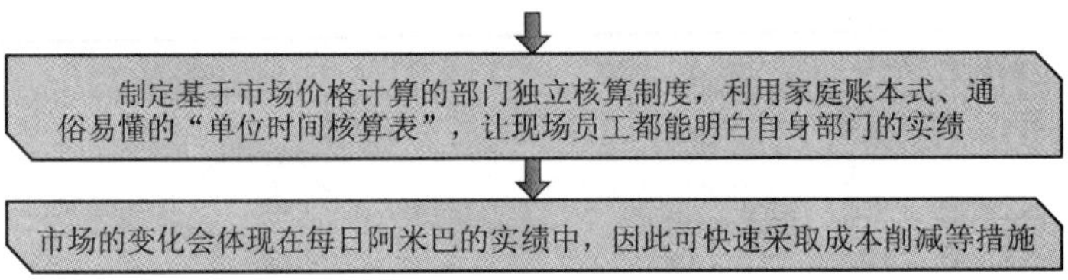

为此，阿米巴之间需要进行公司内部交易，将市场价格的变动反映到阿米巴的收入中。

（2）单位时间核算表机制。“销售额最大化，经费最小化”是稻盛和夫思考的经营原则。为了在所有阿米巴中贯彻这一原则，需要一个能了解收支情况的核算表。于是，像家庭账本一样通俗易懂，连不具备会计知识的员工也能明白实际经营状况的简易单位时间核算表便由此产生。

总生产	43 000 000日元
原材料费	9 010 000日元
水、电、暖气费	6 000 000日元
办公用品费	5 070 000日元
杂项费用	3 020 000日元
经费合计	23 100 000日元
折后销售额	19 900 000日元
总时间	3 500.0小时
当月单位时间产值	5 685.7日元

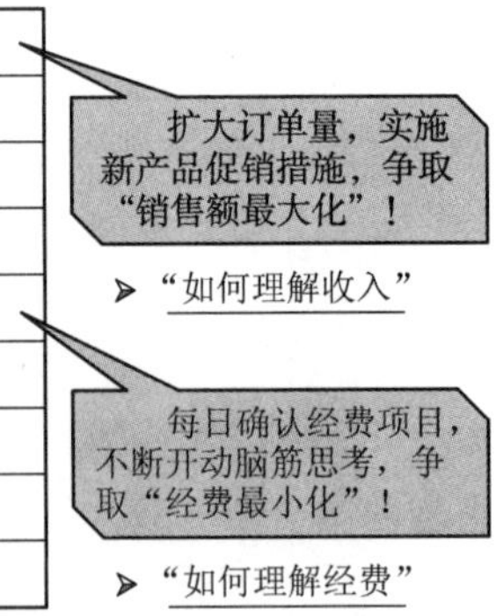

案例 2-3 全员参与经营。

1. 引进阿米巴经营前，1 名店长努力改善经营

问题点：仅凭店长 1 人，再努力经营绩效也是有限的。

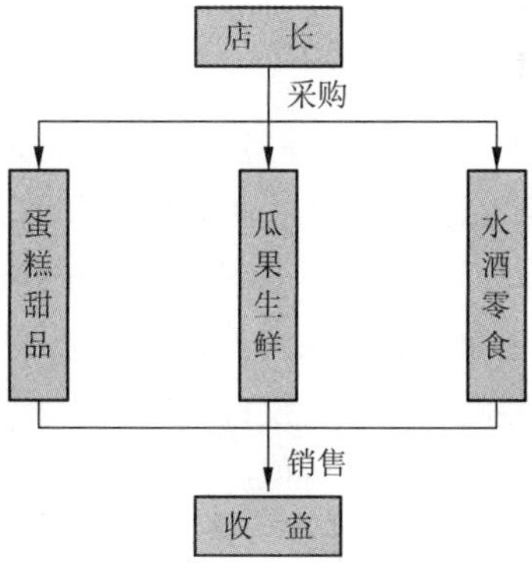

2. 引进阿米巴经营后，全员共享目标，集结全员智慧开动脑筋

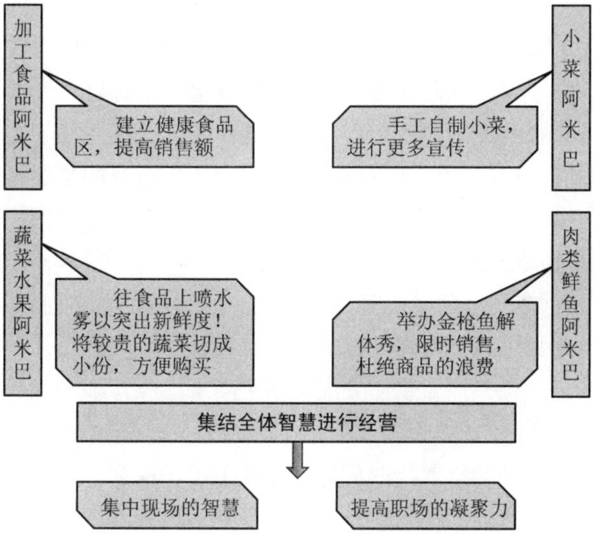

点评

（1）培养经营者意味着任意大小的经营组织都必须有一个领导者，他就是阿米巴的带头人。

（2）部门核算制度意味着以阿米巴为经营单位进行经济效益核算。

（3）全员参与经营意味着每位阿米巴成员都必须努力贡献，将本单位的经营绩效与自己的切身利益挂钩。

（4）以上 3 个方面三位一体、相互促进、相得益彰。阿米巴经营模式成功的根本在于最大限度地调动了每位员工的积极性、能动性和创造力。

4.4 对阿米巴经营模式的借鉴

稻盛和夫用原生动物变形虫如何适应环境的变化而活下来的硬道理，破解了企业管理方面的难题；用阿米巴经营模式所创造的业绩，阐释了他的管理理念和管理哲学的价值。我国的市场经济环境正充满着变化和不确定性，无论是民营企业还是国有企业，不管是传统企业还是互联网公司，不论其规模大小，绝大多数企业都会遇到经营管理困境。借鉴阿米巴经营模式，对我们改变企业的经营模式、提高经营效率和创造效益具有重要的意义和价值。

4.4.1 不仅是价值管理，更关注经营哲学

在阿米巴模式的整个实施过程中，许多人急于求成往往会造成期望与结果的极大偏差。首先，阿米巴的整个经营管理不仅仅是会计核算体系，更多的则是关注经营哲学。很多企业都有自己的经营哲学，但是让其渗透到员工的细胞里却很难。

学习阿米巴经营模式一定要学习它的经营哲学。公司采用单位时间的附加值来考核绩效，结果越考核问题越多，这时老板就会产生怀疑，变得迷茫：外面都说阿米巴好，为什么在我的公司就出现问题了呢？究其原因还在于企业经营哲学是不是统一。所以，阿米巴经营模式不仅是价值管理，更重要的是要将经营哲学渗透于经营管理过程之中。

4.4.2 不仅是物质分配，更是全面薪酬管理

很多中国企业在实施阿米巴经营模式时，把单位时间附加值作为薪酬分配的一个依据，你的附加值越高给你发的奖金、红包就越多。但是，稻盛和夫认为这样做是绝对错误的。如果只注重物质分配，整个阿米巴经营理念就被扭曲了。

日本的企业文化是“敬天爱人”，员工的奖金、绩效工资等，不仅是物质分配，更是全面薪酬管理的重要组成部分，涉及工资、福利、寻求成长的机会和企业文化，形成了这 4 个方面的平衡体系。企业不能只重视其中之一，如果偏重于物质而淡化了其他因素，那么企业的阿米巴经营就会被扭曲。

4.4.3 不仅是经营核算，更是数据的及时有效

经营会计的数据要及时、准确、有效。京瓷公司当天的经营数据第二天一早就会出来，而且这些数据会直接让经营单元中的所有员工都了解到。通过对真实、全面的经营数据分析来不断改进作业，从而提高经营水平。若企业的整个经营数据一个月才有一次报表，那么一年只有 12 次的反思。但是，阿米巴经营则是 365 天都在反思，它是一个循环系统和分析策略。

企业实施阿米巴经营，引入经营会计不是为了数据，而是为了反思、提升以及找出差距。提供及时性的数据，一方面能够让员工清晰地了解自己的经营成果；另一方面也能够让员工知道目前工作中存在的差距，及时采取措施进行改进，从而

避免更大的经营损失。

4.4.4 不是垂直管理，而是面向客户

阿米巴经营采用的不是垂直管理方式，而是面向客户的管理方式。企业在经营过程中，阿米巴经营非常简单，没有传统的金字塔形组织结构管理。我国的海尔集团实施的是“人单合一”的管理模式，这种管理模式打破了传统的官级结构，内外部响应服务客户，这也是现代互联网企业的特点。阿米巴经营在整个研发、采购、销售过程中的管理是一种面向客户的响应系统。采取的是佣金制，博弈策略变成了共赢策略。佣金制在阿米巴经营的整个内部目标制定方面十分有效，国内很多企业也在不断地思考和尝试这种管理模式。

4.4.5 不是个人英雄，而是协作共赢

阿米巴经营核算强调单位时间附加值、收入最大化、费用最小化。在这个过程中，阿米巴经营单元最多为 40 ~ 50 人，最少为 3 ~ 4 人。对阿米巴单元的划分是柔性组织划分，在划分过程中，尽管每个阿米巴有领导者，但这位领导者既是队长又是成员。他只有带领团队，凝聚团队的智慧，共同努力，才有可能使他们的阿米巴提高效率、创造价值。这里，强调的是协作共赢，而非个人英雄。

4.4.6 不是被动管理，而是自主经营

阿米巴经营不是被动管理，而是自主、自觉经营，人人都是事业合伙人。温氏企业强调的是各家小客户，由此带领了 56 000 多家小客户；海尔讲的是“自主经营体”；华为是让大家听见炮火的声音，“自主决策”；美的讲的是事业部改造；如果阿里、腾讯是平台或者说是“航空母舰”平台，那么，小电商就是“舰载机”或者说是“阿米巴”。这些企业虽然形式不一，但都有其共同特点，就是让整个一线员工都能听见炮火的声音，及时响应市场的速度，自主经营，自主决策。如果企业每天都是靠着指令或信息传递做出决策，那么就会出现利润下滑或因为效率错失机会的问题，企业就会丧失前进的力量。

在阿米巴经营过程中，企业可对很多类似的操作细节做深入研究，中国企业借鉴阿米巴经营模式，可以不断提升管理水平和经营业绩。比较传统的大企业，如中国的许多互联网大公司的经营模式已经非常类似于阿米巴经营模式，即将大企业做成“小企业”，成千上万的“小企业”支撑着大企业，而各个小公司做“活”变成“阿米巴”，让整个大企业变成无限布朗运动的结合体。只有这样，企业才能与时俱进，才会走得更远、变得更强。

5. 动力机制决定合伙创业的成败

5.1 合伙制企业相对于公司制企业的优势

合伙制以“人”为中心，而非以“资金”为中心。创业开始之前就约定好了利益分配机制，合伙人之间“共创、共投、共享、共担”，这就从根本上打破了传统公司的层级管理，实行无“管”而治，公司内部自然形成了“混乱产生秩序、稳定带来死亡”的局面。

以“人”为中心并非是说“资金”不重要，而是认为不以“资金”的投入多少作为公司持股的唯一标准，这样有利于公司招募高层次人才、引进风险投资、引入众筹融资以及聚集其他的社会资源。在现时代，不干活的合伙人或者股东，“掏大钱、占小股”是合伙创业公司的标配或者常态。

5.2 成功创业离不开好的合伙人

传统的雇佣制是用时间来换取酬劳的，使员工感觉只有当下而没有未来；“员工变合伙人”的重要性超过商业模式、行业选择和“风口”（顺风的商机）。

花时间找合伙人。比如，小米公司创业成功的关键是“要找到一群相当靠谱的人”。优秀的合伙人，由于阅历、理念和价值观的差异，他们相互之间很难认同、合作。因此，要找到最专业、最合适的合伙人，必须花费精力和时间。只有得到好的合伙人，事业才能基业长青！

合伙创业公司要有制度、规则和契约，从而保证公司运营“好合好分、好聚好散”。这种格局，无论是对创业公司还是对所有的合伙人都是代价最小、风险最低、效率较高。

先团队，后产品。创业是场马拉松赛，需要优秀的创业团队前赴后继来执行，改变世界的精神不变，捆绑个人利益与企业利益的激励机制永在。有了好的合伙人，组建起好的团队，才会有好的产品。

5.3 文化素养决定合伙人的格局

在中国，合伙制和合伙创业的根基是我们的传统文化，即儒家文化下的“仁、义、礼、智、信”，讲究人和、友情，重义轻利，这句概括为“信任文化”。这在古典小说《三国演义》中的“桃园三结义”，《水浒传》中的“梁山结义”，以及电影《投名状》中“庞赵姜三结义”等中被演义得淋漓尽致。因此，基于传统文化理念和价值观，中国的中小企业的平均寿命仅有 3.7 年，集团企业的平均寿命仅有 7 ~ 8 年。

西方国家的企业文化是基于基督教文化而形成的制度文化，这种制度文化决定了西方人在商业合作项目时，更多考虑的是体制、法规、契约、利益等，他们会较少顾忌东方的“关系”和“情义”。尽管东西方文化有着较大的差异，但是“信任文化”和“制度文化”各有优势和劣势，“你中有我、我中有你”，对于合伙创业而言，要兼收并蓄、为我所用。

在新时代，像电影《中国合伙人》一样，中国年轻的合伙创业者显得更加务实。创业起步时的核心资源是人和资金的问题，没有“人和”就没有“资合”，更没有合伙创业；没有规则、契约，合伙创业或者合作制企业就无法长久生存。

☞ 随堂讨论问题

1. 为什么说职业经理人正在被“事业合伙人”淘汰？
2. 为什么说合伙创业的“人和”比“资合”更重要？
3. 创业合伙人之间可能会产生的权利冲突表现有哪些方面？如何解决？
4. 什么是阿米巴经营模式？这种经营模式如何做才能持续取得成功？

☞ 作业

1. 从电影《投名状》到《中国合伙人》，对你与他人合作、合伙干事业有什么启示？

2. 为什么马云仅占阿里巴巴 7.8% 的股权，却挡不住他个人的财富猛增以及他对该公司的“控制”？

模块三　构建创业团队

☞ 内容提要

创业团队的凝聚力、战斗力和创造力决定了创业的效率和效益以及创业的成败；高效的创业团队需要依靠团队的力量，发挥团队精神。下面将论述：如何构建优秀的创业团队，如何避免创业团队分崩离析，优秀创业团队如何永葆团队精神。

1. 创业团队的力量和价值

1.1 什么是创业团队

创业团队是由少数具有技能互补的创业者组成的，为了实现共同的目标和利益，整合社会商业资源，为个人和团队成员以及商业资源的提供者创造价值而形成的命运共同体。

创业团队想要取得成功，需要团队成员有坚定的信念和意志力，抱成一团，共同用智慧去创造新的财富和价值。

1.2 创业团队的分类和特点

1.2.1 星状创业团队

星状创业团队在团队形成之前就有一个核心人物，他的创业想法形成团队的思想，团队也因他的思想而组建，成员也由他来选择，成员在团队中更多时候是担当支持者的角色。

星状创业团队有如下特点：①组织结构紧密，向心力强，组织者对其他成员影响巨大；②决策程序相当简单，组织效率较高；③权力相对集中，决策失误风险较大；④组织者拥有绝对的权威，当成员与其冲突时，成员往往会选择脱离团队。

案例 3-1　万通的星状创业团队。

1991 年，原万通地产公司，以冯仑为“老大哥”联合王功权、刘军、王启富、易小迪、潘石屹组成创业团队，被人称为“万通六君子”。这6个性格鲜明、各有所长的人共聚一堂，在海南开始了他们的地产商业。但两三年后，他们的想法各异，于是各奔东西，后来才有了潘石屹的SOHO中国、易小迪的阳光100等公司。

1.2.2 网状创业团队

网状创业团队成员一般在创业之前就有密切关系，比如同学、亲友、同事、朋友等，全体成员在形成共识后共同创业，团队内部没有权威，各成员根据各自的特点自发定位角色。

网状创业团队的特点：①团队没有明显的核心人物，结构较为松散；②决策时，一般通过大量沟通和讨论达成一致意见，因而组织效率相对较低；③团队成员地位平等，一般容易形成多头领导；④团队成员发生冲突时一般通过协商解决，不会轻易离开，如果冲突升级则会导致团队涣散。

案例3–2 比尔·盖茨的网状创业团队。

微软的比尔·盖茨和童年伙伴保罗·艾伦以及惠普公司的戴维、斯坦福大学的同学比尔·体利等都是好朋友，他们相识多年，基于一些互动激发出了创业的点子，最终共同创建了微软公司。微软公司以比尔·盖茨为核心，在IT行业坚持不懈地耕耘，取得了巨大的成就，成为世界超级商业巨头。

1.3 团队的力量

1.3.1 团队的作用

一个团队创业的过程，就是团队成员思想不断交流、智慧火花不断碰撞的过程。英国作家萧伯纳有一句名言：“两个人各自拿着一个苹果，互相交换，每人仍然只有一个苹果；两个人各自拥有一个思想，互相交换，每个人就拥有两个思想。”如果团队中每个成员都能把自己掌握的新知识、新技术、新思想拿出来与其他团队成员分享，共同进步，集体的智慧势必大增，就会产生1+1>2的效果，团队智商就会大大高于每个成员的智商之和，整体大于部分之和，即“三个臭皮匠，顶个诸葛亮”，从而完成个人所不能完成的任务。

创业关注的核心并不是个人英雄主义的个体创业者，而是卓有成效的创业团队。新创企业既可能只为某个创始人或其亲友提供就业机会，也可能是一个具有较高发展潜力的公司，而两者之间的主要差别就在于是否存在一支高质量的创业团队。没有团队的创业也许并不一定会失败，但要创建一个没有团队而具有高成长性的企业却极其困难。

1.3.2“团队”不等于“群体”

“团队”和“群体”的概念看起来都是指由多个人形成的正式或者非正式的组织。但是，团队是一个有目标、有任务、有战斗力的群体，而群体通常是没有属性的。因此，“人多力量大”的中国俗语在群体组织中，并不必然得出 $1+1>2$ 的结果。

案例 3–3 德国科学家瑞格尔曼的拉绳实验。

参与测试者被分成 4 组，每组人数分别为 1 人、2 人、3 人和 8 人。瑞格尔曼要求各组用尽全力拉绳，同时用灵敏的测力器分别测量拉力。测量的结果有些出乎人们的意料：2 人组的拉力为单独拉绳时 2 人拉力总和的 95%，3 人组的拉力为单独拉绳时 3 人拉力总和的 85%，而 8 人组的拉力则降到单独拉绳时 8 人拉力总和的 49%。

现代社会把人们组织起来，就是要发挥团队的整体威力，使团队的整体力量大于各部分力量之和。而拉绳实验却告诉我们 $1+1<2$，即整体力量小于各部分力量之和。这一结果向团队的组织者发出了挑战。这项实验也表明，“群体”不等同于“团队”。如篮球队、龙舟队是有任务、有目标、有竞争力的组织，这就是团队；而旅行团、候机旅客等是没有任务也不需要有竞争的松散结合体，这只能是“群体”。

1.3.3 动物团队的力量

在非洲草原上如果见到羚羊在奔逃，那一定是狮子来了；如果见到狮子在躲避，那就是大象群怒了；如果见到成百上千的狮子和大象集体逃命的壮观景象，那是什么来了呢？蚂蚁军团来了。这就是大自然动物世界的景象。

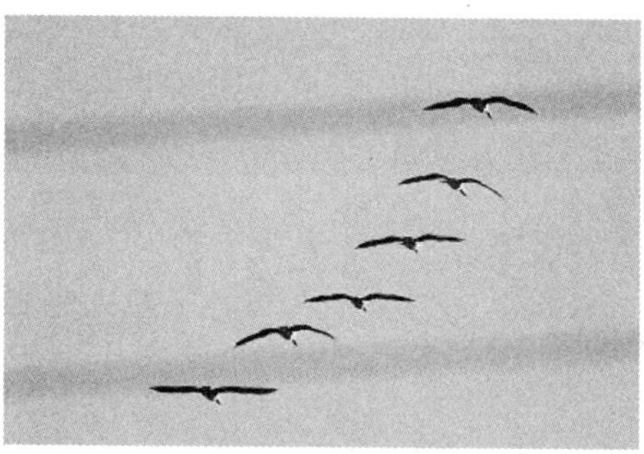

在动物世界里，还有许多优秀的团队。“螃蟹团队”抱成一团，形成无敌团队，强力抵御外敌入侵；“大雁团队”整齐划一的队形，为了保持“人”字或“一”字队列，“头雁”在不断发出鼓励的鸣叫；“野牛团队”中一头野牛受到狮子威胁时，其他野牛一起行动，拼死相救；“群狼团队”具有自由独立、强悍卓越、坚不可摧的团队精神。

1.4 优秀创业团队的价值

创业最需要外部人力和财力资源的支持。一个优秀的创业团队，一方面，它会吸引外部更优秀的管理人才和技术人才的加入；另一方面，它也会受到风险投资家的青睐。

风险投资家投资不仅仅看项目的好坏，而更重要的是看创业带头人和创业团队。创业团队是风险投资的最大风险，因为风险投资家作为小股东不去管理公司，而且也几乎无法进行日常管理。因此，最大的风险是管理风险，也就是创业团队经营能力不足的风险。

为了规避风险，风险投资往往要在评估创业团队方面做很多工作。一旦发现创业团队能力不足，在诚信上有问题，100%的风险投资家都会拒绝投资。

2. 优秀创业团队需要什么

2.1 团队要有共同奋斗的目标

共同目标就是共同的核心利益，有共同点才会有交叉点，有交叉点才会有前进的动力。目标明确了，大家才会有一起奋斗的激情。目标在团队组建过程中具有特殊的价值。

首先，目标是一种有效的激励因素。如果一个人看清了团队的未来发展目标，并认为随着团队目标的实现，自己可以从中分享到很多利益，那么他就会把这个目标当成是自己的目标，并为实现这个目标而奋斗。从这个意义上来讲，共同的未来目标是创业团队克服困难、取得胜利的动力。

其次，目标是一种有效的协调因素。团队中各种角色的个性、能力有所不同，但是“步调一致才能得胜利”。孙子曰：“上下同欲者，胜。”只有真正目标一致、齐心协力的创业团队才会取得最终的胜利与成功。

2.2 团队要有能胜任的带头人

团队带头人是有领导力的人，承担着团队的主要责任，能协调团队成员的利益和矛盾冲突；团队带头人要有智慧、有创造力，具有凝聚团队其他成员的向心力，能带领团队克服艰难险阻从而持续创造经济效益。

联想创始人柳传志曾经说：“领军人物好比是阿拉伯数字中的1，有了这个1，带上一个0，它就是10，两个0就是100，三个0是1 000。”世界篮球之神迈克尔·乔丹曾说过一句名言：“一名伟大的球星最突出的能力就是让周围的队友变得更好。”

案例 3–4 史玉柱、马云与他们各自的创业团队。

在一些人眼中，史玉柱带着邪气。但在刘伟等内部人看来，史玉柱是个重情重义的人。2002 年，陈国遇意外车祸，史玉柱连夜从兰州飞回上海，全公司停掉业务给陈国办后事。此后每年清明，史玉柱都会带着公司高层去祭奠。经历了陈国的“断臂之痛”后，史玉柱对高层用车也只用 SUV，并禁止在上海之外自驾车出行。与史玉柱一起爬过珠峰的费拥军，说起追随多年的理由用的是“亲情”一词。他们相信这一点，在公司财务困难的时候，程晨甚至会从家里借来钱援助史玉柱。

“无论什么时候看到他，你在他眼中看到的都是自信，都是‘我一定能赢’的信心。你跟他在一起就充满了活力。”阿里巴巴的副总裁戴珊为“十八罗汉”之一，她这样评价史玉柱。“他在你绝望的时候能让你看到希望，能跟着他走”，刘伟也如此评价史玉柱。

史玉柱在经历巨人公司失败后二次创业初期的很长一段时间里，身边的人连工资都没得领。但是有 4 个人对他始终不离不弃，他们后来被称为“四个火枪手”：史玉柱大学时期的“兄弟”陈国、费拥军、刘伟和程晨，这就是团队带头人的魅力所在。

马云用他的“魔力”创造了他人眼中的奇特现象。有媒体这样描述：“这个正迅速扩张的团队仍超乎寻常地保持着亢奋和战斗欲，然而，身在其中的绝大部分人拿的是国内同行业中下水平的工资，却有着职场人士对职责罕见的忠诚、幸福感和向心力。”

从创业的第一天起，马云就宣称，阿里巴巴会成为最伟大的电子商务公司，他让部将们相信，公司上市后会得到更多。创业之初的 2 ~ 3 年，阿里巴巴的员工都特别辛苦，待遇也不好。有人抱怨，宁愿不要期权，也想多发点工资。马云的解决方案是，要有信心，他把他的股份稀释给其他团队成员。

马云创业初期的 50 万元资金是由 18 名员工一起凑起来的。9 年过去了，这 18 人中有做到总裁级的孙彤宇，也有还是经理的麻长炜，但没有一个人从阿里巴巴流失，这也同样说明了团队带头人魅力的重要性。

马云与史玉柱都具备领导力的核心特征：提出大家都认同的愿景，并使用有效的激励手段。

2.3 团队成员各有所长

组建一个好的创业团队，要求团队中的成员各有所长、知己知彼、相得益彰；大家分工明确，能做到优势互补、相辅相成。

2.3.1 知己知彼，百战不殆

优秀创业团队成员之间应该相互非常熟悉、知根知底。《孙子兵法》中云："知己知彼，百战不殆。"在创业团队中，团队成员都非常清醒地认识到自身的优势及劣势，同时对其他成员的长处和短处也一清二楚，这样可以很好地避免团队成员之间因为彼此不熟悉而出现各种矛盾和纠纷，能迅速提高团队的向心力和凝聚力。

大学生选择创业的合作伙伴多是同学、朋友、校友，有些很快就失败了，究其原因，就是因为他们选择的合作伙伴都是他的熟人。这样的"熟人"之间往往缺乏深入的交流、沟通，团队成员的心灵和思想是相互陌生的。在许多校园 BBS 上能够看到，某个同学有一项新发明或者好的创意，广发"英雄贴"，虽然都是同龄人，但是毕竟没有共同经历过"血与火"的考验，这样的团队成员之间是缺乏凝聚力的。

优秀的创业团队首先要确保团队内所有核心成员真正在思想和灵魂上熟悉。尤其对初创公司不陌生的人，若需要补充优秀的专业人士，就要花时间去找创业合伙人。

2.3.2 扬长避短，恰当使用

创业团队需要的人员大致可分为以下 3 类：一是可以信任而不可大用者，即那些忠厚老实，但能力不大的人；二是可用而不可信者，即那些有些有能力但私心过重，为了个人利益而钻营弄巧，甚至不惜出卖良心的人；三是可信而又可用的人。作为创业者，都想找到第三种人。但是这种人不易识别，往往与用人者擦肩而过。为了企业的发展，创业者对各种人都要用。只要在充分识别的基础上恰当使用，扬长避短，合理配置，才能最大限度地发挥他们的作用。

人有所长，必有所短。创业伙伴之间的优势最好呈互补关系。选择的时候要看清其长，包容其短。所谓取长补短，是取别人之长补自己之短，此为团队的真正价值。长城不是由一人筑成的，想做出点成绩，就得有做事情的开放心态。你是内向型性格，不善于交际，只适合从事技术工作，那你最好找富有公关能力、会沟通、能处理复杂问题的搭档；若你是急性子，脾气比较暴躁且又自认为很难改正，那最好找慢性子、脾气温和的搭档，因为合作中的摩擦在所难免，一急一缓可以相得益彰。

2.3.3 **相互补充，相得益彰**

创业团队虽小，但是“五脏俱全”。创业团队成员不能是清一色的技术流，也不能全部是搞终端销售的，优秀的创业团队成员应该是各有各的长处，大家结合在一起，正好相互补充，相得益彰。相对来说，一个优秀的创业团队必须包括以下几种人：“一个创新意识非常强的人”，这个人可以决定公司未来的发展方向，相当于公司的战略决策者；“一个策划能力极强的人”，这个人能够全面周到地分析整个公司所面临的机遇与风险，考虑成本、投资、收益来源及预期收益，甚至还包括公司的管理规范、章程、长远规划设计等工作；“一个执行能力较强的人”，这个人具体负责公司的运营，包括联系客户、接触终端消费者、拓展市场，等等。如果是一个技术类的创业公司，那么还应该有“一个技术研究高手”，当然，这个创业团队还需要有人掌握必要的财务、法律、审计等方面的专业知识。只有这样，团队成员才能算是比较合格的。

在一个创业团队中，不能出现两个核心成员位置重叠，也就是说，不能有两个人的主要能力完全一样。比如，不能出现两个都是出点子的人、两个都是做市场的人等。因为只要优势重复、职位重复，那么今后必然少不了会出现各种矛盾，甚至最终导致整个创业团队散伙。

2.3.4 **《西游记》团队的角色**

中国经典小说《西游记》给我们阐释了“什么是团队”。一个坚强的团队，基本上要有 4 种人：德者、能者、智者、劳者。德者领导团队，能者攻克难关，智者出谋划策，劳者执行有力。

案例 3–5 “西游记”创业团队。

唐三藏只会说“阿弥陀佛、善哉善哉”，但他却有赴西天取经的明确愿景与目标。孙悟空是唐僧团队中本领最强的，如果把孙悟空放到现代，他会是很强悍、有主见而且敬业的专业经理人。猪八戒也是办公室里常见的人物，平常喜欢偷懒、爱拍马屁，老指使沙悟净干活，但生死存亡之际却能坚持立场。沙悟净则是团队中最没有企图心的人，时间到就下班走人，对公司的愿景没兴趣，只想有份稳定的任务与薪水，但如果没有他，维持企业运转的行政与总务后勤工作将会变得一团乱。

唐僧团队也被认为是世界上最好的团队。这样的团队无疑比“一个唐僧三个孙悟空”的团队更能精诚合作、同舟共济，这就是团队精神。有了猪八戒才有了乐趣，有了沙和尚才有了挑担子的人，少了谁也不可以，互补并相互支撑着，有时候也会吵架，但团队成员的价值观相同。

通用公司总裁韦尔奇提到的典型团队是：第一，团队最基本的成分即团队成员是经过选拔组合的，是特意配备好的；第二，团队的每一个成员都做着与别的成员不同的事情；第三，团队的管理要区别对待每一个成员，通过精心设计和相应地培训使每个成员的个性、特长能够不断地得到发展并发挥出来。这才是名副其实的团队。

2.4 团队成员要有创造力

加入创业团队，各成员都应该有激情、有自信、有能力承担任务和责任，有与他人相互配合、协同作战的精神，全力为团队创造价值。同时，创业团队有效的激励机制是提高成员持续创造力的保证。

团队成员应该是一群认可团队价值观的人。合伙人应该都是有梦想的人，是为了做出一番事业而走到一起的，而不是为了简单的现实利益而聚集起来的。

电子资讯系统公司（EDS）、佩罗系统公司（Perot Systems）创始人佩罗说："我在找人，找那些喜欢赢得胜利的人。如果我没找到，我就找那些憎恨失败的人。"所有的团队成员都必须是对企业的创业项目有热情的人。因为任何人才，不管其专业水平有多高，如果对所创事业信心不足，都将无法适应创业的需求。

日本经营之圣稻盛和夫创造的阿米巴经营模式展示出一个创业团队应有的管理运营机制：人人做事业合伙人。阿米巴经营模式将团队带头人（领导力培养）、经济效益核算（现场管理）和全员参与管理（团队文化）这三大企业管理难题集中在一起予以解决，极大地调动了成员的积极性和创造力，成员之间相互协作、相互配合、协同共进，从而实现团队的共同目标和个人的自身价值。

2.5 团队成员要有合作精神

创业团队各成员之间必须相互依存、团结协作、共同拼搏，只有这样才能共同创造更大的价值，不能只为了自己而只看到个人的短期利益。

微软集团在用人的时候就非常注重团队精神，即使你才华横溢、有超群的技术，如果不懂得与他人合作，那么你就不能发挥出最好的成绩。只有把企业内部有着不同文化背景和知识结构的各种人才有效地联合起来，才能更好地实现高效配合，达到事半功倍的效果。

稻盛和夫在《活法》的一个故事中区分了对“天堂”和“地狱”的认知。

有个小和尚请一位有智慧的老住持为他形容地狱。那位老住持答道：“地狱有一个宽达三尺的大锅，里面是美味的面条。然而，你所能用的餐具就是一双三尺长的筷子。”“你可以想象这幅景象。大家都饿极了，用这三尺长的筷子争食。他们试着夹起面条，但是筷子太长，无法把面条送到嘴边，于是发狂地搅着那锅面。每个人都想第一个吃，甚至攻击别人。最后，把面条弄得到处都是，就是吃不到嘴里。因此，每个人都为永恒的饥饿所折磨。”

接着，小和尚又问道：“那天堂呢？”老住持回答说：“天堂的情形也差不多。不过，每个人捞起面条后，都会把面条夹给对面的人，说：‘请先享用这美味的一餐吧。’对面的人很高兴地吃了，并说：‘谢谢，现在让我来回报吧。’由于每个人都有无私的心，所以得享幸福。”

人与人共同面对利益时合作与不合作，可能有如天堂，也可能像是地狱，关键要看我们如何视之：是一输一赢、双方平局，或是力量相乘的双赢局面。

3. 如何避免创业团队分崩离析

3.1 团队冲突的主要表现

3.1.1 认知冲突

认知冲突是指团队成员对有关企业生产经营管理过程中出现问题时的意见、观点和看法所形成的不一致性。

只要是有效的团队，团队成员之间对生产经营管理过程中出现的问题看法存在分歧是一种正常现象；认知冲突有助于改善团队决策质量和提高组织绩效，能够促进决策本身在团队成员中的接受程度。

3.1.2 情感冲突

基于人格化，关系到个人导向的不一致性往往会破坏团队绩效，冲突理论研究者把这类不一致性称为情感冲突。

情感冲突会阻止人们参与影响团队有效性的关键性活动，团队成员普遍不愿意就问题背后的假设进行探讨，从而降低了团队绩效。情感冲突滋生了冷嘲热讽、不信任和回避的氛围，因此，将会阻碍开放的沟通和联合程度。

3.1.3 利益冲突

利益冲突是指因联合创业者获得的利益与自己的贡献不对等而形成的个人利益与团队利益的冲突，或者是自己想寻求的利益与他人的利益矛盾，又制约着创业团队的效率和效益，更严重的情况会导致个别联合创业者退出，甚至创业团队解散和崩溃。

3.2 解决团队冲突的方法和技巧

团队成员在遇到问题或矛盾时应该向前看，向前看利益是一致的，因为成功会给大家带来更丰厚的收获。盯住眼前的事情不放，只能是越盯矛盾越复杂，最后导致裹步不前。只有向前看，成功的希望才会激励着合作的各方摈弃前嫌，勇往直前，最后抵达成功的彼岸。

3.2.1 坦诚相待又互相尊重

创业团队成员同样也是合伙人，因此，在平时交往与合作中要坦诚，要互相尊重，要摆正自己的位置。既然是合伙人，也就是出资人，双方都是为了共同的利益才在一起的，无论出资多少，都不会是想拿着自己的资金出来玩。

新东方联合创始人俞敏洪讲出了他们的创业故事。

1995 年年底，积累了一小笔财富的俞敏洪飞到北美，这里曾是他魂牵梦绕的地方，当年就是为了凑足留学的费用，他丢掉了在北大的教师职位。在俞敏洪的鼓动下，昔日好友徐小平、王强、包凡一、钱永强陆陆续续从海外赶回，并加盟了新东方。经过在海外的多年打拼，这些海归身上都积聚了巨大的能量。这批从世界各地汇聚到新东方的个性桀骜不驯的人，把世界先进的理念、先进的文化、先进的教学方法都带进了新东方，俞敏洪笑言自己是“一只‘土鳖’带着一群‘海龟’奋斗”。如何将这些有个性的人团结到一起，并让每个人都保持活力和激情，是俞敏洪首先要面对的问题。

俞敏洪说：“在新东方，没有任何人把我当领导看，没有任何人会因为我犯了错误而放过我。在无数场合下，我都难堪到了无地自容的地步，我无数次后悔把这些精英人物召集到新东方来，但又无数次因为新东方有这么一大批出色的人才而骄傲。因为这些人的到来，我明显地进步了，新东方明显地进步了。没有他们，我到今天可能还是个目光短浅的个体户；没有他们，新东方到今天还可能是一个名不见经传的培训学校。”世界上没有完美的个人，只有完美的团队。作为一个企业的老板，与其跟马赛跑，不如找一匹马骑。团队成员就是所谓的“人才马”。老板只有组建起最合适的创业团队，才能“马上成功”。

3.2.2 心胸博大又善于合作

创业需要合作，创业合作者或合伙人之间需要和谐相处，“和气生财”放之四海而皆准。创业者应该有博大的心胸，能宽厚待人，懂得如何把握合作，懂得什么是合作的度，这样才能更多地体会合作带来的快乐、喜悦和丰收的硕果。

携程网创始人之一梁建章说过：“我觉得包容性是很重要的，越是高层的领导，他能包容的人越多。我们几个管理层，分歧也有，但都是健康的。一开始的时候，包括模式的确立，大家都提出自己的观点。现在我们的分工非常明确，都是互补性的，大家的决策越来越准确，争吵越来越少。”

一个人的心胸决定了他的事业能达到的高度。宽容是合作者首先必备的一种道德品质。内讧是摧毁合作的最大杀伤力。宽容是合作的黏合剂。唯有和谐，合作才能愉快，才能使合作者激发出最大的工作热情和才智，营造一个有竞争力的团体。

在合作过程中，不要太计较小事。“大海航行靠舵手”，组建创业团队最关键的人自然是企业的领军人物。企业对人的管理也要审时度势，宽严有度。该管的事要管，不该管的事就不要管。要知道，“水至清则无鱼，人至察则无徒”。“难得糊涂”对创业合作各方都是保养自己心灵的鸡汤和企业组织运转的润滑剂，这与“丑话在前”和“及时立据”看似矛盾，其实并不矛盾。前者讲的是在没有形成事实的情况下的做法，而后者说的则是事实已经形成了，就不要太计较了。其实，过后经常会发现双方的计较毫无实际意义。

3.2.3 既讲独立又讲合作

创业者在创业过程中，既要讲独立也要讲合作。适当的合作（包括合资）可以弥补双方的缺陷，使弱小企业在市场中迅速站稳脚跟。春秋时代，战国七雄尚讲合纵连横，创业者更需要从创业整体规划出发，明确哪些方面的技能和资源是自己所欠缺的，再以此来寻找相关具备此类技能和资源的合作人，整合大家的资源和技能，以求共同发展。

携程总裁季琦告诉青年创业者，携程网的成功，除了抓住当初互联网快速发展的契机外，关键是有一个良好的创业团队。携程网的团队成员来自美国 Oracle 公司、德意志银行和上海旅行社等，是技术、管理、金融运作、旅游的完美组合。大家在一起创业，分享各自的知识和经验，这样就避免了很多创业雷区。

《论语·子路》中说“君子和而不同”，也是强调团队精神，但还要有不同的声音。

一个感性的老板在鼓动，一个理性的总经理在执行。一个外向的老板在激励，一个内向的总经理在操作。一个董事长在思考，一个总经理在实践。这才是完美的配合，才是成长的必备。古人说：“一阴一阳谓之道”，其实管理之道也是如此。

海尔有了张瑞敏和杨绵绵才有了平衡，一个做战略，一个做执行。海信有了周厚健在掌舵，于淑敏才能冲在前面。联想的柳传志充满了智慧，才有了杨元庆和郭为的发挥余地。互相搭配才能互补，才能达到企业管理的较高境界。

3.2.4 不断优化利益分配机制

现在创业已经不是打白条的年代了，而是“股份＋期权”的契约年代。在组合团队时，有一些事情是要坐下来板着面孔谈清楚、提前做好约定的。叫朋友到公司做事，千万别说“请你来帮我”，而是要事先讲好规则。友情不能维持合伙关系，事实上，生意上的合伙关系很容易破坏多年的友情。凡涉及权利义务与利益分配的问题，一切都要先说清楚、讲明白，不能感情用事、回避不谈。创业契约是创业者在找到创业伙伴时必须首先要思考、讨论、制定、执行的公司的第一份契约。合伙要想成功、愉快，必须在合伙之前签好创业契约。有了创业契约，大家才能各司其职；没有创业契约，最后可能会很失败或是股票分持的最大共存都可能失去。

典型的创业契约应该明确具体的商业项目是什么，需要每个合伙人有形的资产、财产、设备、专利等投入多少，无形的服务、特有技术、关系网等如何投入，股权、经济利益如何分配，增资、扩股、融资的办法和约定等。这样的协议允许合伙人占有的公司股份不尽相同，但一定要说明各个合伙人在公司管理中的地位和职务，是否允许合伙人从事公司以外的其他业务等。有一点最重要，就是合伙双方以什么样的方式结束合伙关系，即订出“退出机制”，一开始就“先小人后君子”，免得日后发生利益冲突。

创业企业的股权结构不能太复杂，或者说不能在开始阶段赋予别人太多的权利，因为后续的投资人特别是风险投资人，会关注公司的股权结构，如果股权结构太复杂，谈判就很难进行。对于创业者来说，从企业创立开始就需要制定相对完善的股东协议，明确各个创业者之间和原始投资人之间的关系。

4. 优秀创业团队永葆团队精神

4.1 什么是团队精神

团队精神就是奋斗精神、敬业精神、牺牲精神、进取精神以及团结合作精神等。在团队精神的感召和鼓舞下，团队上下精诚团结、目标一致、协同共进。如同航行在大海中的巨轮，有有智慧的船长的正确指挥，有勇敢船员的协同配合，凝结巨大的前进动力，在市场竞争激烈的海洋中能够乘风破浪，这样才能到达胜利的彼岸。在这其中，成员之间的相互理解、相互支持、相互帮助极为重要。

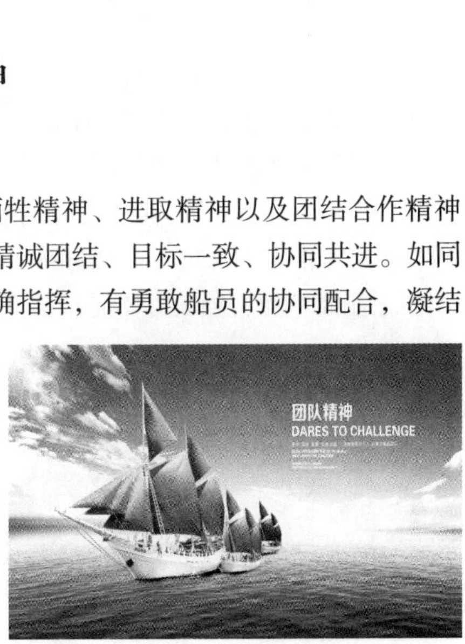

对于团队来说，一个有着团队精神的员工不会只为薪水而工作，因为如果那样的话，就意味着你不会做自己分外

的工作，不愿意在薪水之外多做一点事，多出一分力，也就不会为团队的整体利益去牺牲个人利益，不会帮助其他团队成员通过集体协作产生整体效应。中国女排很好地诠释了团队精神。

4.2 古往今来呼唤团队精神

我们的社会太强调英雄，总在强调“以一当十”。但是，以一当十并不难，难的是以十当一。因为以一当十只要最大限度地发挥一个人的潜力就行了，而以十当一则不同，它需要最大限度地发挥十个人的潜力，并且要使这些潜力朝着一个方向使劲。

曾国藩当年在编练湘军的时候，曾设想湘军能够在训练时以十当一，而在战斗时以一当十。虽然湘军远没有达到曾国藩所希望的那种程度，但在当时已经取得了相当可观的效果。

湘军在当时是唯一能够与太平军相抗衡的部队。曾国藩组建湘军的办法如下：利用自己的亲戚、朋友、同学、老乡关系，把一些忠于自己、有能力的人任命为军官，由他们负责组建各自的营队；这些营官再利用亲戚、朋友、同学、老乡关系，招募下级军官；依此类推，下级军官再用相同的办法招募自己的士兵。这样，曾国藩就组建了一支以亲戚、朋友、同学、老乡关系为纽带，以利益为目标，效忠于自己的军队。可见，湘军有着非常浓厚的个人色彩，是与国家利益相悖的，但在当时迫不得已的情况下，却非常有效地起到了增强凝聚力、提高战斗力的作用。

4.3 华为的团队精神

2004年以来，随着姜戎《狼图腾》一书的畅销，狼性文化大行其道，备受企业推崇。什么是狼性文化呢？那就是“敏锐的嗅觉，不屈不挠、奋不顾身的进攻精神，协同作战的团队精神”。一旦攻击目标确定，头狼发号施令，群狼各就各位，嗥叫之声此起彼伏，互为呼应，有序而不乱。待头狼昂首一呼，主攻者奋勇向前，佯攻者避实击虚，助攻者嗥叫助阵。这种高效的团队协作性，使它们在攻击目标时往往无往而不胜。独狼并不是最强大的，但狼群的力量则是空前强大的，所以有“猛虎也怕群狼”之说。

案例 3–6 华为的狼性文化与团队精神。

狼性文化一直是华为提倡的一种文化，主要意思就是要像狼一样拥有一个敏锐的嗅觉、敏捷的反应能力，发现猎物之后群体上攻。华为认为对市场的掌控就是一个核心竞争力，客户的选择就是一个敏锐的嗅觉。华为总裁任正非认为，企业想要做大做强，务必具备狼性精神。刚开始创办华为的时候，任正非就将这一思想贯彻到整个公司的运营当中，并且将其当作公司的文化标准。

《华为的团队精神》中记载了华为在打造狼性的高绩效团队时的成功法则，华为拥有明确的狼性团队目标、华为优秀群狼的特质、华为员工狼性的培养、华为狼性团队的纪律、华为团队的狼性文化等。华为的团队精神成就了华为成为全球最卓越的信息科技企业。

企业之间的竞争最终是人才的竞争。对企业而言，一个个人才就像一颗颗晶莹圆润的珍珠，企业不但要把最大最好的珍珠买回来，而且还要有自己的“一条线”，能够把这一颗颗零散的珍珠串起来成为一条精美的项链。如果没有这条线，珍珠再大、再多仍然是一盘散沙，这些个体所起的作用也只不过是以一当十的匹夫之勇。那么，这条线是什么呢？就是能把众多人才凝聚在一起，使其步调一致，为了共同目标而努力的团队精神。

个人单打独斗的时代已经远去，团队合作的时代已然到来。现在，联想提出的口号赫然是“打造虎狼之师”，塑造的员工是既要像兽中之王老虎那样有以一当十的王者风范、英雄气概、雄厚实力，又要有像群狼那样分工合作、精诚团结的以十当一的精神，每个人知道自己在团队中的位置和作用，把个人目标与团队共同目标合二为一。这正是华为、联想、微软、苹果等公司能够做大做强的根本所在。

☞ 随堂讨论问题

1. 如何以团队的共同目标为核心去培养团队的凝聚力和创造力？

2. 假如你是创业团队成员，那么，你该如何融入团队并让其他团队成员认可你？

3. 古代《水浒传》中有“梁山一百单八将”，现代有“万通六君子”结盟创业团队，为什么都难逃散伙的命运？

4. 中国在抗击新型冠状肺炎战斗中，你是否也感受到了团队精神或者团队的力量？举例说明其具体表现形式。

☞ 作业

1. 创业应当选择什么样的团队成员？他们的技能是呈相似性还是互补性？

2. 虽然小说《狼图腾》曾经产生过较大的争议，但是华为的团队精神就是“狼性文化”和“狼性精神”。你如何看待？为什么？

模块四　商业模式创新

☞ 内容提要

创业项目无论如何包装，归根结底都是要提高效率、创造效益；而创新动力和创新能力与创新的商业模式进行有机结合，创业企业才可能高效地创造价值。下面将论述：在业态巨变的数字经济时代，好的商业模式怎样才能助力新型创业取得成功。

1. 商业模式的内涵和本质

1.1 什么是商业模式

哈佛大学商学院将商业模式定义为“企业赢利所需采用的核心业务决策与平衡”，也有学者认为“商业模式是利益相关者的交易结构”；围绕商业模式有“五要素”“六要素”和“九要素”的观点。我们认为，商业模式是将企业“关键资源能力”和“盈利控制能力”相结合为客户创造价值的盈利模式。

通俗地讲，商业模式就是“做生意”“做买卖”的模式 。因为无论把创业包装得多么华美，归根结底就是一门生意。是生意，就可能赚钱，也可能亏本。

要领略商业模式的内涵和实质，就要回答如下几个问题：①谁是我的客户，他最大的需求是什么。企业要对客户和需求进行定位，即要明确企业在赚谁的钱。②企业应为这些客户提供什么产品或服务，即企业靠什么赚钱。③企业如何有效、持续地提供这些产品或服务，即企业如何能够持续赚钱。

1.2 商业模式的本质是实现价值创造

第一，企业在定位好客户后，还需要进一步把握“客户价值”，即客户的需求偏好、价值主张等。第二，企业要有自知之明，尤其是不同企业所具有的核心能力，这种核心能力是持续创造价值的根本。否则，企业产品或者服务的竞争力就差。其他企业都能够生产的产品，轮不上自己的企业去赚钱。第三，企业要解决如何创造价值的问题。也就是说，企业需要配置人、财、物等所需资源，并把握好成本投入和经营风险，最终企业要给客户提供满意的产品或服务。如果对客户购买的产品和服务感到满意，那么既是客户认可产品的价值，又是企业成功实现了价值创造。下图为商业模式的基本框架。

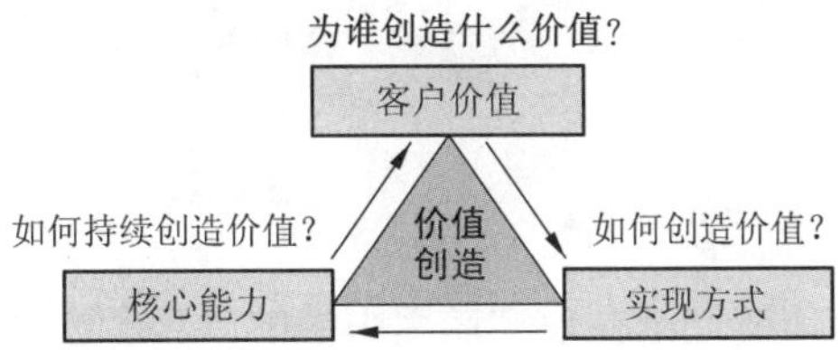

2. 商业模式创新是企业进步的必由之路

2.1 为什么传统商业模式会被淘汰

传统商业的盈利依靠加工、倒卖得到价格差变成利润。但随着市场竞争加剧、信息透明，利润会越来越薄，若不调整企业的组织结构、改变经营模式，企业将难以生存。

现代管理学之父彼得· 德鲁克认为：21 世纪企业竞争的最高境界是商业模式竞争。管理学大师迈克尔·波特认为：没有不能赚钱的行业，只有赚不到钱的模式。

2.2 价值链理论与商业模式转型

2.2.1 价值链理论与微笑曲线

价值链理论是哈佛大学商学院教授迈克尔·波特于 1985 年提出的。波特认为："每一个企业都是在设计、生产、销售、发送和辅助其产品的过程中进行种种活动的集合体。所有这些活动可以用一个价值链来表明。"企业的价值创造是由一系列活动构成的，这些活动可分为基本活动和辅助活动两类。基本活动包括内部后勤、生产作业、外部后勤、市场和销售、服务等，而辅助活动则包括采购、技术开发、人力资源管理和企业基础设施等。这些互不相同但又相互关联的生产经营活动，构成了一个创造价值的动态过程，即价值链。

微笑曲线是以加工制造业为例，对加工制造等实体行业复杂的价值链条进行的简单化描述。在其视野下，企业价值创造环节主要分为技术阶段、生产阶段和销售阶段。微笑曲线可以使我们明白实体行业赢利高低的变化，以此推动企业转型和改变商业模式。

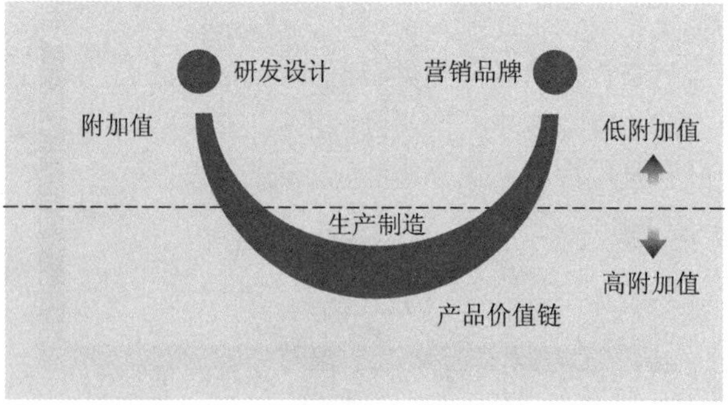

微笑曲线是对价值链理论在现实运用中的解读。虽然最早做制造加工的企业都是利润不菲，但伴随着时间的推移，竞争加剧，加工制造的利润越来越薄，导致近年来许多从事低端加工制造的企业亏损或破产倒闭，企业转型、商业模式变革成为不可逆转的趋势。

2.2.2 创利驱动企业商业模式转型

追求利润从低端到高端，从过去依靠生产环节赚钱而转向依靠服务创造价值，这是不同企业的现实选择和生存之道。

案例 4–1 苹果手机的商业模式。

苹果公司和富士康公司联合生产、分工协作制造苹果手机。苹果公司控制和从事手机的前端工作（即手机市场、设计、研发等）及后端工作（即手机的销售渠道、售后服务和品牌管理等），而富士康公司集中、单一做手机加工、制造这一生产环节。其结果，两个公司所获得的毛利润大不一样，如果苹果公司分享一部手机的毛利润为 1 000 元，那么富士康公司获得的毛利润只有 30 多元。处于价值链高端的公司获得的利润高，而处于价值链低端的公司获得的利润低。

案例 4–2 美国 IBM 公司的商业模式。

美国的IBM公司在20世纪90年代中后期将PC（个人计算机）业务卖给联想、把打印机生产卖给理光后，实际上已实现了从计算机制造商向服务商以及服务方案提供商的转型。IBM 公司转型后，其利润增速再度提高。1994 年服务仅占 IBM 公司总收入的 26%，2009 年服务则占 IBM 公司总收入的 60%。

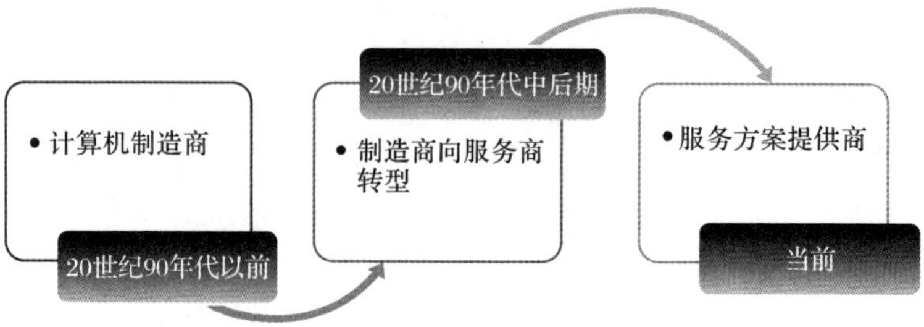

这些案例说明：计算机公司在当年依靠大规模生产“硬件”，公司赢利丰厚。但是，随着时代的进步、发展，企业之间的市场竞争、成本费用提升，企业的利润率降低，迫使企业调整商业模式，转向以服务创造价值。它专注于给其他单位做信息化服务系统，因为做“软件”的利益更大。

2.3 商业模式创新案例

案例 4–3　诚品书店仅靠卖书能够生存吗？

在很早的年代，传统书店靠卖书是可以赚钱的。但是，时代在变化，成本、租金在提高，多数靠卖书赚钱的书店难以存活，只有改变商业模式才有出路。

诚品书店是中国台湾的文化坐标和世界知名书店，它也是从传统书店发展起来的。开始，书店规模越来越大，场地租金、人工成本等越来越高，书店的利润却越来越低，经营陷入困境。由此，诚品书店改变了经营模式，提出吸引用户的策略：书可以免费阅读，而看书所需要的笔记本、茶水是要收费的。但书店经营商很快就觉察到，仅仅靠笔记本和茶水等收费，书店仍然难以为继。

后来，书店经营商围绕人们对读书、购书、文化交流等方面的需求，发展出了与之相配套的产业，如购物、餐饮、特色礼品、旅游观光等服务。许多人都去过中国台湾的诚品书店，但是其支出、消费和买回来的礼品与图书没有任何关系。通过诚品书店得到的启示是：传统图书经营商如果不能与时俱进地改变商业经营方式，那么就难以生存和发展。

案例 4–4　美国某医疗器械公司的商业模式。

美国的医疗事业很发达，这对于公民或者消费者而言是幸福的，因为患者去医院有保险，还有国家资助。但是，对从事医疗行业的公司而言可能就是“噩梦”。现实情况表明：在医疗事业非常发达的国家，由于大规模同质化的生产和销售，也会使同行企业的成本提升、利润降低、经营艰难。不过，也有不少的医疗器械公司非常赚钱，它们应验了管理学大师迈克尔·波特的说法：没有不能赚钱的行业，只有赚不到钱的模式。

Johnson&Johnson（强生）和 Tyco（泰科）等知名公司，它们早期是介于医疗器械工厂和医院之间的“量贩”或“搬运工”，随着价格、信息的透明化，单一从事医疗器械买卖的公司越来越难盈利。后来它们发现，医院在给病人做手术时，不仅需要手术刀，而且还需要配套的器械和用品，经常会由于手术前的准备不足而发生医疗事故。医疗器械提供商通过调查发现，不同的手术需要不同的手术包，这也是医院的新需求。于是它们给医院提供各种手术包，既帮助医院解决了问题，又在卖给医院的手术包中赚钱。

案例 4–5 文化产业的商业模式创新。

在新加坡，在建设 NBC Universal 主题公园之前，它的总财务预算已超过 13 亿美元，其实其“硬件”基础设施的投资仅占一半，而另一半投资则是用于人力资本、文化内涵、信息系统、娱乐项目的开发等“软件”设施建设。

好莱坞环球影城是一个再现电影场景的主题游乐园，其内部以多部大制作电影为主题的景点最受欢迎。过去，我们对它的认知可能是它的基础设施都是那些电影明星和电影拍摄制作公司需要的场景。当我们这些普通游客身临其境时，才发现原来在电视中看过的《侏罗纪公园》《木乃伊》《怪物史莱克》和《终结者》等大片在那里得到了重现，每天都吸引着大批游客前去体验。因此，你会觉得花费国内文化公园十倍价格的门票去游览，感觉这个体验很值得。

还有迪斯尼乐园和欧洲的许多主题公园。文化产业经营公司均以特有的文化主题为核心，打造特色文化“软件”产品和服务，使用户获得超值体验。文化企业经营的奥妙就在于：让消费者开心、愉快地消费，文化产品的经营者既实现了文化的商业价值又赚取了丰厚的利润。

由此，我们考虑的是中国的文化产业和文化企业应如何发展。中国文化产业企业有好的发展模式吗？我们的许多文化公园和文化一条街，大部分有仿古建筑和传统文化氛围，重视“硬件”、轻视“软件”，缺乏有足够吸引力的消费项目和可持续发展的商业模式。文化公司是否可以从中国悠久的历史文化中去寻找灵感，比如，中国古典小说《西游记》《聊斋志异》等，均可以通过“软件”投资而打造出自己特有的商业模式。

3. 商业模式画布与需求痛点

商业模式画布是把公司的商业思维、行为、行动等关键环节描绘、刻画出来的路线图。商业模式画布的最下方说明：公司要从所提供的产品和服务中取得收益，这种创造的价值就是其收入来源，而公司为此收益也有相应的投入、支出，即成本结构，收入和成本相抵扣，即商家的利润或亏损。

商业模式画布左上方部分表明，商业要有务实的业务或项目、服务产品，尤其是要有关键业务。为此，公司需要有资金、技术、人力等核心资源的支撑，以及有重要伙伴或合伙人支持；商业模式画布右上方部分描述的是客户需求、客户定位和客户细分。商业行为持续进行下去的前提是不断地维护客户关系，关键业务与渠道通路相互支持，这时才会使得公司有效率、有效益。那么，把握客户需求的关键环节就是价值主张。

价值主张即客户商业需求的痛点。痛点就是顾客重视的产品或服务质量以外的东西，如快捷、迅速，公司只要抓住了消费者“快”字当头的需要，就是把握住了顾客的价值主张或消费痛点。其他的顾客价值主张还有简约、方便、低价等。

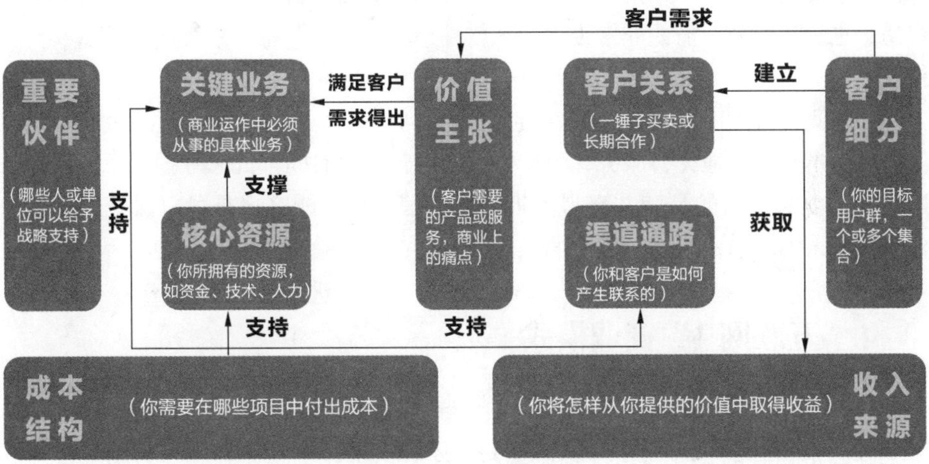

案例 4–6　达美乐比萨饼入台。

达美乐原本是美国快餐公司的品牌，比萨饼是大众化食品。当初，达美乐公司在开拓中国台湾市场时，抓住了顾客消费需求的痛点也就是“快”字，其营销广告语就是“全台最快外卖比萨”，广告并没有去宣传这种比萨饼是否好吃或价格的高低，但结果显示这则广告语的效果很好。

其实，要做到这个“快”字，在创业之初很不容易，需要考虑和计算好比萨饼店与顾客之间的距离，以及向顾客承诺送达的时间。比如，向顾客承诺比萨饼可以在 40 分钟内送达，而实际情况是保质保量的比萨饼熟食需要烘烤 30 分钟。为了节省时间，送比萨饼的快递员骑着带有电烤箱的摩托车一边跑、一边烤。尽管如此，有时也会因意外情况，达不到对顾客承诺的送达时间。若出现这种情况，公司会恪守信誉、自我“惩罚”，对顾客降价或免费送给顾客。

案例 4–7　美国联邦快递（FedEx）。

与达美乐比萨饼入台非常相似的案例是美国联邦快递（FedEx），它是一家国际性速递集团，提供隔夜快递、地面快递、重型货物运送等物流服务。公司创办于 1971 年，总部设于美国田纳西州孟菲斯市。目前，在全球有约 21 万名员工，

拥有650余架货运飞机。该公司创业至今的经营历程充满传奇和艰辛，其实与它“隔夜必达”的顾客承诺密切相关。快递公司唯有达到对顾客准确、快捷的服务需求，方可满足顾客的价值主张和消费痛点，从而赢得更多的顾客信任。

“隔夜必达”意味着必须在24小时内将邮件运送到世界的每个角落，满足每位顾客期待的服务要求，这对公司而言非常不容易，也意味着公司需要非常强大的“软件”和“硬件”服务系统的支持以及资金投入。

以上两个案例的共同特点是：它们均抓到了顾客消费的痛点，并为满足顾客的需求而不惜代价地完善服务，致使公司在很长一段时间都处于亏损状态。但是，当它们建立起公司的品牌并赢得大批顾客的信任后，顾客也是可以接受“加急加价”的公司诉求的，否则，完全的低价和亏损，公司是难以生存下去的。

4.“互联网+”商业模式

4.1 新商业模式的形成

在经济短缺的年代，传统企业生产什么就销售什么，尤其是在我国改革开放初期，市场需求旺盛，传统商业“购进—生产—销售”模式存在顺理成章。但是，随着市场经济的不断发展，竞争加剧，消费需求变化，人们难以接受大规模、同质化的产品和服务，消费需求越来越变得个性化和差异化，使得传统的商业模式迅速沦为陈旧。

互联网技术的产生，尤其是移动互联网工具的出现，为公司的商业模式创新创造了条件。公司借助互联网、数字经济能够更加精准地挖掘用户需求，有效地提供产品与服务。信息化平台与商业活动结合，其平台的优势和价值在于：平台是用户与产品的桥梁，互联网平台产生大数据，通过大数据管理改变产业格局，依靠平台建立O2O模式的商业帝国。

4.2 互联网平台的构建

在数字经济时代，互联网商业模式的表达非常简单，就是“用户”“产品”“营销”，而如何做好这3个方面却非常困难。人们越来越感到互联网商业模式是最具有商

业本质的模式，没有用户需求的商业是不靠谱的商业。

（1）什么是用户？“认识或不认识的人”“客户”“粉丝”都是用户或潜在的用户。这个时代，一个公司能够生存和发展以及其商业模式的成功，都取决于它所拥有用户的数量与用户的质量。从古至今，人们常说有人气才有财气。对自己的核心用户群需时刻保持巨大的吸引力，并尽可能地提高这些核心用户的活跃度以及转换率。第一，为用户带来难以抵挡的价值，为用户提供非常贴心的专业服务。第二，给用户极佳体验。不要短视地伤害用户，核心是交互感受。第三，要做用户积累和专业化挖掘，保持核心用户群的持续吸引力。

（2）什么是产品或服务？在过去的工业化时代，人们对产品的认知是产品的品质和功能等，大品牌就是高质量的代名词，同时认为功能齐全的产品就是好产品。随着收入的提高，消费者从理性消费变为非理性消费，购买国际名牌产品的炫耀性消费成为时尚。而现在，消费选择越来越多，人们对产品和服务的认知发生了变化，消费又逐步回归新的理性消费，即合理规划消费，消费适合自己或性价比高的产品。数字经济时代，有好的用户体验、有趣味性、有文化和有精神内含的产品和服务才有价值。产品的价值就是指用户感受、体验、认同的价值。

（3）什么是营销？现在我们谈论的市场营销主要是通过互联网平台带动用户和产品线上线下沟通实现的。互联网营销平台又是服务、沟通的平台。比如，线上搞预售和线下做体验的O2O模式就是现时代典型的营销模式。公司和消费者越来越感到：服务即营销，信任产生购买！这就是传统媒体和社会化媒体相结合的传播与营销方式。具体而言，传统媒体是指电视、报纸、广播、路牌广告等以及企业组织自身的传播渠道和路径；社会化媒体是指手机微博、微信等平台下的App、抖音、快手、短视频等。

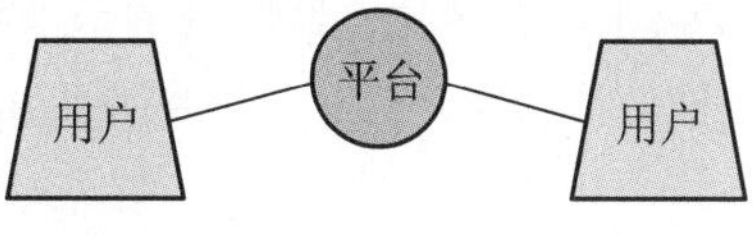

4.3 用户是互联网商业模式的根本

互联网技术、基础设施和平台一方面颠覆了传统商业模式，另一方面也为传统企业转型和新企业创办带来了思路、工具和方法。归根结底，能否抓住用户是企业生存的根本。因此，“互联网+”创业最根本的任务就是挖掘用户、积累用户，找到用户的真实需求，以用户需求为中心构建商业模式。下面来探讨互联网商业思维与用户思维的关系问题。

（1）免费模式。免费模式是互联网时代的颠覆式创新模式，其目标是圈定用户，采用网络效应使用户数呈现爆发式增长。例如，腾讯用微信这个即时通信工具，花了不到三年的时间就颠覆了传统电信中国电信、中国移动、中国联通三大运营商的商业模式。微信让消费者打电话减少了，而交流互动却增加了；对传统电信业最致命的颠覆就是使用微信比打电话的费用大大降低了。

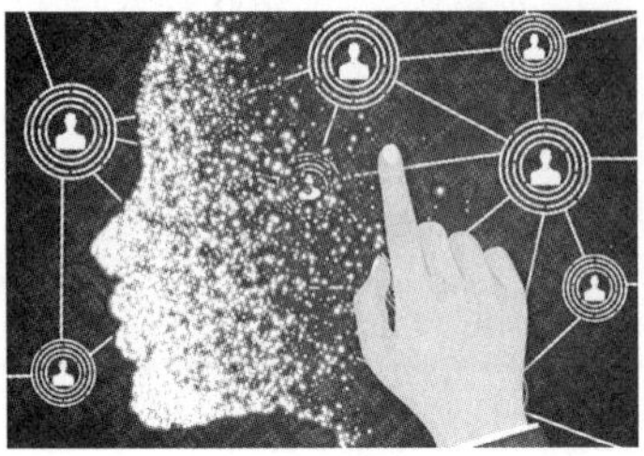

构建微信平台的策略是“你收费、我免费”。平台竞争的战略战术是，腾讯公司采取“多环状商业生态圈”，用高度补贴的免费模式覆盖对手。即将其他商业公司的盈利点或直接投资进行免费，以此来吸引消费者，形成用户的迅速集聚、集中以及爆发性增长。如同在拳击赛场上，传统企业只有直拳这一种竞争手段，而互联网公司使用的是一套组合拳。

概括而言，新商业模式就是先卡位、后定位，商业立足的根本是先积累足够的用户，而免费是最快挖掘用户的方式。公司的用户结构如同金字塔，塔座是用户基础和投资，短时间的这部分没有利润；塔的中间部分到塔尖才是公司为用户提供增值服务后的盈利点。现实中许多企业和服务项目，如 360、网络约车、诚品书店、购物的娱乐设施、网络游戏、婚恋网、共享单车和汽车等，它们的成功均与免费模式相关。

（2）体验模式。用极致的产品或服务体验增加用户的黏性，锁定用户，将用户变成粉丝或追随者。在过去商品短缺的年代，用户的消费需求选择有限，而现在，产品供给非常充分，消费者在选择时眼花缭乱。对企业而言，就要通过好的用户体验，抓住用户的真实需求或用户的价值主张和消费痛点，减少供给的盲目性，有的放矢地满足用户的需求，为用户创造价值。只有用户体验深入人心，让用户在情感上得到认同，才能在口碑上产生传播。互联网的未来游戏规则就是获得用户好体验的产品能得到更大的消费者赋权，企业可能获得产品和服务的马太效应；否则，企业可能会被淘汰出局。

案例 4–8　三只松鼠。

三只松鼠的理念：做品牌，就是要舍得，接收一切有利于品牌发展的，舍弃一切不利于品牌发展的。品牌：动漫化（消费者会拒绝帅哥、美女偶像，却很少拒绝童真和可爱）。速度：快一点，提高坚果从树枝到进入消费者客厅的速度。服务：更加个性化、人性化服务，如皮袋、小湿巾、封口等。品质：如何让坚果更好吃。

为保持新鲜度而拒绝分销。今天的年轻一代买的不是产品，而是一种精神或者乐趣！该公司成立于2012年，是一家纯互联网食品生产和销售企业，2019年上市，市值达到百亿级。

还有其他成功的案例，如黄太吉、小米、维洛城、美团、携程网、京东快递等，它们均借助互联网平台，使用户获得线上线下好的体验，从而赢得用户的信任。除过生活服务类的体验模式外，还有没有其他体验模式？当然有。例如，化工产品涂料类企业，如果能够随着用户需求的变化而改变包装，那么用户就能获得新的体验和满意度，公司因此也能增加销售额。比如，白乳胶的老包装是50千克/桶，而用户需要的是10千克/桶或者25千克/桶的产品，那么，只有老包装产品的公司就有可能会失去这部分用户。

（3）长尾模式。长尾模式的目标是满足用户低成本、差异化、个性化的需求，它是基于长尾理论而提出的。根据维基百科的资料，“长尾”（The Long Tail）这一概念是由《连线》杂志主编克里斯·安德森（Chris Anderson）在2004年10月发表于自家杂志的一文中最早提出的，用来描述诸如亚马逊和Netflix之类网站的商业和经济模式。长尾理论指的是当产品储存、流通、卖场和销售渠道足够宽广时，商品生产成本会急剧下降，个人都可以生产，并且若商品的销售成本急剧下降，之前需求低的产品只要有人卖就会有人买，这些需求不高、销量不大的产品加起来所创造的总销售额和热门产品的销售额不相上下，有时甚至会超过热门产品的销售额。

案例4-9　典型的长尾模式Google。

Google的成长历程就是把广告商和出版商的长尾商业化的过程。数以百万计的小企业和个人，此前他们从未做过广告或从没大规模地做过广告。他们小得让广告商不屑，甚至连他们自己都不曾想过可以做广告。但Google的AdSense把广告这一门槛降了下来：广告不再高不可攀，它是自助的、价廉的，谁都可以做；另一方面，对成千上万的Blog站点和小规模的商业网站来说，在自己的站点放上广告已成为举手之劳。

Google目前有一半的生意来自这些小网站而不是在搜索结果中放置的广告。数以百万计的中小企业代表了一个巨大的长尾广告市场。这条长尾能有多长，恐怕谁也无法预知。

长尾理论是对范围经济与规模经济的完美结合，借助互联网形成了长尾模式。对于企业生产和销售而言，工业化时代只可以接受少品种、大批量生产和销售的

“规模经济”，只有低成本、高效率企业才有利润；而多品种、小批量则会导致高成本的“范围经济”，企业难以接受。信息化时代个性化、选择多样化，互联网助力实现低成本、差异化的用户需求，通过大数据分析和过滤，“长尾”和“短头”可以兼得，如 C2B“大规模定制”等。

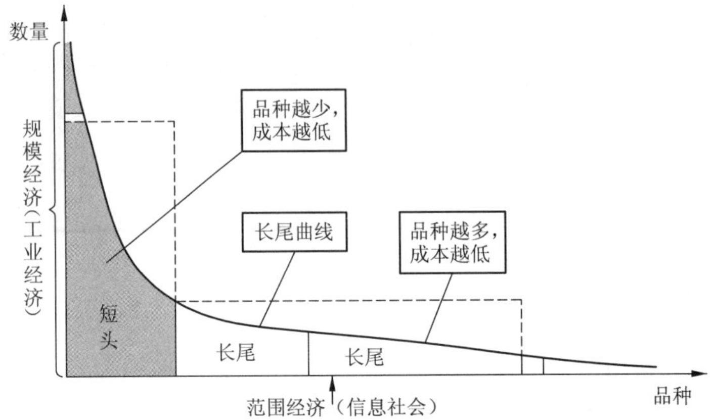

（4）众包模式。众包模式的目标是低成本、高效率地为用户创造价值，包括产品、服务、创意、体验等。工业化时代，外包曾被认为是一种高效率的生产、经营模式，即将一项任务包给确定的人群或其他专业化的企业组织。这种模式由于有确定性的人群或由锁定的组织去完成工作，而被称为封闭式创新。这种模式在过去是效率较高、成本较低的模式，但是，随着经济的不断进步和发展，外包模式也有了局限性。比如，某个企业需要解决本企业的技术难题，聘用许多专家和技术人员，花了许多财力和时间，结果没有解决问题，反而使企业承担了经济风险。有了互联网以后，企业可以把需要及时解决的技术难题用“威客”方式“发包”出去，谁能够解决这一技术难题，公司就给他发相应的奖金。这样一来，对公司而言，既提高了解决问题的效率，又规避了成本和经济风险。

在移动互联网技术支持下的信息化时代，众包思维就是将不确定的任务或难题承包给不确定人群去完成，被称为开放式创新。发挥群体的智慧，既可以迅速解决公司的技术、人力资源支配等难题，又可以大大降低公司组织管理的成本和风险，还可以让“用户创造内容”，用众包把用户的真实需求“挖”出来，使供需准确相接。国际知名公司如波音、杜邦、宝洁等企业，通常都是采用众包这种开放式创新手法，既解决了公司在发展中存在的各种难题，又提高了创新效率、降低了创新成本和风险。

案例 4–10 “大家一起观察天狼星”。

背景：中国国家天文台对行星等天体进行全系列、全方位的观察和研究是常态工作，但因受到地域、时点、专业人力资源等条件限制，天体研究领域的事业进程受到影响。有一年，该机构策划了一场让天文摄影爱好者共同参与的“大家一起观察天狼星”活动，取得了很好的效果。

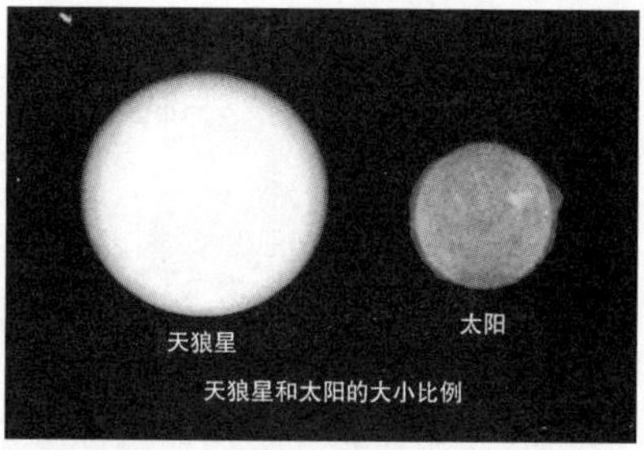

天狼星和太阳的大小比例

思路创新：“如果您在您的所在地拍到一张天狼星的照片，我们把全国其他人拍到的图片与您分享！”这一倡议极大地调动了全国业余爱好者的积极性，大家共同参与观察并拍摄天狼星的照片。

但是，问题也随之而来：天狼星是一个非常遥远的行星，普通照相机能够拍到它吗？天狼星多年不遇，它通过中国上空也是分分秒秒的事情，而这些业余爱好者是否掌握足够的天文信息和与天狼星相关的专业知识呢？因此，在本次活动开始之前，天文台组织相关专家给参与者提供了相关知识、信息和专业技能培训，以及购买专业摄影器材等方面的指导服务。中国天文台获得了许多有价值意义的天狼星照片资料，高质量地完成了仅仅依靠有限的专业人士和资源而无法完成的任务，也给国家节省了大量的组织管理成本和费用。这次“大家一起观察天狼星”的活动取得了圆满成功。

（5）跨界商业。以上介绍的是企业家在自身业务范围内实施“用户至上”理念的商业模式。跨界商业则不同，它是指去做原本不属于自身业务范围的业务。这种情况，对于讲究业务专业化的传统商业是难以实现的事情。互联网平台使得跨界可能成为现实。企业的跨界能否成功不是取决于掌握了多少资本、技术和人力资本，而是要看它控制着多少用户。用户需求不仅仅是原本业务的基础，而且用户也存在着需求之外的其他需求。

案例 4–11　小米公司的跨界商业。

小米公司原本是手机制造商，它在依靠互联网平台研发手机的过程中积累了大量的“米粉”或用户，而需要手机的用户同时也可能需要住房以及其他若干产品需求，这些用户无非是需要物美价廉的其他产品。因此，小米公司完全可以基于它所掌握的用户这个核心资源跨界发展。比如，某个房地产公司可能有几亿元、几十亿元的资本，小米公司可能没有多少资本，但它在互联网平台上有着 1 000 万个“粉丝”或用户。房地产公司盖好的房子市场价可能是 1.5 万元 / 平方米，而小米公司的房子的市场价可能是 1 万元 / 平方米，因为小米公司通过与用户之间的互动贴近用户的真实需求，和房产公司合作又提高了效率、降低了成本，尤其是它的营销成本几乎为零。所以，这在思路和实践上都是可能成功的。

概括而言，互联网商业思维的本质是用户思维。一切以用户为中心，其他一切将纷至沓来。

5. 好的商业模式助力创业成功

社会在变化，人们的消费需求也在变化，传统企业要重生或是要突破成长的瓶颈就需要不断地调整其商业模式。对创业企业而言，更需要利用互联网技术平台和工具整合资源，进行商业模式创新，商业模式决定企业增长的边界。

对创业者而言，商业模式意味着其商业智慧和能力。初创公司商业模式能够存在的根本在于：①你赚谁的钱？挖掘用户、积累用户最为重要，找到用户的真实需求。②你靠什么赚钱？核心能力和资源是关键。③如何能够持续赚钱？即你是否能够持续投入产品和服务并使用户感到满意。

“互联网 +”创业的生存之道就是通过服务创造价值。初创企业，一般都是小公司，难以成为平台型企业，但只要借助好、利用好平台就能够存活。换句话说，如果你不能够成为阿里、腾讯一样的“航空母舰”，那么，你有很多机会成为这些大公司的“舰载机”或合作者。

☞ 随堂讨论问题

1. 商业模式的内涵与本质是什么？“互联网 +”的商业模式和传统商业模式的差异体现在哪里？

2. 为什么说“只有不赚钱的模式而没有不赚钱的行业”？

3. 传统靠卖书的书店多数难以存活，为什么中国台湾的诚品书店能发展壮大？

4. 如何理解互联网思维就是用户思维？为什么会出现跨界商业？

☞ 作业

1. 如何理解顾客的价值主张？如何以服务创造价值为根本来满足客户需求的痛点？

2. 为什么美国的 IBM 公司把自己制造电脑的技术卖给中国联想公司后反而赚的钱越来越多了？

模块五　制定商业计划书

☞ 内容提要

成功的创业项目必须聚人聚财，这是创业商业计划书的核心作用。投资人不仅要从商业计划书中看项目，同时也要看创业者本人、创业团队以及过往业绩。下面将论述：如何制定和完善创业项目商业计划书，商业计划书怎样才能够吸引人和财等核心创业资源。

1. 什么是商业计划书

商业计划书的定义：公司、企业或项目单位为了达到招商融资和其他发展目标，根据一定格式和内容要求而编写的一个向受众全面展示公司和项目的目前状况、未来发展潜力的书面材料。

创业商业计划书要传递的关键信息是创办企业有利益、有责任、有风险，但创业公司缺乏人力、财力以及其他所需要的社会资源，要通过找到好的创业合伙人或风险投资人，解决人力、财力和风险分担等问题。

中国有句谚语："千里之行，始于足下！"创业过程本身就充满着不确定性，存在着艰难和挫折，无论你是否有资源、有经验积累，都是新的开始。做好一份商业计划书，就是使商业活动成功的起点。商业计划书也是创业行动指南，诺曼·皮鲁说："不做计划等于计划着失败。"没有统筹资源、没有方向目标、没有价值创造的创业是无法成功的。

2. 商业计划书的作用

2.1 指导和规划作用

创业商业计划书是创业全过程的纲领性文件。创业商业计划涉及创业的类型、财务预估、阶段目标、筹资渠道、营销策略、风险评估等一系列细节问题，通过制定计划可使创业者对产品开发、市场开拓、投资回报、风险预测等问题进行全面地思考。

2.2 聚才和聚财的作用

对于初创企业来说，吸引人才与吸引资金同等重要。出色的创业商业计划书可以起到吸引人才和聚财的作用，能使有创业动机的人对企业产生好的预期，增强信心，从而主动加入创业团队。

2.3 寻求风险投资

创业企业要想获得风险投资的支持，写出一份好的创业商业计划书是一项基本要求。投资者由创业商业计划书了解企业的重要信息，好的创业商业计划书有可能吸引新股东加盟，从而使创业企业得到对创业计划感兴趣的单位的赞助或支持。

2.4 资源整合作用

在创业过程中，各种生产要素是分散的，编写创业商业计划书可以使创业者了解资金需求、产品、人员、市场风险和市场环境等方面的信息，最终把各种资源有序地整合起来，形成一种增量资源。

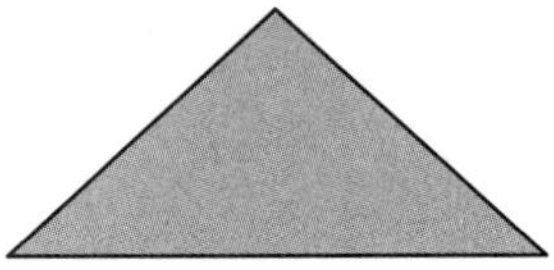

3. 投资人如何看商业计划书

商业模式是商业计划书的灵魂。事实上，商业计划书都是围绕商业模式来写的。商业计划书是给投资人看的，因此要说清楚你创办的企业是做什么的，为什么要创办这个企业，怎样才能把它做起来。要告诉投资人创办这个企业需要投入什么要素，要投资人给你投多少资金，你会分给他多少股份，最终他能得到多少回报。

商业计划书包括商业计划书的定位、商业计划书的业务系统、关键资源和能力、盈利模式、自由现金流结构以及企业价值 6 个要素。

3.1 商业计划书的定位

企业要想在市场中立足，首先必须明确自身的定位。定位就是指企业应该做什么，它决定了企业应该提供具有什么特征的产品和服务来实现客户的价值。定位是企业战略选择的结果，也是商业模式体系中其他有机部分的起点。

关于定位已有大量的文献和理论，其中最具代表性的应属波特、特劳特和科特勒分别对定位的不同理解。波特的战略理论体系十分强调定位的重要性，他认为竞争战略的低成本和差异化本身就是企业对未来发展态势的刻画。波特认为战略就是在竞争中做出取舍，战略的本质就是选择不做哪些事情，没有取舍就没有选择的必要，也就没有制定战略的必要。20 世纪 90 年代，波特曾经批评日本企业普遍缺乏战略，实际上是指日本企业过分关注运营效益的提升，尤其是在企业达到生产率边界后仍然忽视企业的方向选择，致使大量企业的战略趋同。所以，在波特的战略体系中，定位实际上就是企业选择应该做什么，这个定位的内涵是指要关注企业在公司层面应该如何发展。

3.2 商业计划书的业务系统

业务系统是指企业达成定位所需要的业务环节、各合作伙伴扮演的角色以及与利益相关者合作与交易的方式和内容。我们可以从行业价值链和企业内部价值链以及合作伙伴的角色两个层面来理解业务系统的构造。

业务系统是商业模式的核心。高效运营的业务系统不仅是企业赢得竞争优势的必要条件，同时也有可能成为企业的竞争优势。一个高效的业务系统需要根据企业定位识别相关的活动并将其整合为一个系统，然后再根据企业的资源能力分配利益相关者的角色，确定与企业相关价值链活动的关系和结构。围绕企业定位所建立起来的这样一个内外部各方利益相关者相互合作的业务系统将形成一个价值网络，该价值网络明确了客户、供应商和其他合作伙伴在影响企业通过商业模式而获得价值的过程中所扮演的角色。

3.3 关键资源和能力

业务系统决定了企业所要进行的活动，要完成这些活动，企业需要掌握和使用一整套复杂的有形和无形资产、技术和能力，这些被称为关键资源和能力。关键资源和能力是让业务系统运转起来所需要的重要资源和能力。

商业模式构建的重点工作之一就是明确企业商业模式有效运作所需的资源和

能力，以及如何才能获取和建立这些资源和能力。不是所有的资源和能力都同等珍贵，也不是每一种资源和能力都是企业所需要的。只有和定位、业务系统、盈利模式、现金流结构相契合，能互相强化的资源和能力才是企业真正所需要的。

3.4 盈利模式

盈利模式是指企业应如何获得收入、分配成本及赚取利润，也就是在给定业务系统中各价值链所有权和价值链结构已确定前提下，企业利益相关者之间利益分配格局中企业利益的表现。良好的盈利模式不仅能够为企业带来利益，更能为企业编制一张稳定共赢的价值网。

客户怎样支付、支付多少，所创造的价值应在企业、客户、供应商、合作伙伴之间如何分配，这些都是企业收入结构所要回答的问题。

3.5 自由现金流结构

自由现金流结构是企业在经营过程中产生的现金收入扣除现金支出后的余额，其贴现值反映了采用该商业模式企业的投资价值。不同的现金流结构反映了企业在定位、业务系统、关键资源和能力以及盈利模式等方面的差异，体现出企业商业模式的不同特征并影响企业的成长速度，决定企业投资价值的高低、企业投资价值的递增速度以及受资本市场青睐的程度。

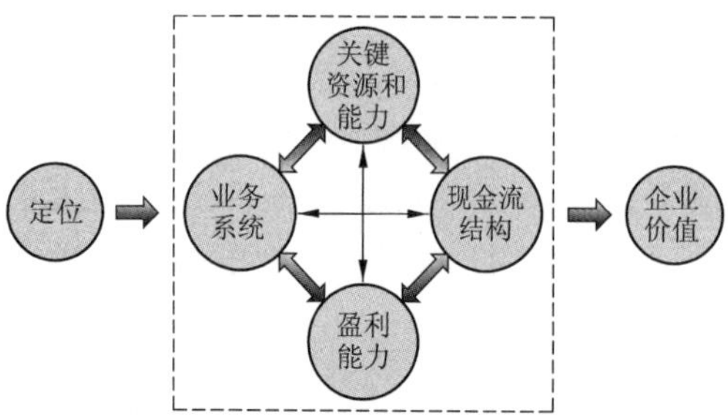

运行机制

3.6 企业价值

企业价值即企业的投资价值，是指企业预期未来可以产生的自由现金流的贴现值。如果说定位是商业模式的起点，那么企业的投资价值就是商业模式的归宿，是评判商业模式优劣的标准。企业的投资价值由其成长空间、成长能力、成长效率和成长速度决定。好的商业模式能获得事半功倍的效果，即投入产生效率高、效果好，包括投资少、运营成本低、收入持续成长能力强。

4. 商业计划书的制定

4.1 商业计划书的“6C”要素

概念（Concept）：计划书中的概念就是要让别人知道该企业经营的核心产品或服务。

顾客（Customers）：企业的产品和服务的用户是谁？如何赢得用户？

竞争者（Competitor）：产品有没有人卖过？产品的优势和劣势是什么？有没有其他产品可以取代？

能力（Capabilities）：经营的产品技术是自有的吗？经营能力如何？资源整合能力如何？如何能够让其变为现实？

资本（Capital）：资产状况如何？流动资金如何？资本运营本领如何？

永续经营（Continuation）：企业未来的计划是什么？

4.2 商业计划书的框架文本模板

（1）公司与团队介绍：公司介绍，团队介绍，核心成员，组织架构，发展历程。

（2）项目概况：项目介绍，需求分析，行业前景，竞争对手。

（3）产品及运营方法：产品概述，推广方案，销售模式，利润分析。

（4）融资与转变运作：成本预算，资金缺口，融资计划，资金用途。

（5）长期战略目标：战略目标，产品计划，市场计划，多年目标。

5. 商业计划书的完善与执行

商业计划书编写完成后应认真检查，要特别注意具体实施中的一些细节。

5.1 商业计划书的检查

执行实战型创业项目充满着市场和商业风险，创业者需要请教他人、整合资源、审时度势、充分论证，做到“三思而后行，谋定而后动”，要思考以下问题。

（1）是否显示出你具有管理公司的经验？

（2）是否显示出你有把握市场和挖掘用户的能力？

（3）是否显示出你有能力偿还借款？

（4）是否显示出你已进行过完整的市场分析？

（5）能否打消投资者对商业模式、投资风险的疑虑？

（6）计划书的文法是否正确？整体内容是否对投资人有吸引力？他的投资能够赚取更大的价值吗？

5.2 商业计划书实施中需注意的问题

（1）进行充分的市场调研、数据分析，准确把握用户需求。

（2）进行准确的产品和服务定位（目标与方向）。

（3）把握主要要素的制定并实施计划（以快取胜）。

（4）充分考虑不确定因素（如投入与收益的时间）。

（5）构建合适的创业项目实施团队。

（6）在实施商业计划书中修改并完善产品和服务计划。

结论：商业计划书的实质是“聚人和聚财”。

6. 案例：50+27 个创业项目样本

6.1 50 个“小本”创业项目样本

6.1.1 特色茶吧

特色茶吧主要销售鲜花茶，兼售水果茶，这在国内的一些大中城市已比较流行。常饮鲜花茶可以美容护肤，调节神经功能，促进新陈代谢，提高肌体免疫力。适合泡饮的鲜花有数十种，如红玫瑰、白菊花、芍药花、金银花等，价格为 100 ~ 300 元 / 千克。目前，饮用鲜花茶的人还为数不多，但它会在不久的将来引领饮茶品茗的新时尚，有较广阔的市场前景。初期投入不大，需房租、装修、茶具设备等费用 2.5 万元左右。

6.1.2 液化气钢瓶残液烧净器

液化气钢瓶残液烧净器项目是专为烧净液化气钢瓶里的残液而设计的，安装在钢瓶的角阀上即可使用，不改变钢瓶、炉具的结构及操作使用。它的技术特点是利用液体分子运动学原理，将残液汽化后燃烧，使钢瓶内的残液全部烧净，可提高热值 10% ~ 15%。该项目属节能项目，投资少，见效快，可解决多人就业。

6.1.3 民俗服务公司

随着人们生活水平的提高，婚嫁、生日、乔迁、丧殡等各类民俗活动越来越受到重视，而社会上熟悉民风民俗的人越来越少。该项目提供全方位的专业化民风民俗服务，市场空间很大，且投资成本低，人员均可是兼职，需男、女主持人各 1 名，熟悉民俗、擅长策划的人员 1 ~ 2 人。

6.1.4 数码瓷像馆

数码瓷像馆主要经营项目是将人物艺术照等作品，通过图片加工成瓷像。投入需要 2 万元左右，其中，1.2 万元用于购置 1 套数码瓷像砖、1 套烤印设备、1 台电脑、1 台扫描仪、1 台打印机；5 000 元用于人员工资和一间 20 平方米店面（包括加工间）的首期房租；3 000 元用于流动资金。加工人员需要会简单的电脑操作，2 人即可营业。前期可适当做些宣传。

6.1.5 彩球气模庆典产品出租店

彩球气模庆典产品出租店项目是针对各种大型商贸、广播宣传、艺术节、开业、开工、竣工、会议、婚礼、生日、祝寿、节日等各种庆典，出租彩球气模等产品。初期投入需房租、购气模等各项费用 1 万元左右。每件气模用品一般每天的租金为 150 ~ 300 元，一个地级市每年这样的活动一般都在 50 ~ 60 次，如能争取到其中的 1/3 业务，年利润即可达 6 万 ~ 8 万元。

6.1.6 旧衣改制店

旧衣改制店项目打破了传统的大改小、肥改瘦、补破洞的服务范围，主要为顾客提供改制成衣的创意设计，同时也提供改制辅料，如丝带、串珠、拉链等。可把不合身或款式落后的衣服进行款式再造，或将要废弃的衣服改制成其他物品，如娃娃玩具、靠枕靠背、家居饰品等。店铺宜小不宜大，投资成本不高，但对店主的创意设计能力和手艺有一定的要求。

6.1.7 手工绣品店

近年来流行复古潮，中式服饰很受欢迎，刺绣也成为时尚热点。可租一间 20 平方米的门面房，开一家手工绣品店。房租加装修费控制在 3 万元以内，加上办证照等其他费用，启动资金大约为 4 万元。绣品的花色要丰富，树木、花卉、人物、动物都会受到欢迎。另外，要提高售后服务的质量，告诉顾客绣品该如何保养及如何选择适合自己的绣品等小知识，并尽量免费帮顾客修补。

6.1.8 社区小厨房

在生活小区租用一间 30 平方米以上的门面房，月租金约为 2 500 元，购买灶具、炊具等物品需 5 000 元左右，初期投入 2 万元左右即可开张。社区小厨房与普通餐馆不一样，主要是针对某一社区居民提供一些家常菜品。另外，可由顾客提供原材料，小厨房帮忙加工，加工费用按客人提供的材料多少计算，最重要的是要保证服务质量。

6.1.9 病人饮食服务

公司地址适宜选择在大中型医院附近，针对各种病人群体的不同状况，分别开列菜单。经营上应格外重视灶间卫生，不能像一般餐厅和送餐公司那么简单。前期应针对病人不同的病症制定出合理的食谱，顾客上门时要问清病人的症状、身体条件、心理状态，便于更好地提供服务；病人的订餐档案应妥善保管，不可出现任何差错。初期投入主要是房租、购买灶具等费用，投资为 2 万元左右。

6.1.10 书刊服务社

书刊服务以收购、销售旧书刊为主，同时兼营租赁、交换调剂、代为租赁等业务。开办书刊服务社的投资并不大，有 2 万 ~ 3 万元就可开张。一般需要 2 ~ 3 间门面房，制作一些从天花板到地面的三壁立体书柜，尽可能充分地利用室内空间。应选择离学校、文化社区较近的地方。

6.1.11 手工编结社

以开办手工编结社的形式，通过外服加工，把一部分下岗失业人员集中起来，以每两线 5 元加工费的收费标准，另外绣花再收 50 ~ 100 元加工费。通过 8 ~ 12 个月的经营即可赢利，每月约有 2 000 ~ 3 000 元的利润。此项目初期投入很小，可直接在家操作，无须另外租房。

6.1.12 家政服务中介

创业者需参加人力资源、家政服务等培训，拿到上岗证书后才能领证开店。营业范围可涉及家政、保洁等，靠收取佣金维持开支、获得收入。初期租房、培训、办证等费用约需 1 万元。

6.1.13 手工刺绣专卖店

创业者首先应学会手工刺绣的基本技能，在闹市区租间门面房开店，初期投资约为 2 万元。货源较多时，可采取外发加工形式，每年利润可观。

6.1.14 自助洗衣店

采用投币启动洗衣机、干洗机，洗衣过程由消费者自己操作，洗衣加烘干 1 小时，方便、快捷、卫生，适合在大专院校附近以及住户集中的居民区、医院、宾馆等人口密集地区开设。该项目在日、韩及欧美等发达国家已非常流行，但在国内还属刚刚起步阶段，前景非常广阔。初期购买设备、租用门面房的启动资金约为 20 万元。

6.1.15 奶吧

随着近年来我国综合国力的快速发展，居民对牛奶等乳制品的需求越来越大。此项目可充分借鉴目前市场上流行的茶吧、陶吧、书吧等经营模式，以牛奶等乳制品为主要销售产品，设置休闲风格浓厚的卡座，投资规模约为 4 万元。

6.1.16 家庭托管小课堂

家庭托管小课堂是针对双职工家庭的孩子放学后无人接管的普遍现象而提供

的相应服务项目，专门负责下午放学接孩子并指导他们做作业、温习功课，等待孩子父母下班之后接走，解除家长的后顾之忧。此项目投资不大，在学校附近租一间房，准备一些课桌椅即可营业。

6.1.17 考研学子服务社

针对众多考研学生学习紧张、无暇顾及饮食营养等生活琐事的情况，在高等院校附近租一套 100 平方米的房子，购置相应的灶具等设备，为考研学生提供一日三餐及洗衣等日常生活服务，每月收取150～300元服务费。办得好，可做出品牌、做大规模，是一个有发展潜力的行业。

6.1.18 月嫂护理服务中心

月嫂护理服务中心项目的初期投资为 1 万元，包括房租、办公设备、办理各种证照手续费等。聘请护理工 10 人左右，进行专业培训，为客户提供产妇护理、产妇健康指导、生活护理等服务，收费标准为800元/月。

6.1.19 粗粮营养早餐

在小区、学校等人口较为密集的地区租一间门面房，经营以各种粗粮、杂粮等为主的稀饭、面点，如小米、玉米、高粱、花生、黄豆粥等，要求环境卫生、干净；品种齐全，口味丰富。

6.1.20 豆腐坊

豆制品是人们每天饮食中不可缺少的，开办豆腐坊有很大的市场空间。需投资 3 万元，租一间 30 平方米的门面房，购置相应的设备。要求原料卫生，制作环境好，实行阳光操作。

6.1.21 网上农业经纪人

改变传统的农产品经营方式，依托当地特色农产品，在网上开办“农业经纪人之家”栏目，向外界介绍和推广。此项目初期投资不高，仅需 1 台电脑、1 台扫描仪即可，但对网络技术的要求比较高，是一个很有发展前景的绿色创业项目。

6.1.22 花泥画

花泥画是一种新潮装饰工艺画，主要采用无毒、芳香、不污染衣物的专用材料花泥，通过简单工艺制成。此项目初期投入约为 3 000 元购买原材料，且不需要美术基础，是一种人人皆宜的创业形式。

6.1.23 专业导购

专业导购是一个新兴服务产业，主

要针对没有时间上街购物的年轻人、行动不方便的老人、外地游客等，提供适合他们需要的消费指导。初期投资为 2 万 ~ 5 万元，主要用于租赁办公场所、对相关人员进行培训、对购物区进行调查等。

6.1.24 出租休闲菜园

到城郊租赁一块交通便利、排灌设施齐全的农田，雇用民工将其分割成 100 平方米左右的若干个小田块向城区居民招租，作为他们种植蔬菜、瓜果、花卉的休闲场所。经营者可按照田块每年每亩收取 3 000 元左右的租金，租用农民土地每年每亩租金不超过 1 000 元。首期投入为 5 万元左右。

6.1.25 鲜活水城市健康饮水项目

鲜活水站能够生产高质量的鲜活纯净水，其口感和品质不亚于瓶装纯净水。鲜活水站抓住消费者对优质水的需求，打破传统商业模式，结合“物联网 + 移动支付 + 共享理念”，借助物联网技术，使消费者通过扫码就能获得现制的鲜活纯净水，操作十分便捷。这种模式不仅是通过机器卖多少水就赚多少钱的模式商业，同时还能够增加店铺的人气来做其他生意，可多渠道创收。

6.1.26 水生花卉的栽培

水生花卉的盆花市场随着人们精神追求的提高正逐渐形成，园林工程的园林造景和水体绿化对水生花卉的需求也在不断加大，所以此项目有一定的市场前景。另外，水生花卉喜光、喜温、耐湿，病虫害少，繁殖系数高，栽培管理粗放，栽培工作量小，生产成本低，管理简单，一次引种当年就能见效，适合女性创业。

6.1.27 景泰蓝工艺画

景泰蓝工艺画项目投资规模小，仅需购买基本的制作材料和工具，首期投入 2 万元以下。对从业人员的要求不高，初中以上文化即可。制作形式灵活，不需要固定场所，可分散加工，市场需求量大，适合 40 ~ 50 岁人员，尤其是女性创业和再就业。

6.1.28 家庭养老服务网

家庭养老服务网项目针对的是当前社会生活节奏快、子女无暇照顾老人，但老人又习惯于居家养老的现状，利用养老院、托老所或自家住所作为家庭养老服务网的工作站。按照国家规定的养老服务标准，向社区老人提供维修、保洁、洗理、陪护等各种服务。服务网统一标识、统一服务标准、统一收费，投资规模为 5 万 ~ 10 万元。

6.1.29 手工钩织小挂件

手工钩织小挂件项目是用开司米绒线钩织各种配件，然后拼装成各种动物小挂件等工艺饰品的项目。纯手工操作，可家庭作业，不需租房，初期投入为 2 万元以下。适合下岗失业女性创业选择，前景很好，尤其是出口订单较多。

6.1.30 黑羽绿壳蛋鸡养殖

黑羽绿壳蛋鸡养殖项目是宜兴市一养殖场的专利，是将种养殖相结合，在栽种树苗的同时养殖绿壳蛋鸡。绿壳蛋鸡养殖以回收鸡蛋为主，投资少、成本低、效益好，并且营养价值高，是新一代绿色环保产品，适合居家创业的农村妇女。

6.1.31 低幼儿童小时托管中心

低幼儿童小时托管中心创业项目适合 25 ~ 55 岁年龄段、高中以上文化程度的女性。初期投入仅需 3 万元左右，用于租 50 ~ 80 平方米的沿街住房并简单装修，添置儿童玩具、儿童读物、小桌椅等。另需聘请 1 名幼教专业人员，负责实施儿童游戏、观察儿童行为、向家长提供建议等，可根据实际情况开辟日托、全托等业务。项目投资少、风险小、回报稳定，年回报率超过 30%。

6.1.32 绿色餐桌佳肴配送中心

绿色餐桌佳肴配送中心可分为城市部和农村部，由城乡妇女协同运作。农村部负责种植、养殖、清洗，包装时令、反季节、绿色无公害蔬菜，鸡、鸭、鱼以及特种禽、畜；城市部负责接收订单、送货上门，以及为需要的家庭提供烹饪、清洗碗筷等服务。该项目充分整合城乡妇女两大资源，投资较少、风险性小、市场前景广阔，适合发展中的中小城市女性创业。

6.1.33 无水汽车清洗

无水汽车清洗项目不需要高技能、大投入，也不浪费水资源，无任何污染，只需订购专门的洗涤剂即可。主要方法是先用节水洗车机（可喷出气体，类似吹风机）将车上的泥土吹去，然后采用超洁无水洗车产品（特殊配置的液体）均匀喷射在车漆表面，用半湿的毛巾或海绵就可以把车擦净，再用抛光巾或干毛巾抛光，脏车很快就可光亮如新。对于较脏及较难清洗的底盘、发动机、轮胎等部位，可用特制的汽车泡沫干洗机清洗。

6.1.34 野菜种植

寻找一块城乡接合处的土地，投资种植芦笋、芦蒿、马兰、荠菜等绿色蔬菜，投资小、见效快、市场广、技术含量低、便于掌握，且适应城市消费的需要，符合国家菜篮子工程政策。

6.1.35 女子沙龙

女子沙龙项目是专为新世纪白领女性提供新型社交平台服务。实行会员制，开展绘画、影音赏析、手工制作、阅读交流及聊天等活动，可起到为现代职场女性缓解压力的作用。项目场所以 200 平方米为宜，可按照小型书吧、茶座的风格布置。初期投入仅需 5 万元左右，后续投入资金的需求量也不大，但对创办人的要求较高，需具有高情商、高智商，年龄在 30 岁以上。

6.1.36 拼图小店

针对时下很多人追求既有个性又能带来情趣的休闲方式，可开一家既能让消费者怡情消遣，又能够装饰家居、馈赠亲友的拼图小店。在大型商场购物中心租间 10 多平方米的铺位，加上装修、人员工资及货物成本等，前期投资需 5 万元左右。值得注意的是，在进货时要注重控制品种和数量，要多种少量进货，拉开消费档次，满足不同层次顾客的要求。

6.1.37 亲情出租店

针对目前社会老龄化趋势，开设一家亲情出租店，专门为老年人服务，前景可观。该项目的主要服务内容一般包括两个方面：一是出租临时家庭成员，陪老年人聊天、进餐、消磨时光，减轻他们的孤独和寂寞感；二是提供临时服务，如买菜、做饭、购物、陪同看病、陪护等。租一间固定的门面房，备一部电话和其他必需的办公用品，再雇一些层次不同的人员即可开张营业。所雇人员平时可以不在店里上班，一旦需要应随叫随到，也可先培训几名固定的服务人员处理店里的日常事务。

6.1.38 露天啤酒吧

在酷热难耐的夏天，人们都愿意饮上几杯凉爽可口的啤酒消暑。创业者可以选择在街头广场、公园一角或居民小区的空闲地带支上几把太阳伞，摆上桌椅和啤酒，开个露天啤酒吧。需购置一套制作冰啤的设备，目前市场价位为 1 万元左右，加上其他费用，初期投资约为 2 万元即可开张。主要提供现酿啤酒、冰啤等高品质新型啤酒，靠新颖和特色招揽顾客。

6.1.39 代销店

目前，一些企业为了拓宽市场，减少费用支出，在销售方式上推出代理制。有条件的创业者可以和这些企业合作，开办一家代销店。代销店投资少、风险小，一般在确定营业场所后，企业仅向代理商收取一定的押金，再无其他大的投资。代销店经营的商品由厂家负责送货上门，价格由厂家统一制定，售后服务费用也由厂家负责支付。创业者只要搞好销售，就可以得到企业的固定分成。

6.1.40 动漫游戏配件店

动漫游戏配件店项目主要经营游戏卡和游戏配件、动漫人物模型、游戏攻略手册等动漫游戏的相关产品，提供游戏机的改装和升级服务。开店前需先了解市场行情，即当前最流行的动漫游戏和游戏机机型等，再进行商品分析和定位，地址适宜选择在学校周围。初期投入主要是房租、装修、购买设备、人员工资等费用，3 万 ~ 5 万元即可开张营业。

6.1.41 男士内衣店

创业者首先要了解所在城市是否人口总量较大、年轻人多，有无接受新事物的氛围。男士内衣店作为一个新事物，需要一个被人们接受的过程。目前，国内男士内衣主要有两类：一类是日常型的，大多突出纯棉健康、舒适莱卡等概念；另一类就是特色型的，设计比较夸张，强调情趣。一般采取加盟店的形式，约需 10 万元即可启动。初期投入含加盟、租金、装修、人工等费用。

6.1.42 情侣礼品店

情侣礼品店项目的创办条件与普通精品店相似，但经营风格上会有所不同，它的经营更注重一个情字，既要实用又要让人备感亲切温馨。另外，市场调查也十分重要，情侣礼品是紧跟时尚的东西，不了解消费者需求而盲目地自我经营和开发容易导致销售不畅。

6.1.43 车模精品店

汽车模型是把一部汽车按照一定比例缩小，制作成一件精美工艺品。主要有金属、木材、塑料、水晶等不同类型的材质。该项目选址应在较繁华的商业区，店面以 20 平方米左右为宜，内部装修简洁即可。房租、装修加上首批进货约 2 万元，流动资金约需 1 万元，总投资 4 万元左右即可开张营业。

6.1.44 移动式洗车机

随着私家车的普及，汽车的清洁、美容需求也在不断扩大。该项目使用的移动式洗车机操作简单，对创业者的文化和技术要求低，非常适合下岗失业人员创业。因是可移动作业，所以不需要正规的经营场所，在家中开办即可。前期投资很少，购买设备加上一些宣传费用，总投资不超过 3 000 元。

6.1.45 怀旧店

怀旧店项目选址要在闹市区，铺面不必很大，20 平方米左右即可。经营的商品不强调高价值，而是要显现其艺术魅力。顾客群不是真正的收藏家，而是有艺术品位的中低阶层消费者。经营的商品可以是旧的留声机、收音机、茶杯、怀表等，价格一般锁定在几十元至上千元。初期投入为 4 万元左右，另需备 2 万元的流动资金进货。因目前这类商店不多，竞争性不强，所以市场前景比较乐观。

6.1.46 老年服饰专卖店

针对老年人服装专卖店比较缺乏的现状，可开办一家老年服饰店，在创业盈利的同时解决老年人买衣难的问题。创业者须留意老年人对服装款式、面料、颜色的喜好，经营适合老年人穿着和能体现老年人个性的服饰。如经营庄重一些的中山装、西服、夹克、大衣等，也可以经营鞋帽、领带、围巾等老年生活用品，还可以经营老年人喜爱的面料，请一两名擅长做老年服装的缝纫师傅为老年人定做服装等。

6.1.47 数码车贴店

装饰车贴是专门为汽车服务的，提供印有经过数码技术处理的各种图案、标志、文字的贴纸，基本材料大多是PVC胶印膜。它不仅有装饰作用，还可遮阳防水。此项目需投资1.5万元左右，用于购买电脑、喷墨打印机、数码相机或扫描仪、各类胶印膜和耗材及作为流动资金。

6.1.48 寝具消毒服务社

寝具长期连续使用后易滋生细菌，一般家庭通过清洗、晾晒等加以清洁，达不到科学的消毒要求。该项目针对这种情况，提供面向家庭的健康卫生服务，多为加盟店。加盟店有新研发的臭氧消毒器，操作简单，可为家庭日常寝具、各类型沙发进行消毒，高效地杀灭各种细菌。此项目初期投入主要是房租、装修、机器购置、加盟等费用，约需6万元。

6.1.49 水晶牙饰店

水晶牙饰是当前牙齿美容中最为流行的。投资该项目，需租用一间10平方米左右的门面，购置相关的镶牙、洗牙设备和器械，购置一部分水晶牙饰、黏合剂，另需办理相关的营业执照和许可证，做一些必要的门面装修等，整个初期投资为2万元左右。收费标准根据牙齿的不同颜色、直径大小而定。

6.1.50 全手工绿色洗衣连锁

全手工绿色洗衣连锁是全国妇联人才开发培训中心向各级妇联组织推广的，适合下岗女工自主创业的一个小型援助项目。该项目属国家专利技术，突破了传统技术工艺。整个洗衣过程省水省电，1吨水可洗50～80套西服，成本低、耗能少。只要经过培训，具有小学文化程度者就可在3～5天内掌握全部技术并能独立开店。中心采用统一援助模式，配送洗衣店专用蒸汽发生器、吸风烫台、全蒸汽熨斗等全套设备，创业者只需具备20平方米以上的场地，投资约1万元即可开业。

点评

第一，以上创业项目样本侧重于线下、小实体店的创业，也可以借助互联网平台做好销售和服务。这些样本可以让他人借鉴以开阔思路，找到适合自己的创业项目。

第二，既然是“小本”创业项目，也就意味着创业初期投资少、风险小、收益低。

第三，青年创业者在创业初期，缺人、缺资金，没有多少商业经验和社会资源，因此，要树立“做事不贪大、做人不计小”的观念，小的创业项目做好了，方可为后来做成大的创业项目奠定基础。

第四，优秀的创业者都是在经历了“从无到有、从小到大、诚信经营、持续发展”的过程后，才取得成功而成为真正企业家的。

6.2 国外的 27 个互联网创业项目样本

→ ActivityHero：为家长提供孩子培养指导的网站

→ Bluefields：针对体育迷的社交网站

→ Bombfell：根据个人需求为男性用户提供每月着装的新服装电商

→ CardFlick：提供在线制作数字贺卡服务并分享成果的网站

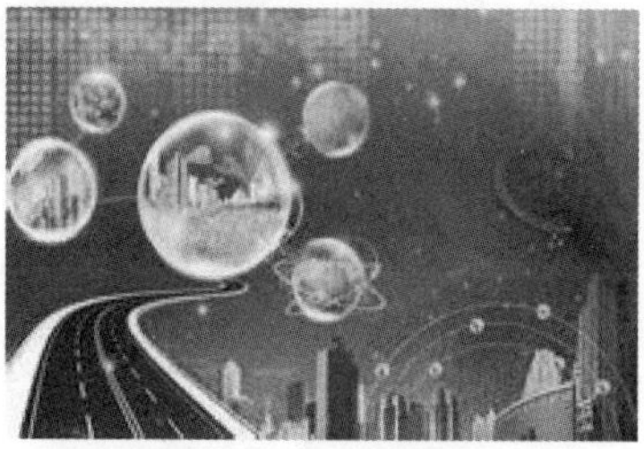

→ Chalkable：专门提供教育 App 的在线商店

→ Fontacto：针对墨西哥用户和拉美用户的可视电话系统

→ Groupiter：专门针对 Dropbox 的群聊服务

→ Happy Inspector：提供房屋状况检查利器的互联网网站

→ Ingresse：提供社交化票务服务的巴西网站

→ Monogram：以 IPad 作平台的在线商城

→ PocketOffice：通过整合社交应用以便使个体商户同其顾客保持不断沟通的网站

→ PublikDemand：通过收集客户抱怨以帮助用户向大公司维权的网站

→ Reclip.It：专为喜欢团购和购物的人而设计的社交网站

→ Sqoot：定点分销的本地交易平台

→Storypanda：为孩子设计的互动 App

→Teamly：以让用户更好工作为目标的协助用户安排计划、明确任务和重要性的网站

→TeliportMe：让用户欣赏全景照片的网站

→TenderTree：为家庭成员寻找合适看护者的网站

→ Tie Society：领带试用网站

→ Timbuktu Labs：适合家长和孩子一起阅读的 IPad 杂志

→ TokyoOtakuMode：专为动漫迷设计的在线客厅

→ Toshl：有趣的个人理财网站

→ 822.la：比较有名的商业网站

→ TwitMusic：可以使音乐家在 Twitter 上更好地销售和分享自主产权的网站

→ UmbaBox：为女性用户挑选手工物品并每月送达的新电商

→ Uscoop：专为潮人设计的商业社交网站

→ Wanderable：为已婚者提供结婚登记回忆的网站

→ Yogome：适合 6 ~ 12 岁孩子使用的 App 教育游戏

点评

第一，以上互联网平台创业项目的起步工作是“先卡位、再定位”，“卡位”就是“卡”服务行业和人群的“位”，然后在服务人群中再去追求“定位”用户、细分用户。

第二，互联网商业思维是用户思维，采用免费模式、体验模式、长尾模式、众包模式等挖掘用户、黏住用户，为用户提供精致的产品和服务，通过这种商业模式方可在市场上立足。

第三，上述互联网平台创业项目服务人群的定位清晰，但要取得成功也很艰难，赢得大量的用户和平台运营需要较大的费用及成本投入，而这方面的投资有较大的风险。

第四，解决“小平台”创业项目的思路是与大平台公司合作做项目。大的平台公司如阿里巴巴、腾讯，它们是“航空母舰”，“小平台”公司就是“舰载机”。彼此有需要，共同为用户服务而创造价值。

☞ 随堂讨论问题

1. 谈谈你对商业计划书的理解。为什么说“商业模式是商业计划书的灵魂”？

2. 商业计划书的价值和作用是什么？为什么说商业计划书的“聚人”和“聚财”同等重要？

3. 什么样的商业计划书可以打动投资人？

4. 创业团队对商业计划书的实施有什么作用？

☞ 作业

1. 如何定位和把握用户的市场需求？

2. 如何解决商业计划书跟不上市场“变化”的问题？

模块六　创新、创业与创利

☞ 内容提要

创新和创业的共同目标是创利，三者之间相互促进、相得益彰。企业家是应用创新的践行者，他推动的创业项目成本更低、效率更高、效益更好。下面将论述：为什么创新需要打破常规，开放式创新如何助力新型创业成功，如何培育创新思维。

1. 创新理论的发展及其应用

1.1 创新理论的产生与发展

18世纪和19世纪的古典经济学家相信技术变革和资本积累是增长的引擎。工业革命带来生产力解放所创造的财富比18世纪以前人类所创造价值的总和还要多。

对创新进行系统研究始于著名发展经济学家熊彼特。他强调创新对社会经济发展的决定性作用，开创了以创新来解释经济发展阶段和周期的理论，为现代经济增长理论做了奠基性工作。熊彼特在《经济发展理论》中提出的著名创新理论就是建立一种新的生产函数，即实现一种从未有过的生产要素和生产条件的新组合。包括产品创新、技术创新、原料创新、组织创新和市场创新。

经济学上对创新的研究到此为止。创新只能作为一个变量或参数参加到经济模型或经济理论当中。创新对于人们来说仍像一个不知内部为何物的黑箱。

1.2 管理学家视角下的创新：资源整合和价值创造

伴随着人类社会的进步和发展，对创新的研究越来越深入，已进入对组织与管理的重要意义和价值的探索层面。著名管理学家彼得·德鲁克认为：创新是“使人力和物质资源拥有更大的物质生产能力的活动”“任何改变现存物质财富创造潜力的方式都可以成为创新”“创新是创造一种资源”。

管理学对创新的一个比较综合的定义为：创新不是一个单独的行动，而是相互关联的子过程的一个总过程。创新不仅仅是一个创意，也不仅仅是一个新仪器的发明或一个新市场的开发；创新是为了一定的目标，对所有资源采取整合的方式而进行的共同行动；创新是指从新思想的产生到产品设计、试制、生产、营销和市场化的一系列活动。

1.3 创新驱动增长与创新创造价值

一个国家或一个地区的发展，需要有创新的促进政策、与时俱进的制度法规调整、优势资源的整合、对调动人们的劳动积极性等，方可提升其市场经济的活力，达到提高区域经济和社会效益的目的。

创新最终是要落实到创新的微观主体，即企业组织创新上的。无论是传统企业的转型升级还是新企业的创办都离不开创新。除了少数大型企业要做基础创新之外，更多的企业创新在于发展应用创新。企业创新要沿着发展新生产和产品，开发新生产方法和工艺过程，开辟新的销售市场，发现新的原材料以及新的组织制度等思路和方向，进而发展资源整合创新。

互联网技术和平台的诞生，带来了人类社会从农业化、工业化发展到信息化的根本改变。企业创新包含从基础创新到应用创新、从封闭式到开放式创新、从外包到众包的转变，新的商业模式能够使企业降低成本和风险，提高效率，并创造经济效益和社会效益。

2. 企业家是应用创新的践行者

发明家不是企业家。只有将发明家的成果成功地引入市场并创造经济效益和社会效益的人，才能被称为企业家。企业家与技术专家、医院院长与医学专家、大学校长与教授等都是有区别的。但是，这种区别在实践中会因人而异，有的技术专家既有精湛的专业技艺，又在工作实践中懂得管理，有能力把一个组织单位或企业经营好。

当然也有不一致的情况。一家医院的外科专家，在医生岗位上大家都称赞他医术高超。后来他当了院长，由于不懂得医疗管理，不懂得与他人合作，不擅长整合资源，结果使上级部门、医院内部和病人对这家医院都不满意。

技术创新并不遵循“我们负责把它开发出来，消费者自然就会来购买”这一模式。技术开发和市场之间的鸿沟必须要靠一个商业模式来填补，即采用一种创造和从顾客那里捕捉价值的手段。用户花钱不是购买技术，而是购买解决问题的方法。因此，必须使价值获得认可，用户才愿意付钱，否则其商业模式就不成功。

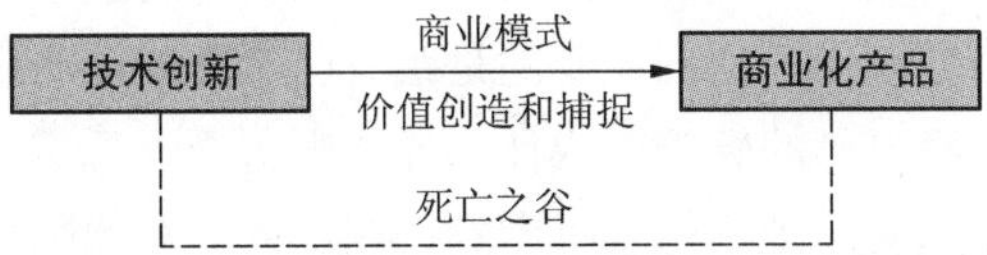

技术创新使成本更低、效率更高、风险更小、效益更好，创新、创业与创利三者有机结合、相得益彰。比如，波音公司不断研发新飞机，运用新技术、新材料，提高飞机质量，保障飞行安全，降低运行成本。还有格力空调、华为手机，它们都在不断进行技术创新，产品质量越来越高，而价格越来越低，从而赢得市场、获得用户信任。否则，公司的技术创新很难在产品市场上落地，也就无法将技术创新的优势转化成商业化的产品。

3. 创新需要打破常规并超越传统

3.1 爱因斯坦的超常思维

1951 年，爱因斯坦在普林斯顿大学教书。一天，他刚结束一场物理专业高级班的考试，正在回办公室的路上。他的助教跟随其后，手里拿着学生的试卷。这个助教小心地问：“博士，您给这个班的学生出的考题与去年一模一样。您怎么能给同一个班级连续两年出一样的考题呢？”爱因斯坦却坦然地回答：“答案变了！”

这个故事给我们的启示如下：①解决一个问题的办法往往不是一个；②理论上正确的东西，在实际应用方面可能用不上；③同一问题，如果环境变了，解决问题的思路和办法也要跟着变。

3.2“芭比娃娃”：找到孩子真正需要的玩具

案例 6–1　芭比娃娃。

美国美泰玩具公司的老板娘露丝 · 海德有一个女儿，作为母亲和做玩具的商人，她十分重视孩子们的想法。

一天，露丝突然看见女儿芭芭拉正在和一个小男孩玩剪纸娃娃，这些剪纸娃娃不是当时常见的那种婴儿宝宝，而是一个个少年，并有各自的职业和身份，女儿非常着迷。她在想，怎么不做一些成熟的娃娃呢？露丝脑中迸发出了灵感。虽然有了灵感，但实现的过程却很艰辛。

在芭比娃娃诞生之前，美国市场上的玩具娃娃大多数是可爱的小天使，类似著名童星邓波儿的银幕现象，这也是大人对孩子们玩具的想象。但从大孩子的兴趣来看，这种玩具却略显幼稚，他们需要的是跟自己年龄相仿的玩伴，而不是一个小宝宝。那么，到底要将自己的娃娃做成什么样子呢？

露丝苦苦思索。这时，她正好有机会到德国出差，在德国她发现了一个叫“丽莉”的娃娃，十分漂亮。“丽莉”首制于1955年，是按照《西德时报比尔德》中一个著名卡通形象制作的。她长长的头发扎成马尾拖至脑后，身穿华丽的衣裙，身材无可挑剔，但缺陷是穿着非常暴露。

于是，露丝买了3个“丽莉”带回美国，她想设计出一种成熟而不太暴露的玩具娃娃。孩子们需要的是一个长大的但却不是暴露的娃娃小女孩，不光需要与自己年龄相仿的玩偶，更需要一个长大后的理想形象。

后来，芭比娃娃的样子在露丝的脑子里越来越成熟。在公司技师和工程师的帮助下，芭比娃娃就这样诞生了！在10年时间内，公众购买芭比的金额就达到了5亿美元。

3.3斯坦福大学的创业课堂："Think outside the box（跳出思维的盒子）"

（1）创业竞赛规则和条件。Tina Seelig 教授做了这样一个小测试，她给班上的14个小组各发了装一个有5美元的信封作为启动基金，学生们有4天的时间去思考该如何来完成任务。他们若打开信封就代表启动了任务。每个小组需要在2小时之内，用这5美元赚到100倍的钱。然后，在周日晚上将他们的成果整理成文档发给教授，并在周一早上用3分钟的时间在全班同学面前展示。

（2）创造奇迹的团队之一。一个团队发现大学城里“周六晚上某些热门的餐馆门口总是排着长队”。他们认为这是一个商机，于是向餐馆提前预订了座位，然后在快到周六时将每个座位以最高20美元的价格出售给那些不想等待的顾客。有趣的现象是：团队里的女生比男生卖出了更多的座位，这可能就是女性更具有亲和力的原因。所以，他们调整了方案，男生负责联系餐馆预订座位，女生负责去找客人卖出这些座位的使用权。

他们还发现当餐馆使用电子号码牌排队的时候，他们更容易卖出这家餐馆的座位，因为实物的交换会让顾客在花钱之后得到有形的回报，让顾客感觉自己所花的钱物有所值。

（3）创造奇迹的团队之二。另外一个团队的方法更加简单。在学生会旁边支了一个小摊，帮经过的学生测量自行车轮胎的气压。当轮胎压力不足时，可花 1 美元来充气。尽管附近加油站是免费充气，但大部分人都乐于接受他们所提供的这项服务。

于是，在摆摊 1 小时之后，这组人调整了他们的赚钱方式。他们不再对充气服务收费，而是在充气之后向同学们请求一些捐款，结果收入骤升！这个团队和前面那个出售预订座位的团队一样，都是在实施的过程中观察客户的反馈，从而优化方案，收入大幅提升，他们真正把“Think outside the box”发挥到了极致。

（4）创造奇迹的团队之三。这个团队认为他们最宝贵的资源既不是 5 美元，也不是 2 个小时的赚钱时间，而是他们周一课堂上的 3 分钟展示。斯坦福大学作为一所世界名校，不仅学生挤破了头想进去，而且公司也挤破了头希望在里面招人。这个团队把课堂上的 3 分钟卖给了一家公司，让他们打招聘广告。就这样简简单单，在 3 分钟内赚了 650 美元。

他们发现：他们手头最有价值的资源既不是去售卖自己的时间，也不是去售卖面子，而是售卖他们班上的同学——这些人才才是社会最需要的。这种思维方式，就是现在人人都在追求的“Think outside the box”。

（5）找到最直观的解决方法，然后排除它。斯坦福大学学生所体现出的“Think outside the box”做法是什么呢？“当遇到问题时，先找出看起来最明显的解决方法，然后将它排除掉。好，现在可以开始思考其他的解决方式了。”

案例 6-2 餐厅是干什么的？

餐厅是给顾客提供食物的。你想要开一家不以食物来吸引顾客的餐厅，就要动一番脑筋了，取而代之的是营造餐厅氛围，比如做成航空主题餐厅，把餐厅打造成飞机的样子，墙上挂一些有关航空的图片等。

“如果你的思维活在盒子里，工作在盒子里，那么你驾驭这个盒子，最终又被埋葬在盒子里。跳出思维的盒子，当你真正发现这种思维方式时候，你会发现其实外面本来没有盒子。”

4. 互联网助力开放式创新

在农业和工业化时代，外包这种商业模式是把任务和问题交给确定的群体或者个体去完成的；而在信息化时代，产生出了众包（crowdsourcing）这种“合作创新”或“开放式创新”模式。众包模式比传统外包模式在创新方面成本更低、风险更小、效率更高。20世纪90年代，随着互联网事业的发展而逐渐兴起的众包模式出其不意地创造价值，近几年越来越受到重视。

在美国《连线》杂志2006年6月期上，杰夫·豪（Jeff Howe）首次定义了众包：众包是指一个公司或机构把过去由员工执行的工作任务以自由、自愿的形式外包给非特定的人群去完成，通常是通过互联网等传媒工具和手段去实现的。

传统的产品创新首先是由生产商对市场进行调查后，再根据调查结果找出消费品的需求，最后再根据需求设计出新产品，但这种创新的投资回报率通常较低。

众包模式创新的特点是以用户创造内容（user-generated content）为代表的创新民主化过程。大众（业余爱好者）参与或“专业—业余”化人士发挥群体的力量，从专业化向社区化转变。信息化的时代背景，使众包的产生以及合作创新成为发展的必然趋势。

案例6–3 维基百科是如何“免费雇用”1 000万人编词条的？

过去人们都知道有一部《大英百科全书》，它是农业、工业化时代的产物和研究成果。当然，完成这项任务需要有组织安排给确定的人，花费大量的时间、人力和财力。而在互联网时代出现的维基百科则完全颠覆了《大英百科全书》的运作模式，这一在线百科全书是由1 000多万名不拿薪水且多为匿名的作者和编辑合作撰写的。它的运作模式是，在互联网上邀请一大群人，即将词条编写工作外包给群众，而群众也愿意用他的业余、空闲时间贡献、共享智慧，合作解决这个大型项目，从而更快、更好、更廉价地完成单个组织不可能完成的任务。

案例 6-4　无线 T 恤公司是如何抓住即时消费者需求的？

无线 T 恤公司（www.threadless.com）是 2000 年创立于美国芝加哥的 T 恤设计公司。它的商业模式极富创意——无线 T 恤公司将设计的源头外包给所有愿意尝试的人。服装行业最大的难题是无法把握消费需要的变化，即使是优秀的专业设计师，也难以掌握新时代青年人对服装款式、颜色等影响因素的要求，盲目设计并投入生产定会造成产品积压，导致投资失败。

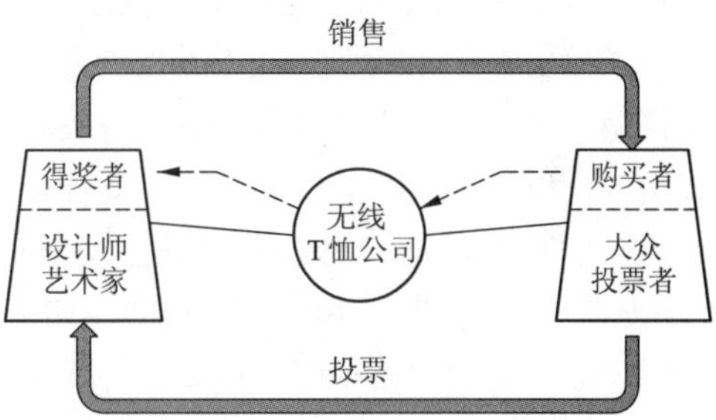

正如右图所描述的，无线 T 恤公司建立了自己的互联网平台。平台的一端，以每周 2 000 美元的丰厚奖金吸引艺术家、学生、业余或职业设计师以及有兴趣尝试的人投稿，每周都会收到上千件作品；而平台的另一端，是那些潜在的购买者和大众投票者。不言而喻，得到高票评价的某件作品一定是大家最看好的 T 恤，公司将其投入生产，也一定是一款风险小、销售好、利润高的 T 恤。

案例 6-5　海尔是如何解决空调风洞技术问题的？

在空调质量保证方面一直存在空调换热器风洞技术问题，即用人为产生气流的方法，改变气流或气流与物体间相互作用的管道形状，从而改变出风形式，其目的是将空调出风口的温度从 10℃左右提升至 20℃左右，使出风凉而不冷，从根本上解决冷风直吹引发空调病的行业难题，从源头上保证室内空气健康。

在 2015 年之前，海尔集团一直建有自己的技术研发团队，多年来投入了大量的时间、人力和财力仍无法找到彻底解决问题的方法。海尔集团受“互联网 +”开放式创新模式的启发，率先将这一技术难题用“威客”平台的方式发包出去，产生了奇效：两周之后，大洋彼岸的技术高手帮助解决了这一难题。这个案例表明：互联网时代的众包模式既可以帮助公司迅速、高效地解决问题，又节省了成本、降低了创新风险。

案例 6–6 “创新中心”平台：外行成为解决技术难题的高手。

有一个名为“创新中心”（Inno Centive）创立于 2001 年的网站，聚集了 14 万多名不同学科、行业的科研人才、工程师，他们共同的名字是“解决者”（solver），形成了“创新中心”研发网络用户需求产品的“半边天”。与此对应的是“寻求者”（seeker），成员包括波音、杜邦和宝洁等世界著名跨国公司，它们把各自最头疼、跨学科的不同技术难题抛到“创新中心”上，等待隐藏在网络背后的高手来破解，其成功率达到 30%。

由于众包能够高效地产生新创意、带来新产品，使得越来越多的企业认识到众包的价值，众包的新模式不断被创造出来。一方面，一些著名企业继续在专业研发网络平台上“悬赏”创新方案来解决难题，如标致汽车通过举办标致设计大赛来发动人们设计自己梦想中的汽车，麦当劳、万事达卡、欧莱雅等公司推出让用户参与广告设计的活动。另一方面，各大企业积极建立自己的众包网络平台，如宝洁（P&G）、星巴克（SBUX）、戴尔（DELL）、百思买（BBY）和耐克（NIKE），通过建立各自的网站来吸引业余爱好者共同参与解决企业面临的技术难题、设计新产品和提供新创意。

案例 6–7 宜家的厨房设计大赛。

宜家家居（IKEA）是来自瑞典的全球知名家具和家居用品零售商，互为和谐的产品系列在功能和风格上可谓种类繁多。无论你喜欢哪种风格，都有其家居产品和解决方案，并以为大众创造更加美好的日常生活为理念，顾客去宜家家居总有自己满意的产品。其实，作为商家的宜家也是煞费苦心的，常常通过举办“天才设计”大赛来吸引顾客参加创意家具方案的设计。比如，它想知道大众需要什么样的厨房，就会举办线上线下互动的厨房设计大赛，投票的结果就显示出消费者满意的厨房样子。

5. 创新创业新思维的培育

5.1 创新创业，我们差在哪里

以色列科学家、诺贝尔化学奖得主达尼埃尔·谢赫特曼是个传奇人物。作为科学家，他不仅在化学和物理学科同时取得了杰出科研成就，而且还成功地创办了数个新兴企业。《环球时报》记者曾对达尼埃尔·谢赫特曼做过采访，谈到创新创业话题，以下为对话实录。

《环球时报》记者：在美国的各大名校，无论哈佛大学还是麻省理工学院、斯坦福大学，有很多聪明的中国博士研究生。他们写论文、发表文章的能力很强，但很少有人能创办企业。根据您的观察，这是为什么？

达尼埃尔·谢赫特曼：第一，文化上的问题。中国传统文化给人的印象是强调结果和成功，不能容忍失败。失败被认为是不光彩的，甚至是耻辱的。所以，这种文化不支持创业和创新。事实上，对于创业，大家要保持平常心，要允许失败。失败了，就要继续努力、尝试。这才是健康的创业文化。

第二，美国文化是鼓励“胡思乱想”的，鼓励通过“想象”提出解决问题的途径与方法，从而创造出新产品与新服务。做工程技术的人可以在体育、酒吧等各个看似与主业无关的领域发挥自由想象，从而发现解决问题的新办法与新途径，创造出此前没有的东西。事实上，与任何有价值的科学发现一样，提出问题本身比给出一个答案要难很多，其挑战也更多，这对推动创新更具有价值。

第三，沟通上的问题。中国的理工科学生在这方面需要多提高。比如说，生物、医药、化工、新材料、电子信息工程学科的学生都可以直接去医院询问：你们想要什么？你们希望我们为你们提供什么东西、什么服务？哪些是你们想要却还没有的？你只要去实践，就有市场和价值。在寻找市场方面，尤其是中国人需要提高沟通能力。

5.2 培育创新思维的路径

培育创新思维的路径有以下几种：

一是洞悉特殊的细节。即便是对非常普通的产品、服务和行业，只要你能把握一些特殊的细节并加以改变，你就可能让消费者感受新体验、感知新价值，即便是在一个不需要太多特殊要求的行业，你也应该努力去洞悉一些特殊的细节。

二是消费预见未来。

案例 6–8　苏打粉的新用途——去除异味。

发明苏打粉是用来烤面包的，但发明者在推广产品时有意引导消费者预见产品的未来，于是在苏打粉的包装罐边贴上标签，写道：“如果您发现该产品有其他用途，请告诉我们。”后来人们津津乐道的是，苏打粉还可以用来去除异味。

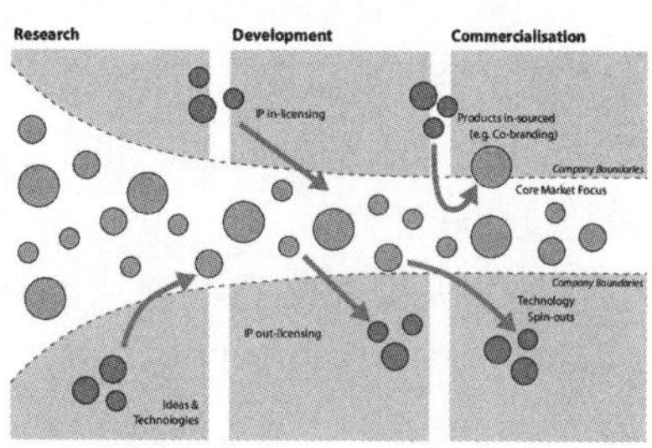

案例 6–9　木炭的新用途——去污。

木炭是用来烤火的。后来，人们发现了木炭的新用途。在日本，木炭被广泛用于环境保护、农业以及食品加工业。据说日本的某个城镇有一条护城河，河水被污染，非常浑浊。后来有人将一大捆木炭置入河流的出口要塞，非常神奇的现象发生了，河水竟然变得清澈无比。

三是反叛传统的技术和思维。对于一些大众已经十分熟悉的技术和观念，你必须从头开始改变消费者对此的认知。你必须宣传这是一种和现存技术完全不同的产品，不要让消费者总是联想到已经存在的东西，要让其相信你能给他们带来全新的体验。

四是调动潜意识。当一个人专注于干事情，往往会找到解决问题的创新思维。人的自觉和不自觉的潜意识最能帮助自己寻找灵感。阿里巴巴的大投资商、软银集团的董事长孙正义有这样的故事：当年孙正义在美国上大学时非常热衷于搞发明创造，他采取的方式是要求自己每天做 5 分钟的头脑风暴。如果 5 分钟找到了思路和办法，就继续向下做事情；假如今天的头脑风暴没有效果，那么，第二天继续干，直到问题得到解决。

五是打破常规。人们往往对熟悉的事情怀有一份好感，而对新事物比较反感。因此，成功的创新活动在开始时往往会被大多数人认知为糟糕的想法。无论自己的创新是否受到人们的重视，创新者只要把一个不起眼的想法，充分发挥自己的才能做到最好就行了。成功的企业家在干事业时常常不被人理解，甚至看不上、受排斥，但只要能坚持做下去并创造出价值，别人会信服他的。

六是为创新赢得风险投资。要想创业融资或项目融资，企业家必须给风险投资商提供一个合理的商业计划，向他们说明能得到回报以及承担的风险和责任。比如，从商业计划书中，要让投资人知道这种新产品的价值，需要投资人出资多少、占多少股份，最终他能赚多少钱，这样才有可能筹集到资金。需要强调的是，风险投资商最终决定是否给予投资，不仅取决于商业计划书中项目的优劣，而且还需要看好企业家本人，或者说更看重他们理想中的“事业合伙人”。

七是促进创新。你可能会接受邀请到一些会议或学术活动中去发表演讲，你或许能从中获得启示，为你原本与会议无关的工作找到解决问题的思路和方法。

案例 6–10 大家一起找金矿。

加拿大 Goldcorp 公司成立于 1954 年，总部设在加拿大温哥华，是世界上产量最大的黄金生产企业之一，也是增长最快、单位成本最低的业内翘楚。目前，在美洲有 11 个正在开采的金矿和 6 个储备开发项目，全球雇员达 9 000 多人，资产规模超过 200 亿美元。

加拿大安大略省红湖地区是世界最大的黄金矿区之一。Goldcorp 在该区的 Campbell 矿自 1949 年以来共生产黄金 11 百万盎司。但到了 20 世纪 90 年代中期，该矿区却面临金矿资源枯竭、冶炼规模缩小、各项成本高涨、员工罢工、资本短缺的困境，接近于关矿倒闭的边缘。

当时 Goldcorp 在多伦多子公司的总裁是 Rob McEwen，曾经做过一个互惠基金经理，是一个有活力、有冲劲、敢冒险的年轻人，虽然他没有很多采矿冶炼业的工作经验，但是他很想把基金业积极进取的精神带到保守稳健的采矿业中来。

总裁 Rob McEwen 当时确信在红湖地区能够找到更多的金矿资源，而公司资深专家的意见正好相反，认为资源已经枯竭，没有潜力了。他把专家关在会议室，想不出办法、制定不出计划不让他们下班回家。后来他又做出了一个疯狂的决定——投资 1 000 万美元的勘探计划，在红湖矿区最远、最深的地方勘探。几周后，地质人员有了重大发现：试钻结果推算出该地区黄金储量是当时估计储量的 30 倍。

尽管试钻结果令人兴奋，但接下来的几年却让 Rob McEwen 有些挫折感，因为公司内的地质学家始终不能准确估计储量、精确确定矿点位置。

1999 年，Rob McEwen 来到麻省理工学院 (MIT) 参加青年总裁会议，会上被 Linux Torvalds 利用志愿者合作开发世界级计算机操作系统 Linux 的开发模式所唤醒。他突然认识到：公司内部员工发现不了金矿，也许外界他人能行，就像开发 Linux 那样，只有开放勘探过程才能找到能人。回到多伦多，他便开始策划“Goldcorp 挑战赛”。

2000 年 3 月，Goldcorp 公司正式启动了这项赛事，提供 57.5 万美元奖金奖励有最好找矿方法和最准确估计矿点的参与者，公开公司过去 52 年来积累的红湖地区 55 000 英亩矿区内部机密地质数据。竞赛的题目是：在红湖地区的哪些地点能为公司找到 6 百万盎司黄金？ Rob McEwen 希望引入采矿行业智能资本像激光那样精准定位矿点，从而加速探矿过程。

公司建立了专门的竞赛网站，有意参与者可在网站注册，公司给每一位注册者寄去光盘，盘内附有软件，通过它可以浏览网站上的矿区虚拟场景，搜索数据库的地质数据，分析、描述二维、三维数据。一个独立的评判团队负责提案的审核评选。

Goldcorp 挑战赛网站吸引了 475 000 次点击，来自 50 多个国家的 1 400 个个人、公司、大学、国内外政府地质机构在网站注册，除了地质学家外，研究生、咨询师、数学家、军官也都参与进来，使用了应用数学、高等物理、智能系统、计算机图像学、有机方法等来解决这个问题。

2001 年 3 月，挑战赛奖项揭晓，总共 29 人获奖。决赛评出一等奖 1 名、奖金为 9.5 万美元，二等奖 1 名、奖金 8 万美元，三等奖 2 名、奖金各为 7.5 万美元。获奖者主要来自澳大利亚、加拿大、美国、俄罗斯、西班牙等国家。现在红湖地区是世界上最富有的金矿区，每盎司黄金的生产成本只有60加元，是世界上5个单位成本最低的金矿区之一。

Rob McEwen意识到：从来没有想到能使用这么多学科的知识来解决问题，这些获奖者能够在极短的时间内分析大型、复杂的数据库，即使不亲临现场也能标示出勘测目标，其方法将是未来矿物勘探方法的一部分。

这种开放式征集勘测目标的做法在全球采矿业中是不可思议的，因为此前行业里把储量和勘探数据都看作公司的核心商业机密。挑战赛引起了轰动，Goldcorp被《商业周刊》《快速公司》杂志评为50家最有创新、最具成长性的公司之一，这种挑战赛的方法被采矿业称为Goldcorp法则。

公司的丰硕成果：这些虚拟探矿者标示出110多个勘测目标，其中，50%是公司未发现的新目标，80%的新目标有丰富的黄金储量，探明的黄金储量超出原目标达到8百万盎司，同时也为公司节省了2 ~ 3年的勘探时间。

总结与启示 首先，本案例是“开放式创新+众包模式”典型案例，即借助互联网平台和外脑解决了Goldcorp矿业公司内部专业人士无法解决的问题，花费很小的成本，既拯救了濒临破产的公司，又为公司创造了巨大的经济效益。其次，本案例的关键点是Goldcorp多伦多子公司新总裁Rob McEwen的创新、智慧和才能得到了充分发挥。虽然他曾经是一个互惠基金经理，没有多少采矿冶炼业的工作经验，但他是一个有活力、有冲劲、敢冒险的年轻人，他用积极进取的风格和精神成功地改变了保守稳健的采矿公司的命运。最后，解决探矿问题思路的关键点是Rob McEwen参加了一个与探矿、采矿无关的学术会议，受到可以利用志愿者合作开发计算机操作系统的启发，由此得出结论：公司内部员工发现不了金矿，也许外界他人能行。回到公司后，他马上付诸行动，这也是该公司实施创新活动的起点。

☞ 随堂讨论问题

1. 简论熊彼特创新理论的内涵及应用。创业、创新与创利的异同是什么？
2. 什么是外包？什么是众包？创业企业如何实现从封闭式到开放式创新的转变？
3. 维基百科为什么能够“免费”雇用1 000多万人编写词条？
4. 无线T恤公司是如何依托互联网平台抓住即时消费者需求的？

☞ 作业

1. 为什么企业家反叛传统的思维模式能够助力其创业成功？请举例说明。
2. 如何培养大学生的创新思维和创新能力？

模块七　创业融资

☞ 内容提要

创业在不同的发展阶段有不同的融资方式，也有多种融资渠道和融资技巧，但合伙融资仍然是最为稳健的融资方式。下面将论述：如何使投资人加入合伙创业团队，如何激活合伙创业中的利益共享机制，如何处理好创业股权融资与股权分配问题。

1. 创业发展阶段与融资方式

创业企业在不同发展阶段，根据资金需求和可能性，融资方法各异，可分为以下 3 个阶段。

第一个阶段为种子期。种子期主要的融资方法有自融资（创始人、家庭、亲朋好友、信用卡短期透支等）、天使投资和创业投资 3 种。

第二阶段为初创期。初创期主要的融资方法有天使投资、创业投资、政府支持的小企业投资和大公司投资 4 种。

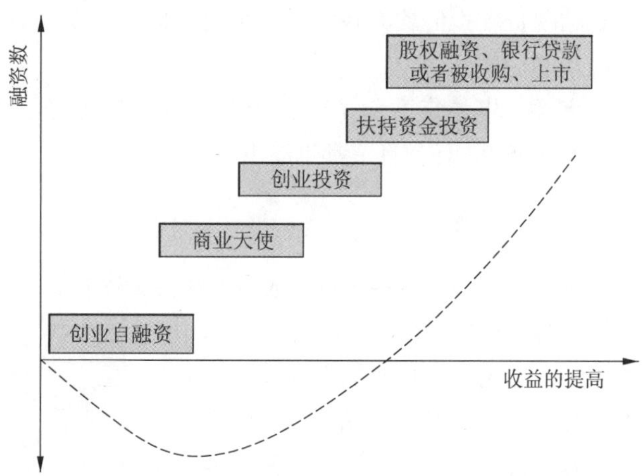

第三阶段为发展期。发展期又可细分为成长期、扩张期和成熟期。成长期的融资方法是创业投资、大公司投资，扩张期的融资方法是创业投资、上市或被大企业收购，成熟期的融资方法是上市、银行贷款等。

2. 创业企业常用的融资渠道及技巧

对于创业者来说，能否快速、高效地筹集资金，是创业企业站稳脚跟的关键，更是实现二次创业的动力。

2.1 创业自融资

初创企业由于前景不明，不受专业投资机构关注，绝大多数创业者都是靠自融资起步的，一般是自己出资或从家庭、好友处筹集资金。国内目前的创业大佬也都是先靠自己出资开始创业的，包括阿里巴巴、腾讯、京东、美团等。

自融资的好处是相对比较快速、灵活，投资者的自我激励和约束较大。对初创企业者而言，依靠亲朋好友的信任借款而融资虽然艰难，但是只要公司的商业模式好、产品有前景，就能吸引投资和创业合伙人加入。

2.2 银行贷款

信用贷款指银行仅凭对借款人的信任而发放的贷款，借款人无须向银行提供抵押物。

担保贷款指以担保人的信用为担保而发放的贷款。

贴现贷款指借款人在急需资金时，以未到期的票据向银行申请贴现而融资的贷款方式。

点评　申请贷款除了受制于银行外，还需经过工商部门、税务、中介机构等，手续繁杂，任何环节都不能出问题。

2.3 合伙融资

合伙融资就是寻找合伙人共同投资，是指按照“共投、共创、共享、共担”的原则，直接吸收单位或个人投资、合伙创业的筹资方法。合伙创业不仅能有效筹集到资金，还可以利用基于利益捆绑的关系，充分发挥人才的作

用，整合各种资源，降低创业风险。

点评　俗话说："生意好做，伙伴难当。"合伙投资人人是老板，容易产生意见分歧，降低办事效率，也可能是因为责权利不对等而使得彼此间的矛盾更尖锐，合伙机制难以长久。

2.4 风险投资

英语中，Venture Capital（风险投资）简称 VC，与维生素 C 的简称 VC 相同。从作用上来看，两者也有相同之处，都能提供必需的"营养"，所以风险投资也称为创业者的"维生素 C"。广义的风险投资泛指一切具有高风险、高潜在收益的投资；狭义的风险投资是指以高新技术为基础，生产与经营技术密集型产品的投资。风险投资是一种高风险、高回报的投资，风险投资家以参股的形式进入创业企业，风险投资家比较青睐高科技创业企业。根据美国全美风险投资协会的定义，风险投资是由职业金融家投入新兴的、迅速发展的、具有巨大竞争潜力的企业中的一种权益资本。

风险资本的主要来源是富有的个人、政府、企业、机构投资者、商业银行和境外投资者等 。

点评　风险投资家更关注企业的赢利模式和创业者本人以及创业团队等。

2.5 互联网融资

对于许多创业者而言，项目起步时找风险投资或民间投资失败后，互联网就成为他们融资的重要选择：比特币、第三方支付、P2P、投融资信息服务、众筹模式等许多互联网融资渠道，给草根创业者带来了实实在在的好处。

点评　作为创新事物，互联网融资在现行法律方面遇到了挑战，实际操作时在透明、诚信、公平方面还有许多待解的难题。融资者应选择信誉较好、行业排行较前的知名融资平台。

2.6 其他渠道融资

2.6.1 天使投资：创业者的"婴儿奶粉"

天使投资是自由投资者或非正式风险投资机构，是对处于构思状态的原创项目或小型初创企业进行的一次性的前期投资。天使投资虽是风险投资的一种，但两者却有着较大的差别：天使投资是一种非组织化的创业投资形式，其资金来源大多是民间资本，而非专业的风险投资商；天使投资的门槛较低，有时即便是一个创业构思，只要有发展潜力，就能获得资金。而风险投资一般对这些尚未诞生或嗷嗷待哺的“婴儿”兴趣不大。

在风险投资领域，“天使”这个词指的是创业者的第一批投资人，这些投资人在公司产品和业务成型之前就把资金投入进来。天使投资人通常是创业者的朋友、亲戚或商业伙伴，由于他们对该创业者的能力和创意深信不疑，因而愿意在业务远未开展之前就向该创业者投入大笔资金。

对刚刚起步的创业者来说，既吃不了银行贷款的“大米饭”，又沾不了风险投资“维生素 C”的光，在这种情况下，只能靠天使投资的“婴儿奶粉”来吸收营养并茁壮成长。

2.6.2 创新基金：创业者的“营养餐”

近年来，我国科技型中小企业的发展势头迅猛，已经成为国家经济发展新的重要增长点，政府也越来越关注科技型中小企业的发展。同样，这些处于创业初期的企业在融资方面所面临的迫切要求和融资困难的矛盾，也成为政府致力解决的重要问题。

鉴于此，结合我国科技型中小企业发展的特点和资本市场的现状，科技部、财政部联合建立并启动了以政府支持为主的科技型中小企业技术创新基金，用于帮助中小企业解决融资困难。创新基金已经越来越多地成为科技型中小企业融资可口的“营养餐”。

一方面，中小企业融资难，大量企业嗷嗷待哺；另一方面，银行资金缺乏出路，四处出击，却不愿意贷给中小企业，究其原因主要是银行认为向中小企业发放贷款的风险难以防范。然而，随着国家政策和有关部门的大力扶植以及担保贷款数量的激增，担保贷款必将成为中小企业另一条有效的融资之路，能为创业者“安神补脑”。

2.6.3 政府基金：创业者的“免费皇粮”

近年来，政府充分意识到中小企业在国民经济中的重要地位，尤其是各省、市地方政府为了增强自身的竞争力，不断采取各种方式扶持科技含量高的产业或优势产业。为此，各级政府相继设立了一些政府基金予以支持。这对于拥有一技之长又有志于创业的诸多科技人员，特别是对归国留学人员将是很好吃的“免费皇粮”。

2.6.4 典当融资和租赁融资：创业者的“速泡面”

《易碳家》杂志告诫创业者，风险投资虽是天上掉馅饼的美事，但它只是一小部分精英型创业者的“特权”；而银行的大门虽然敞开着，但却有一定的门槛。

典当的主要作用就是救急，“急事告贷，典当最快”。与作为主流融资渠道的银行贷款相比，典当融资只起着拾遗补缺、调余济需的作用。典当融资由于能在短时间内为融资者争取到更多的资金，因而被形象地比喻为创业者的“速泡面”。

融资租赁，表面上看是借物，而实质上是借资，租金分期偿还，适合于需要大件设备而没有资金购买的创业企业。创业者应选择实力强、自信度高的租赁公司，租赁形式越灵活越好。

3. 投资人的看点和投资决策

3.1 投资人关注创业企业的哪一方面

（1）看项目：国外有无成熟企业，创意与创利，市场份额预估。
（2）看团队：创始人是否靠谱，团队技术能力，背景以及过往经验。
（3）看商业模式：谁为你买单，变现流程闭环，数据源的可靠性。
（4）看变现能力：持久，快速，直接。
（5）投资人关注的焦点：投资多少，占多少股份或赚多少钱，创业者本人。

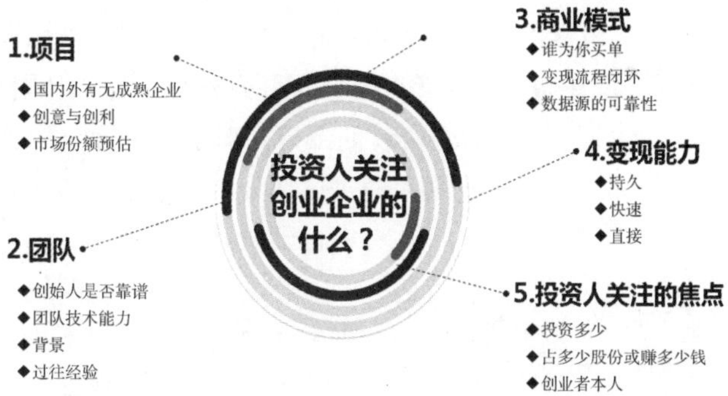

3.2 投资人从商业计划书中得到的关注点

风险投资人每天都会看到很多份商业计划书，有些创业者为了能够全面介绍自己的企业或项目，会把商业计划书写得特别详细，会有几十甚至上百页，风险投资人会从头到尾把商业计划书看完吗？当然不会。因为风险投资人每天都有很多事情要做，他们不仅要看商业计划书，还要约见投资人，甚至还要处理公司的一些事物，他们的工作并不是我们想象中的只是坐在办公室签签字这样轻松，所以风险投资人不可能把一个商业计划书从头看到尾，那么风险投资人在看商业计划书时主要关注哪些方面呢？

（1）看概况。商业计划书的开始部分是对项目的基本介绍，包括项目规模、地理位置、资金需求、项目开始时间、项目性质以及投资收益预估等。风险投资人通过阅读商业计划书的项目概况，会对项目大致有所了解，从而能够识别自己所投资金是否与项目相匹配。

（2）看背景。商业计划书中有介绍这一部分的内容，是对项目背景、市场背景、项目来历背景等的相关介绍，这样能更快地让投资人了解项目。

（3）看可行性。一个项目好与不好要看它的可行性。如果你的项目所在的行业发展得确实非常好，但你的项目没有可行性，那么这样的项目也不会受欢迎。所以说，创业者应该对项目是否可行给出自己的理由和论据。比如，在市场可行性分析中需要对项目的卖点、与同类产品的差异性、同行业竞争情况等内容进行确切分析和讨论，投资人再经过分析和论证才会决定是否投资这个项目。

（4）看团队。一个项目是否值得投资，创业团队很重要。项目好但创业团队不行，这样的项目获得风险投资的概率很低，因为风险投资人非常在意创业团队的强弱。对于创业公司来说，人才是关键中的关键。有必要对商业计划书中的团队部分仔细研读，包括组织构架、人员组成、核心人员、领导人的资历等。若有投资意向，可对团队人员当面进行考察，同书面材料一起相互验证。

（5）看财务状况。风险投资家非常关注企业目前的经营状况，如果说你的企业目前缺少资金，但经营状况一般，也没有很大的竞争优势，那么获得风险投资的概率就很小。风险投资家在做投资决策时非常关注这一点，这可从财务报表中看出。

（6）看融资。商业计划书的融资计划部分要对融资资金、融资方式、股东数量以及股权构成进行详细描述，投资人通过这部分内容基本能够了解在未来的项目中自己所处的位置。

以上是投资人非常关注的商业计划书中的内容。当然也不止是上面几点，有些投资人会对项目风险、项目环境评价等内容更加看重。创业者只有了解风险投资家关注什么，才能有目的性地写好商业计划书，这样写出来的商业计划书才是风险投资人喜欢看的，对融资也就特别有利。

3.3 知名投资人谈失败的创业投资

真格基金创始人、著名天使投资人徐小平，曾连续四年荣获“最佳天使投资人”和“2013 年中关村天使投资领军人物”等称号。他从多年的投资经历中总结经验，与创业者分享了失败的创业案例。

为什么公司会死掉？只要创始人不死，创业公司是不会死的。许多公司虽然账面资金所剩无几，但却能咸鱼翻身。创业初期的新东方几乎每天却有两三件事将会导致公司直接倒闭，从某种意义上讲，新东方已经死了6次、崩溃了6次。创业永远跟自己的能力、梦想和意志发生着直接关系。你不断追逐太阳，虽然永远到达不了太阳，但却永远离太阳最近。当然，我们允许失败，并且能很大方地分享投资失败的故事。

3.3.1 好产品与烂营销

公司A是徐小平最早投资的3家公司之一，是一流的美国商学院人才来到中国做的，是有可能抗衡新东方的一个好项目。他们基于网络，可以满足1万人同时在线学习，半小时收费15美元。可以说，不缺好的产品和好的教育团队，但却一直没有好的本土营销专家。没有本土化，好的产品没有卖出去，五年之后规模依然如此。

营销为王。比如，把脑白金宣传成补药、“隔壁人买了黄金酒，你怎么不买给我？”你可以说这是道德绑架，但不可否认这种营销对中国人依然有效。

3.3.2 好团队与坏风气

公司A项目很好，但投了之后，团队出了问题：A有技术和市场，然后找到一个投资人，这个投资人又找到B和C，A、B、C凑到了一起。大家都想发财，当遇到困难的时候大家就你指责我、我指责你。类似的事情若发生在新东方，便不会如此。徐小平就曾经跟俞敏洪说：“你不适合做CEO，你应该去哈佛大学修学半年，让胡敏兼任。”这是大家爱他，想让俞敏洪可以更伟大。

另一个例子是聚美优品。3个创始人是同学，曾经投资18万美元，但在半年内就烧光了。在公司急剧发展的时候，公司内部引发了特别严重的冲突，正是由于他们有这种黏性关系的存在，最终还是化解了冲突，这其中包含了最复杂的股权投资。

3.3.3 难以持续共享与共担

如果两个创业者的想法不一样，那么创业就非常艰难。很多初创公司在三年内基本看不到赚钱的迹象，甚至薪水也只能拿到三五千元，但是大家都仍坚持在做，这是为什么呢？因为大家有一个共同的梦想——上市纳斯达克。创业团队，股份分配必须平衡合理，一定要有大家同甘苦的分享机制。如果是创始人独占股份，大家凭什么为你卖命、跟你追梦？这样的企业一般都做不成功。

徐小平早期投资的一家公司，CEO拥有100%的股份，结果前三年公司很艰难。等再次创业的时候，就找到另外一个合作伙伴，两人股权 40% 对开，还有 20% 留给其他股东，目前的营业收入要过亿了。如果没有同甘共苦的人，恐怕他的第二次创业也很难坚持下去。

3.3.4 合理的人才配置

之前看到黑马营排名第四名的某医疗公司，生物学博士和法律博士联合创业，讲到产品时头头是道，到底该怎么卖？而 B2B 生意的关键就在于如何同购买者进行利益分配。当你想创业的时候，就需要 CEO、CTO、产品总监等，这时候一定要把人才配置好。

同真格基金投的 B 公司一样时尚，很强大、很独特，用户也非常忠实，但却一直找不到 CTO。徐小平说，扩张如同发酵，没有人才就发不了“面团”。你得有人才的配置，只有不断积累人才，你的公司才能不断扩张。

3.3.5 预期收益估值过高

当你做到半年或一年的时候，VC 会过来找你，你也会去找 VC。天使阶段的投资一般是一两百万元，A 轮阶段一般是 500 万 ~ 700 万元。不论谁先找谁，一定要讲好动人的故事。你的产品在疯狂成长的时候可以要价高一点，但很多公司要价高得离谱，那样的话大家就只好都不理你了。

根据徐小平的经验，三五倍的估值可以很容易拿到。比如，1 月份 200 万美元的价格，到年底可以达到 500 万美元。他投资了一家公司，投资之初是 25 万美元占 10% 的股份。过了不到 3 个月，某著名 VC 打来电话，说给你 150 万美元占 5% 的股份，当时公司负责人不同意。那时，徐小平正好在美国，知道后很生气，但已无可挽回。如果当时拿了这笔钱，现在已经死掉的公司有可能还活着。当有资金来的时候你千万不要拒绝，只有张开双臂拥抱它，公司才能生存。

3.3.6 对客户没有敬畏之心

企业的原则是对客户无条件地呵护，必须把客户的追求当作自己的追求，把客户的利益当作自己的利益。

这一点在新东方就做得非常好。早期的新东方，有一次老师对学生承诺住三星级宾馆，有空调、有彩电，结果学生来了发现什么都没有。当时就发生了巨大的“暴动”，各行各业的人都打电话过来询问到底是怎么回事，“我们是相信你才把孩子送来的，你们怎么骗人？”新东方当时就做了一件事：要退款的全额退，我们给你路费，就地解决三星级宾馆。赔了好几千万元，这个事情最终得到了圆满解决，由此反倒吸引了更多的学生。新东方有没有什么原则？原则就是客户满意。

永远对市场、对客户怀着敬畏、虔诚的心。这样的公司就算是赔光了，市场也还是认可你的。我们要有崇高的社会责任，经济发展的结果最终是为了人民的幸福，如果产品出了问题、坑害了人民，这种人就应该受到应有的惩罚。在美国，有一次看到报纸报道，一个女孩开车时安全带没有系好，结果判现代汽车赔付 1 亿美元。我们或许觉得美国人贪婪，但他们认为，对消费者的保护是社会的最大价值。

4. 创业股权融资与股权分配

合伙创业要想成功，需要人力、财力不断地投入，有机遇就会有较大的风险，这就需要创业合伙人既要有共创、共投、共担的精神，也要有良好的利益共享机制。

4.1 激活利益共享机制

一家公司只有控制，公司才有主人，才能有发展方向。但是，公司创始人只有“失控”，公司才能走出他本人的局限性和短板，公司才有可能神奇地招来人力和财力等，只有这样才具备爆发性裂变的基因和可能性。“控制中有失控，失控中有控制”才是公司有效控制的辩证法，有对立，也要有统一。

过去人们的观念是，初创公司的创始人要有一定的持股数。如果他所持股在 2/3 以上就被认为是绝对控股，持股 50% 以上被认为是相对控股，持股 50% 以下则被认为是不控股。而现在，风险投资人“掏大钱、持小股”则是常态。

许多知名互联网公司的创始人看似不控股，事实上却能够控制公司，如阿里的马云持股为 7.8%，腾讯的马化腾持股为 14.4%，360 的周鸿祎持股为 18.5%，京东的刘强东持股为 20.5%，百度的李彦宏持股为 23%，美国 Facebook 公司的扎克伯格持股为 23.6%，他们持股都在 20% 上下。这些互联网时代大佬们虽然是如此的持股状况，但是个人财富和公司财富均在迅猛增长。由此可见，公司的有效控制不仅与创始人的资金量有关，更重要的是与他本人的关系更大。

成功的创业公司若缺乏人才和资金两大核心资源，那么找人和找资金就同等重要。创业公司的股权分配导向是吸引“人”和“财”加入团队共创的驱动力。只有树立“人聚财散、财聚人散”的商业理念，创始人不是一股独大，而是将自己的股份稀释，与更多的新股东、优秀人才去分享，企业才能迅速成长。这就是新型合伙创业公司利益共享机制的机理。

4.2 合伙创业中的股权分配问题及对策

过去的创业者一人包打天下，不需要考虑合伙人的股权问题。但是，现在已经进入合伙创业的新时代，合伙创业已成为互联网时代成功企业的标配。

创业者必须学习和重视股权分配常识。产品出了点问题，可以通过快速迭代解决；技术或运营出了点问题，影响也只是短期发展；但如果合伙人的股权出了问题，则会出现不可逆的“车毁人亡”现象。

4.2.1 团队中没有大家都信服的“老大”

企业的股权架构设计，其核心是“老大”的股权设计。如果“老大”不清晰，企业股权就无法分配。创业企业，要么一开始就有清晰明确的“老大”，要么通过磨合产生出一个“老大”。很多公司的股权战争都是由不清晰的“老大”引发的。比如，真功夫。企业有清晰明确的“老大”，并非代表专制。苹果、微软、Google、BAT、小米……这些互联网企业都有清晰的“老大”。

当公司的“老大”不控股时，这些公司往往会通过AB股计划、事业合伙人制等来确保“老大”对公司的控制力。创业团队的决策机制可以民主协商，但存在意见分歧时必须集中决策，一锤定音。在公司的股东会与董事会层面，“老大”只有对公司实际控制，公司才有主人，才不会沦为赌徒手里不断转售的纸牌。在底层的运营层面“老大”适度失控，公司才能走出“老大”的短板与局限性。有些声称试验失控的创始人，也未必敢在公司股权层面冒险失控。

4.2.2 只有员工而没有合伙人

过去很多创始人是一人包打天下。而现在，却是像“新东方三驾马车”“腾讯五虎”“阿里巴巴十八罗汉”等这样的合伙创业模式，我们已经进入了合伙创业的新时代。创始人单打独斗心力难支，合伙人并肩兵团作战共进退才能胜出，创始人需要寻找在产品、技术、运营或其他重要领域可以独当一面的同盟军。“初创企业合伙人的重要性胜过风口的商业模式”并不为过。

实践中，有很多创业者问到该如何做员工股权激励，但很少有创业者问到该如

何做合伙人股权设计的问题。即便有些创业者意识到合伙人的重要性，但当看到他们公司的股权架构时就会发现“上边还是慈禧，下边还是义和团”，他们认为的重要合伙人很少持股。

合伙创业，合伙人既要有软的交情，也要有硬的利益，这样才能走得长远。只讲交情不讲利益，或只讲利益不讲交情，都是不靠谱的。

4.2.3 团队完全按照出资比例分配股权

如果把创业看成是一场远程拉力赛，那么赛车手最后能够胜出的条件至少应该包括跑道的选择、赛车手的素质以及跑车的性能。跑车赖以启动的那桶汽油并不是比赛胜出的唯一重要因素，创业企业合伙人的早期出资就好比那桶汽油。

过去，如果公司的启动资金是 100 万元，那么出资 70 万元的股东即便不参与创业也会持股 70%，这是常识；现在，出资不干活的股东“掏大钱、占小股”已成常态。过去，股权分配的唯一依据是出资多少，“钱”是最大的变量；现在，“人”是股权分配的最大变量。

很多创业企业的股权分配均存在着时间的错位，即根据创业团队当下的贡献来分配公司未来的利益。创业团队在创业初期不好评估各自的贡献，早期的出资成为评估团队贡献的核心指标，导致有资金但缺乏创业能力与创业心态的合伙人成了公司的大股东，有创业能力与创业心态但资金不足的合伙人成了创业的“小伙伴”。

建议　全职核心合伙人团队的股权分为资金股与人力股，资金股占小头，人力股占大头。人力股要和创业团队全职服务期限挂钩，分期成熟。如创业团队出资合计约 100 万元，建议资金股合计不超过 20%。

4.2.4 没有签署合伙人股权分配协议

许多创业公司容易出现的一个问题就是在创业早期大家埋头一起拼，不会考虑各自占多少股份、该如何获取这些股权这些问题，因为这时的公司股权就是一张空头支票。等到公司的前景越来越清晰，早期的创始成员会越来越关心自己能够获取股份的比例。这个时候再去讨论股权该怎么分，就很容易产生分配方式不能满足所有人的预期的现象，导致团队出现问题，影响公司的发展。所以，在创业早期就应该考虑好股权分配问题，签署股权分配协议。

4.2.5 合伙人股权退出机制

合伙人股权战争最大的导火索之一就是完全没有退出机制。比如，有的合伙人早期出资5万元，持有公司30%的股权。6个月后，由于与团队不和主动离职，或由于不能胜任工作，或由于健康原因、家庭变故等被动离职。离职后，退出的合伙人坚决不同意退股，其理由很充分：①《公司法》没规定股东离职必须退股；②公司章程没有约定合伙人退股事宜；③股东之间没有签过任何其他协议约定，也没有就退出机制做过任何沟通；④合伙人出过资金，也阶段性地参与了创业。其他合伙人认为不回购股权，既不公平也不合情合理。但由于事先没有约定合伙人的退出机制，就会出现对合法回购退出合伙人的股权问题束手无策的现象。

4.2.6 外部投资人对公司控股

对股权缺乏基本常识的不仅仅是创业者，也包括大量非专业机构的投资人。比如，投资人投入70万元、创始人投入30万元，股权在一开始就简单、直接、高效、粗暴地做成70∶30。

外部投资人控股存在很多问题，不利于公司的长期发展。①创始团队没有足够的工作动力，感觉是在为别人打工；②没有预留足够的股权利益空间来吸引优秀的合伙人加入；③这类股权架构让投资机构避而远之，将会影响公司的下一步融资。

4.2.7 给兼职人员发放大量的股权

很多初创企业热衷于找一些高大上的外部兼职人员来撑门面，给他们发放大量的股权，而这些兼职人员既没有多少时间投入也没有承担创业的风险，股权利益与其对创业项目的参与度、贡献度严重不匹配，性价比不高，从而导致全职核心合伙人团队心理失衡。

对于外部兼职人员，建议以微期权的模式合作，并且对期权设定成熟机制（如顾问期限、顾问频率以及顾问结果），而不是给他们发放大量的股权。经过磨合，如果弱关系的兼职人员能成为强关系的全职创业团队成员，这时公司可以给这些人员增发股权。

4.2.8 给短期资源承诺者发放过多股权

很多创业者在创业早期需要借助很多资源为公司的发展起步的，这个时候最容易给早期的资源承诺者许诺过多股权，把资源承诺者变成公司合伙人。但是，创业公司的价值需要整个创业团队长期投入时间和精力去实现，资源是一方面，更重要的则是对资源的配置与利用。

对只是承诺投入资源但不能全职参与创业的人，更适合优先考虑项目提成，谈利益合作而不搞股权绑定。

4.2.9 **没有给未来员工预留股权**

公司的发展离不开人才，股权是吸引人才加入的重要手段。创始人在最初分配股权时就应该预留一部分股份放入股权池中用于持续吸引人才和进行员工激励。

原始创业股东按照商定的比例分配剩下的股份，股权池中的股份可以由创始人代持。

4.2.10 **配偶股权没有退出机制**

全职直接参与公司运营管理的核心团队是创业合伙人。容易被忽视的是，创业合伙人的配偶其实是公司背后最大的隐形创业合伙人。

配偶的股权，其实也很重要。中国的离婚率近年来呈上升趋势，而创业者群体的离婚率可能会高于平均水平。根据我国的法律，婚姻期间的财产属于夫妻间的共同财产，除非夫妻间另有约定。创业者离婚的直接后果就是公司的实际控制人将会发生变更。土豆网创始人王薇因为配偶股权纠纷，直接影响了土豆网的最佳上市时机，为此他们付出了巨大的成本。因此，创投圈专门设计了“土豆条款”，简单粗暴地要求创业者配偶放弃企业股权主张的任何权利。这是一个很敏感的问题，若处理不当，有可能会出现股权没分完婚先离了的现象。

为了既保障公司的股权与团队的稳定性又兼顾配偶合理的经济利益，稳固创业者后方的和谐家庭关系，创投圈专门开发了“七八点配偶股权条款”。一方面，约定股权为创业者个人的财产；另一方面，创业者也可同意与配偶分享股权变现利益，做到钱权分离。

根据统计数据，有高达 60.03% 的创业企业没有就配偶股权做到钱权分离。如果婚姻出现变数，创业者只能是愿赌服输。

5. 案例：“新东方三驾马车”的合与分

当年共同创业期间，俞敏洪、徐小平、王强被外界称为“新东方的三驾马车”，可谓黄金搭档，每人持股 33%，各司其职。但是企业做大后，矛盾逐渐凸显，最后还是分道扬镳。矛盾冲突的焦点如下。

首先，由于利益的关系，新东方新的业务难以开展。北京的新业务还能均等掌控，但是上海、广州等地算谁的业绩？图书出版公司算谁的业绩？远程教育公司又算谁的业绩？

其次，新东方早期管理层中有不少裙带关系。外界因此戏称新东方人力资源的特点是“三老”（老同学、老乡、老妈），当时俞敏洪的母亲也是公司的合伙人之一。这一点令从西方留学归来，视规则为“王”的王强无法容忍。

2000 年，俞敏洪对学校进行股份制改革，制定了一套统一战略。

第一，合理的股份增发机制，让有能力的新股东进来推进新业务。公司每年都会有期权，俞敏洪每年申请期权发给能干的人，谁干得多就发给谁，这些“新人”能够持续拿到新东方的股权。这样一来，新业务就由有能力的新股东不断来参与、推进。

第二，用 10% 的代持股份吸引新管理者，撇开裙带关系。新东方共有 1 亿股，在公司股份制改革中，该怎么分？俞敏洪特别询问了一家咨询公司，咨询公司要求作为创始人的他持股 55%，称这样可以更好地控制公司的发展。在分股时，俞敏洪被分到 55% 的股份，但他拿出 10% 作为代持股份，自己只拿了 45% 的股份。为什么会拿出 10% 的股份呢？因为俞敏洪觉得新东方需要新的管理者。按照他的话来说就是“家族成员再在新东方，就会形成新东方的发展障碍”。

俞敏洪花了四年时间周旋在管理层、部门和地方之间，总算把松散合伙制变成了真正的股份制，但问题仍没有被完全解决。大家对分完股份后的权利分配仍存在分歧。到底谁是第一副总裁？俞敏洪是创始人，自然是他当总裁，但是徐小平和王强谁当第一副总裁、谁当第二副总裁就有了疑问，他们谁都会问“凭什么让我当第二副总裁？”

由于管理层依旧无法达成共识，最后，核心团队成员辞职的辞职、跳槽的跳槽、另起炉灶的另起炉灶。颇具戏剧性的情节是：一次俞敏洪得知徐小平带员工进行“革命”、反对他的改革，他便直接让人把徐小平的办公室给占了。当徐小平来公司上班看到别人坐在自己办公室时几乎说不出话来。分歧的最后，徐小平、王强离开了新东方，“战争”宣告结束。

离开后的两人成立了真格基金，成为业界著名的天使投资人。截至 2016 年 4 月，真格基金已经投资了 296 个项目，天使轮投资占 75%，36% 的项目进入下一轮融资，5.7% 的公司过了“C 轮死”门槛，其中还包含 2 家独角兽企业。

散伙后，他们依然维系着友谊，每年抽出空闲时间进行两三次聚会，偶尔也会给对方写信，但三人不再像过去那样无所不谈。徐小平认为新东方不符合他的发展期待，却又说："有一太平洋的话要跟俞敏洪说，但一滴都不想滴出来"。因为他担心，"俞敏洪是不是有这个海纳百川的胸怀，来容纳我波浪滔天的献言献策。"

未来，三人会不会再合作？"三个人一起玩是好，但是要和不同的人玩，才会玩出不同的意思。"这是俞敏洪笑着给出的答案。

三个人散伙了。首先，说明公司没有事先设定具体的管理制度；其次，"规则大于人情"，用兄弟情义来追求共同利益无法长久；最后，作为公司的最高决策层，对于企业该怎么走，每个人的权力利益该怎么分配等问题，如果不能非常明确地摆在桌面上，只是自己在消化，按照自己的时间表走，那么注定会让公司陷入混乱局面。

结论　人和资金对于创业企业同等重要；创业者、投资人会有成功也会有失败，他们是人，不是神。没有永远的敌人和朋友，只有永远的利益。

☞ 随堂讨论问题

1. 互联网金融对创业融资的利与弊如何？

2. 风险投资看中创业企业的什么？创业如何能够赢得风险投资的资金支持？

3. 为什么说合伙融资是最稳健的融资方式？

4. 合伙创业团队成员在开始阶段都是相互非常了解的人，为什么后来还是会分道扬镳呢？

☞ 作业

1. 如何把握创业融资的成本、收益和风险？

2. 如何理解和解决股权融资中"控制"和"失控"的问题？

模块八　创业营销

☞ 内容提要

创业企业与所有其他企业一样，不经过市场营销实现商业价值，创业企业就无法坚持下去。互联网时代是传承经典营销的新型市场营销。下面将论述：创业企业利基市场营销和特色营销，互联网和大数据分析营销，创业营销的手段和技巧以及经验借鉴。

1. 从传统到时代的市场营销

所有企业，若是没有市场营销就无法实现商业和产品的价值，所以，市场营销对创业企业非常重要。

传统市场营销理念是以企业为中心的市场营销观念，或是以消费者为中心的市场营销观念，或是以社会长远利益为中心的市场营销观念。其营销方式也是随着市场需求以及市场环境的变化而变化着。

卖方市场产生于19世纪末到20世纪初。在我国改革开放政策实施后的约30年还是卖方市场，卖方市场的背景与条件是市场需求旺盛，供应能力不足；核心思想是生产中心论下的重视产量与生产效率的提高；营销顺序是从企业生产到满足市场需求的销售；市场营销的口号是“生产什么，就卖什么”。

自20世纪50年代起，国际经济社会开始从卖方市场向买方市场转变。在买方市场背景与条件下，其核心思想是消费者主权论，即发现需求并满足需求；营销顺序是先从市场到企业的需求反馈，企业生产出产品到市场去销售；典型的口号是“顾客需要什么，我们就生产、供应什么”；四大支柱是目标市

场、顾客满意、整体营销和营利性。20世纪70年代以后，由于社会问题突出，消费者权益运动蓬勃兴起，企业营销又演变为“顾客需求＋社会利益＋盈利目标”。

传统市场营销理论即4Ps营销理论。4Ps是指Product（产品）、Price（价格）、Place（渠道）、Promotion（促销），该理论是以产品需求为导向的营销理论。也有学者提出了一个11Ps理论与营销组合，即从营销战略来讲有Probing（市场调研）、Pirtition（市场细分）、Priorting（市场择优）、Position（市场定位）；从营销战术来讲有前面讲的这4Ps，再加上Pol.Pow（政治权力）和Pub.Rel（公共关系），那么，这最后一个P是什么呢？它代表着以People（人）为中心的企业文化。

随着市场竞争日趋激烈，媒介传播速度越来越快，4Ps理论越来越受到挑战。20世纪90年代，美国学者罗伯特·劳特朋（Robert Lauterborn）教授在其《4P退休4C登场》中提出了与传统营销的4Ps相对应的4Cs营销理论。4Cs是指Customer（顾客）、Cost（成本）、Convenience（便利）、Communication（沟通）。它是以消费者需求为导向的营销理论，这4个基本要素瞄准消费者（Customer）的需求和期望。还有营销专家提出了4Rs营销理论，4Rs是指Relevance（关联）、Reaction（反应）、Relationship（关系）、Reward（回报）。它是以关系营销为核心，注重企业和客户关系的长期互动，重在建立顾客忠诚的一种理论。该理论既从厂商的利益出发又兼顾消费者的需求，是一个更为实际、有效的营销制胜术。

总结以上的各种营销理论，它们之间不是替代关系，而是相互依存关系。所有商业活动和市场营销均以消费需求为核心，顾客满意是市场营销的目标，消费者的购买是对企业市场营销的认可和奖赏。

传统市场营销的媒体广告主要是线下公共媒体，即以报纸、电视、广播、路牌等为载体的广告宣传。从工业化到信息化，大规模生产、营销、传播的“圣三位一体”被打破，使得传统的营销方式和媒体广告渐渐变得陈旧。互联网、数字经济的出现，将互联网平台技术等基础设施条件运用于商业活动，形成了以用户为核心的线上线下相结合的O2O营销服务模式，从而彻底改变了市场营销的格局。

2. 中小企业的创新营销

2.1 企业竞争战略与营销

在工业化时代，企业营销成功的法则是必须建立起特有的市场竞争优势。那些大企业、大品牌、大众市场的竞争优势是如何形成的？著名管理大师迈克尔·波特的三大战略理论如下。

（1）总成本领先战略。要求企业必须建立起高效、规模化的生产设施，全力

以赴地降低成本，严格控制管理费用及研发、服务、推销、广告等方面的成本费用。为了达成这些目标，企业需要在管理方面对成本给予高度重视，确保总成本低于竞争对手。

（2）差异化战略。实现差异化战略的方式包括设计名牌形象，保持技术、性能特点，顾客服务、商业网络及其他方面的独特性，等等。

（3）专一化战略（又称为目标集聚战略）。它针对某个特殊的顾客群、某条产品生产线的一个细分区段或某一地区市场，公司业务的专一化能够以较高的效率、更好的效果为某一狭窄的战略对象服务，从而在较广阔的范围内超过竞争对手。

工业化时代在规模经济的商业思维和波特竞争战略理论指引下，许多企业创造出了非常辉煌的经济效益，涉及的行业有工业加工与制造、钢铁水泥、能源化工、服装制作、农业生产、生活日用品等。

2.2 利基市场营销

面对大企业林立的现状，中小企业该如何建立起自己的竞争优势并进行市场营销？或者说小企业、小品牌、小众市场如何立足？我们的答案是，中小企业要实行利基市场营销策略。利基一词是英文“niche”的音译，意译为壁龛，有拾遗补缺或见缝插针的意思。著名营销大师菲利普・科特勒在《营销管理》中给利基下的定义为：利基是更窄地确定某些群体，这是一个小市场并且它的需要没有被服务好，或者说“有获取利益的基础”。营销者通常确定利基市场的方法是把市场细分再细分，或确定一组有区别的、为特定的利益组合在一起的少数人。

利基市场营销被称为缝隙营销或补缺营销，又称为狭缝市场营销，是指企业为避免在市场上与强大竞争对手发生正面冲突而采取的一种利用营销者自身特有的条件，选择由于各种原因被强大企业轻忽的小块市场，即利基市场或补缺基点作为其专门的服务对象，对该市场的各种实际需求全力予以满足，以达到牢固占领该市场的营销策略。

利基市场营销是小众市场营销相对于大众市场营销而言的。在普通大众眼里，它多是名不见经传、默默无闻，不像大众市场，由于有巨大需求支撑，时常表现得轰轰烈烈、蔚为大观，但利基营销却无可争辩地成为真正适宜于中小企业，特别是尚欠发达的我国中小企业的市场营销策略。

国内外中小企业在发展利基市场营销方面有许多成功案例，在狭窄的产品市场创造出巨大的经济效益，成为本国乃至世界的隐形冠军。比如，中国万向集团在万向节行业的产量和销量均居世界第一；比亚迪公司的手机电池占全球市场份额的72%；格兰仕集团拥有全球微波炉35%的市场份额；聚龙公司的日常生活用品指甲钳在2015年时其销售收入就已达到2.9亿元，占据中国市场份额的65%，成为中国第一、世界第三，而且还参与起草制定了中国指甲钳行业标准；赛维公司在短短三年内成为世界最大的太阳能硅片供应商。在国外，瑞士的罗技公司30～40年专注于研发、制造电脑键盘、鼠标；德国的路德（RUD）公司100多年来致力于链条及其组建制造技术的不断创新，RUD商标是全球公认的圆环链质量标志；巴马格（BARMAG）公司100年来专注研发制造纺织机械中的卷绕头、纺丝泵，领先于同行企业，世界市场占有率达到40%；日本的YKK公司自1934年成立以来一直专注于制造拉链，通过规模经济、垂直结合、专利技术等多种战略行动建造起了坚固的竞争壁垒，夺取并且保持了全球拉链冠军的地位。

2.3 中小企业的特色营销

在饮食、文化和服务行业，中小企业唯有发挥特色营销的优势，才能在市场竞争中立于不败之地。例如，由文化名人创办传媒公司，采取中国传统文化中的师傅带徒弟模式，不断地打造出演唱会、电视剧等文化新品。从营销角度而言，这就是名人从营销自我到营销团队，既是传统文化营销，也是特色营销。

在酒、茶、饮食行业中的产品推广，主要依靠历史文化与品牌服务营销。例如，中国大品牌的白酒有茅台、五粮液、西凤酒、汾酒等，它们由低端价格酒到高端价格酒转型的思路，依靠的均是文化推广、品质保证和商业模式重构。中国的品牌白酒有上千种，小品牌白酒该如何生存呢？陕西有个地方品牌白酒叫“老榆林”。它的特色营销广告和商业模式是“喝老榆林酒，送陕北民歌”，通过将陕北文化风情与特色饮食消费相结合，使得小公司的市场营销成绩斐然，经济效益显著。

案例8-1　星巴克（STARBUCKS）。

1998年，美国咖啡连锁公司星巴克（STARBUCKS）进入中国市场，尽管星巴克的咖啡品质无可挑剔，但是，中国大多数消费者的习惯是喝茶。许多消费者到星巴克可能不是去品尝咖啡，而是去购买它的人性化休闲环境或是去分享它的网络服务的。

案例8-2　普拉纳（Paulanne）。

德国餐饮品牌普拉纳（Paulanne）进入中国市场大约有20年的时间，其服务得到了许多中国消费者的青睐，餐馆经营者也取得了很好的经济效益。它的成功可总结为以下几点：第一，德国风味的主菜品（烤香肠、烤猪肘等）加黄、黑扎啤，我国多数人能够适应并喜欢其餐饮口味。第二，从餐馆装修布局到用具、餐具，都洋溢着原汁原味的德国地方文化，是一个理想的人性化交流、就餐场所。第三，消费体验良好，顾客能轻松地享受高端、大气、性价比高的德国美食。第四，普拉纳餐馆的引流与营销，如西洋乐器、特色音乐、民族服装和民族舞蹈。

2.4 经典案例：Pepper（佩珀）公司的百年生存之道

可口可乐和百事可乐是世界公认的两大饮料行业巨头，其创办历史均超过 100 年。在这两个超级公司屹立于世界的时代，也有一个小公司 Pepper（佩珀）公司与它们展开了激烈的市场竞争。Pepper 公司不仅活了下来，而且还创造出了辉煌的业绩。Pepper 公司的经营理念是：蚊子可以打败狮子。中小企业必需占有自己的市场份额，市场有缝隙就有未来，而你有天时、地利、人和的资源。

2.4.1. 背景分析

Pepper 本意胡椒，但公司起名与胡椒毫无关系。该公司的特色产品是佩珀医生饮料，于 1885 年由一位药剂师配制而成。这位药剂师当时钟情同事查尔斯·佩珀（Charles Pepper）医生的女儿，为了讨好希望中的岳父大人，他就用 Pepper 为刚刚研制出来的新饮料命名。

佩珀公司总部设在得克萨斯州达拉斯市，年销售额约为 5.5 亿美元，税后净利润约为 6 000 万美元。美国饮料行业约有 800 种商标产品，可口可乐公司排第一，百事可乐公司排名第二，它们占领着大众市场。佩珀公司自 1969 年面向全国拓宽市场后，便一直屹立在可口可乐和百事两大巨人面前，享有美国饮料行业 5.1% 的市场份额。

2.4.2 营销策略

（1）怎么办？没有营销主题下的无奈。1927 年改变广告主题，广告专家厄尔·拉西（Earle Lacy）根据沃尔特埃迪教授写的一本书《流质便餐》设计出广告语“半上午半下午应该吃点喝点”。因为这段时间人体中血糖含量最低，需要补充养分。这一主题及其理由说服力强，市场反应较好。但无论是直销还是推销，公司中的人却一直在为“该如何向人们描述它的口感或味道”而犯愁。

（2）我是谁？重塑自我，打开局面。1969 年，该公司将其广告业务全部交给了杨－鲁比卡姆广告公司。这家广告公司经过调查研究，决定抛弃佩珀公司 80 多年来一直用来宣传的所有形象和主题，另外设计出了新主题和新形象，并制定了长期策略，为佩珀公司产品设计的第一阶段宣传主题是“这是美国最受误会的软饮料”。

（3）尝了再说，树立目标顾客的信心。第二阶段的宣传主题是“与众不同”，目标在于让人们感知佩珀医生饮料与所有其他同类产品完全不同。引导消费者的尝试和体验“试过之后你就会爱上那种与众不同的软饮料”。

（4）大众宣传功过参半。到了 1977 年，广告宣传的重点对象瞄准了 13 ~ 30 岁的青年一代，因为软饮料的主要市场正是青少年和青壮年。宣传内容比较简单，制作不再复杂，由扮演胡椒形象的年轻人亲自演唱主题歌曲。随着广告宣传的持久深入，公司的销售额量直线上升。心理学图示研究结果表明，倾心于佩珀医生饮料的顾客往往属于自有主见、不肯随波逐流的类型。电视和广播两类广告的目标视听众主要还是青少年，强调两个心理学感情因素：一是生动有趣，二是反叛传统。

2.4.3 市场分析

（1）竞争对手分析。在美国软饮料市场，可口可乐公司和百事可乐公司一直雄居前两位。这两大公司各类牌子的产品、风味早已誉满全球，口感特色鲜明，再加上资金雄厚，用于广告宣传的资金远远多于佩珀公司，大众市场竞争激烈。

（2）产品分析。

口味。佩珀公司的商标产品佩珀医生饮料口味独特，许多品尝过这种饮料的人，声称其中最重要的味道是樱桃味，而另有不少人认为他们尝出了梅干和洋李干脯的味道。

包装。佩珀公司饮料的包装强调便于携带，便于年轻人在家庭以外的地方饮用。

（3）消费者分析。佩珀医生饮料的顾客与其他饮料公司的顾客有不同的特点。他们往往不随波逐流，有较强的个性，不会因为别人的口感而改变自己的口感，而是喜欢口味自成一格的佩珀公司的产品。

2.4.4. 市场定位

（1）目标市场。自 1969 年起，佩珀公司的经营目标就一直是面向美国全国、重点发展。经营或销售现状在市场纵深方向推进最大的地区当属得克萨斯和加利福尼亚两个州，其次便是整个“阳光地带”即南部地区。

（2）目标顾客。目标顾客是青少年和青壮年消费群体，尤其是具有较强自我意识的消费群体。

2.4.5 营销策略

（1）在广告宣传上强调自己“与众不同”。广告主题采用“全世界最有特色的软饮料”“坚持饮用这一特色饮料”等一类突出自己特色的口号来表述。

（2）在形象策略上，佩珀公司希望获得的公共形象是要让所有有主见而又不愿再喝可乐类饮料的美国人喜欢它。

（3）在不同的发展阶段，采用不同的营销和宣传方式，逐步深入吸引自己的目标顾客，巩固完善自己的商标品牌和企业形象。

2.4.6 产品命名与特色营销

（1）独特性。名称能立即将本公司同竞争者区分开来。

（2）恰当性。名称要表达产品的特点或优点，同时还不能产生歧义。

（3）可记性。名称易于理解、使用和记忆。

（4）灵活性。名称要能适应组织方面不可避免的策略调整，不应限制公司的业务范围。

3. 互联网和大数据分析营销

3.1 市场营销变化的背景

自 2012 年以来，我国的经济走势从大规模、同质化生产、销售转向满足消费需求的个性化、差异化，而消费者需要的产品是个性化、高品质、低价格，这对于传统企业提出了挑战。对于传统企业的生产和销售模式，只有规模经济企业才可能低成本、有盈利，而范围经济即多品种、小批量生产的企业导致了高成本、无利润。比如，一家生产衬衫的公司可以接受一次几百件以上的生产或定制，但是，由于制造成本高难以接受 1 件衬衫的定制即个性化定制。

新的商业运作，通过平台战略和大数据分析，即运用互联网技术将用户、产品、营销（平台）形成"三位一体"，整合分散的消费个性化需求，成为生产和销售的商家可接受的规模，这适合于农业生产、工业制造、金融、健康和生活服务等行业，其典型的商业运营模式就是O2O营销模式，又称为离线商务模式。

3.2 O2O 营销模式及其案例分析

O2O 营销模式是指线上营销和线上购买带动线下经营和线下消费的模式。O2O 模式通过打折、提供信息、服务预订等方式，把线下商店的消息推送给互联网用户，再使其转换为自己的线下客户，简单地说就是线上预订、线下体验的模式。这种模式特别适合必须到店消费的商品和服务，如餐饮、健身、看电影和演出、美容美发等。2013 年以后，O2O 营销模式正式进入本地化进程当中，目前的互联网公司如支付宝、京东、大众点评、携程等均是如此。

互联网时代的O2O模式之所以能够立足，最重要的是3方面的利益驱动关系。

第一，O2O模式对用户而言：①能够获取商家及其服务更丰富、更全面的信息；②能够更加便捷地向商家在线咨询并进行预购；③能够获得相比线下直接消费较为便宜的价格。

第二，O2O模式对商家而言：①能够获得更多的宣传和展示的机会，吸引更多的新客户到店消费；②推广效果可查，每笔交易可跟踪；③掌握用户数据，大大提升了对老客户维护与营销的效果；④通过与用户的沟通、释疑，更好地了解用户的心理；⑤通过在线有效预订等方式，可以合理安排经营，节约成本；⑥对拉动新品、新店的消费更加快捷；⑦降低了线下实体店对黄金地段旺铺的依赖，大大减少了实体店的租金支出。

第三，O2O模式对平台本身而言：①与用户日常生活息息相关，并能给用户带来便捷、优惠且有保障的消费等，能吸引大量高黏性用户；②对商家有强大的推广作用及其可衡量的推广效果，可吸引大量的线下生活服务商家加入；③可产生数倍于C2C、B2C的现金流；④有巨大的广告收入空间及形成规模后产生更多的盈利模式。

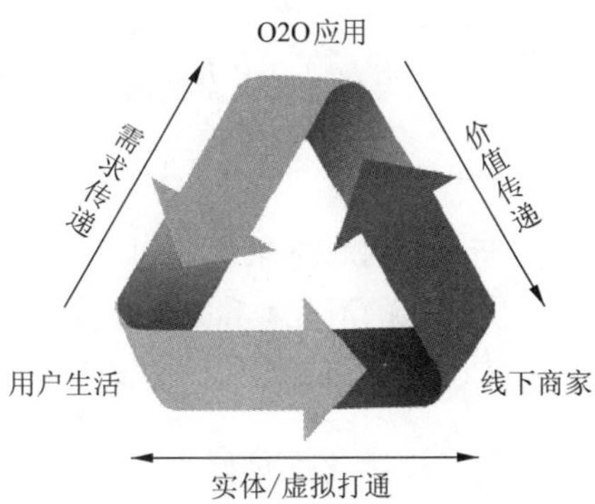

如何才能使用户、产品与平台的三方利益分配机制持续稳定？关键是要保证在满足用户个性化、低价格、高品质服务的前提下，还能使供货企业和平台公司都有利可图。

案例8–3　E袋洗。

传统的洗衣店是按件计价收费的，而E袋洗则是按照洗衣店准备好的标准规格的洗衣袋大小来计价收费的。比如，用户可以尽可能将要洗涤的衣服装满或者“超满”这个标准规格的袋子，公司派人去用户家里收取衣服时，与用户当面封闭好洗衣袋并加上微信。洗衣开始前，公司要查验衣服是否有破损，若衣服有破损，公司会直接用微信图片的方式与用户沟通，从而避免了事后商家与顾客的矛盾冲突。

评价与启示　第一，按袋计价，由于可以尽量装满，所以顾客可获得超值的服务体验；对公司而言，1台洗衣机运转1次，洗1件和洗1桶衣服的成本包含房租、水电、人工、材料等相差不大。第二，贴心的上门接送货服务，公司与顾客相互加了微信，利用线上平台彼此沟通，节省时间、减少矛盾，同时也提高了服务效率。第三，这是典型的O2O模式，满足了用户个性化、低价格和高质量的服务体验。

案例 8–4 河狸家。

河狸家是一个女士美甲连锁服务平台。顾客可以通过微信或其他方式在其网站上完成具体应用服务选择和线上交易，然后到线下实体店接受体验服务，或者通过网上服务预约“手艺人上门服务”。

河狸家的突出特点就是培训员工，员工个个都是美容师。她们既有服务的专项技能，又能够提供全套美容服务。通过“一站式解决问题的服务”，使得用户花一个服务专项的钱得到的则是全面的美容服务。公司在其成本可接受的范围内，尽量让用户去“占便宜”，或者说是让用户得到超值的服务体验。

从生活到生产资料的 O2O 平台交易模式无处不在。例如，传统的古董、艺术品、玉器等，其历史文化价值的大小、市场稀缺程度如何，在过去信息不对称的时代，对消费者购买的风险较大，往往是“有价无市”。互联网打破了供需双方信息不对称的局面，颠覆了传统的古玩、艺术品和稀缺物品的销售方式和商业模式。

有人想要收购或抛售古董级二手产品，却找不到有效的渠道。美国 eBay（易趣网）发现了这一商机，让买卖双方直接在网上进行交易，交易价格由市场供求决定，而 eBay（易趣网）从中赚取服务费。其网站还开发了产品信息框架和信誉评比等功能，使之成为当今世界最大的消费者对消费者（C2C）电子商务平台。

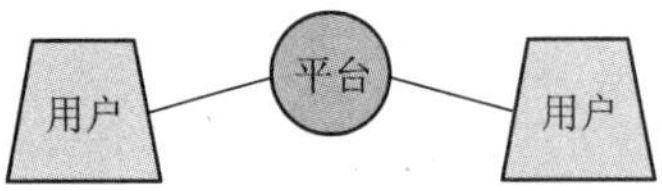

近几年来，越来越多的互联网公司像 eBay（易趣网）一样，将传统的线下古董、艺术品的消费者和交易商拉到线上平台进行交易，从而极大地颠覆了传统的线下拍卖、购买交易方式，这也正是目前线下门店可罗雀的原因。

3.3 社会化媒体营销

社会化媒体营销亦称为社会化营销，是利用社会化网络的在线社区或其他互联网协作平台媒体进行营销的，是公共关系和客户服务维护开拓的一种方式，又称为社会媒体营销、社交媒体营销、社交媒体整合营销、大众弱关系营销。在网络营销中，社会化媒体主要是指一个具有网络性质的综合站点，而营销的内容都是通过用户自愿、社交思维提供的，而不是直接的雇佣关系。社会化媒体传播工具和营销形式如博客、微博、微信、直播、网红、抖音等，尽管各种社会化媒体营销方式并存，但它们也在不断地竞争、淘汰和进化。

第一，直播现象。直播在突然之间崛起，传统的电商、社交网络、大网

站、小网站等，人人都在做直播。例如，罗振宇“罗辑思维”的口号是“有种、有趣、有料”，倡导独立、理性思考，推崇自由与互联网思维，凝聚爱智求真、积极上进、自由阳光、人格健全的年轻人，是国内微信营销的典范。

第二，网红现象。网红是什么？网红其实就是互联网上未经任何人授权的品牌。网红一夜之间突然崛起，给创业的整个环境、整个创业方法带来了很大的冲击。这是一个让销售额快速提高的方式，一人或者二三人就能够动辄带来几百万元甚至几千万元的销售额，让整个群体为之疯狂、为之追随。比如 Papi 酱。

第三，小 V 现象。博客、微博现在大 V 不玩了，但是无数的小 V 玩起来了，无数的三四五线城市的人，无数关心消费、关心时尚，追星、喜欢艺术，喜欢表现自己的人，有一点点才艺的人，在微博上非常活跃。而微博的市值从 7 年前的 8 亿美元涨到了现在的约 76 亿美元，许多人只开一个微博账号，不仅出了名，关键是还卖起了产品。微博成了中国新经济的一个聚集体。

第四，眼球经济现象。眼球经济是依靠吸引公众的注意力来获取经济收益的一种经济活动，在现代强大的媒体的推波助澜之下，眼球经济比以往任何时候都要活跃。随着互联网的发展，公众之间的交流壁垒越来越薄，这也使得信息的传播速度远快于以往，人们更容易博得别人的关注，由此发展壮大了一种通过“抓取眼球”来提高销量的经济活动。眼球经济导致了当今网络平台“流量为王”的风气，造就了许多一夜暴富的事例。例如，三只松鼠在保证产品质量和服务品质的同时，用“卖萌”“耍贱”的方式来吸引大众对它的关注，提高了销售业绩。仅用了短短七年的时间，就创造出了一个百亿级的上市公司。

目前，吸引眼球的社会化媒体营销载体有抖音、快手、短视频等，还有各种蹭热点的微博、公众号，比如头条系的几大应用。各式各样的“独角兽”企业，如拼多多以自己的营销模式与淘宝、京东形成竞争，而盒马鲜生又以自己的营销服务反击所有行业对手。

4. 创业营销的策略、法则及经验借鉴

“互联网 +”数字经济时代，尽管市场营销的格局发生了剧烈的变化，但是，做好产品、挖掘用户、黏住用户以及满足用户的需求仍然是商家生存的根本。“当你开始构建自己产品的时候，就应该思考该如何进行市场营销了。”

4.1 创业营销的关键环节

（1）明确市场定位。对于创业公司来说，在做营销计划之前，应该摸清楚自己的产品适合在哪一类人群中进行推广，这样才能够将产品更快地推向市场。

（2）吸睛为主。要想快速抢占市场，那么你的产品必须是市场上没有的，必须第一眼就能够吸引客户，这样才能够让传播速度加快，因此在产品包装上面必须要下大功夫。

（3）精选渠道。对一些精准营销的产品要采取猛推的方式，定时、定点地精选渠道，提高推广频率，这样才能在有效的时间内实现快速传播。

（4）多渠道优势整合。一定要积累一些日常推广渠道，这样才能进行多渠道优势整合，以不同形式的信息（如图片、视频、文字等）轰炸方式，达到最佳的推广效果。

（5）线下活动的助力。如果产品适合做线下推广，那么在前期就应该多做线下互动，通过粉丝裂变方式推广，帮助产品快速扑向市场。

对于创业型公司，必须重视市场营销计划，因为品牌形象对于一个企业的稳定发展至关重要。因此，只有讲究和运用一定的营销策略才能帮助企业更快地稳住根基。

4.2 创业营销的手段与技巧

（1）价值营销。“无价值，不营销”。营销本身就是一个创造价值的过程，如果创造不了价值，那还有必要营销吗？我们所谓的营销并不是营销的产品，而是营销产品对顾客的价值。那些懂得将产品对顾客的价值挖掘、提炼出来并清晰、简明地展现给顾客的营销人才是厉害的营销人，而那些在营销中同时还创造额外价值的营销人，就更加厉害了。

（2）特惠营销。让顾客“占便宜”并非是我们在“卖便宜”。如果你能提供绝佳品质的产品和醉人体验，让顾客觉得物超所值，像捡了个大便宜，那么产品或服务再贵他也愿意，这就是人性所在。很多人不是因为产品便宜才买，苹果公司制造、销售手机就深谙此道。

（3）饥饿营销。“得不到的就是最想要的”。如果某种货物短缺，那么很多顾客就会想着赶快将其买下。小米的预售制就是饥饿营销的经典案例之一。

（4）文化营销。那些不仅出售有形商品，也深挖和出售商品中的文化内涵及商品的文化价值的营销人才是营销高手。在我国，酒、茶、中药、饮食、旅游等产品和相关产业都离不开文化营销，茅台、孔府家、脑白金等就是很经典的营销案例。

（5）信任营销。“无信任，不营销”。被人信任，比黄金更重要。营销首先是营销自己，产品的品质往往就是人品，让自己和自己的产品值得信任和信赖，是至高的营销哲学。

（6）情感营销。“人是感情动物”，那些善于营销的人，是感情营销的高手。尤其是在移动互联网时代和粉丝经济时代，由价值、信任而形成的感情黏性比很多东西都重要，这也是会员营销和黏性营销的制胜法宝。

（7）微简营销。移动互联网时代，人们每天都要面对大量的信息，而人的时间和注意力都是有限的，通过微短、简练的产品信息让人一眼就能认可、喜欢就显得至关重要。那些能用简短的语言、图像来进行营销的人就是营销高手。

（8）合作营销。互联网时代大大加快了资源的整合速度，为资源整合提供了良好的条件。现在单打独斗的时代已经过去了，资源整合与共享将是潮流。联合资源合作营销是营销的捷径。

（9）血汗营销。世界上真的有这么多天才吗？不是的！那些所谓的营销天才都是通过付出血汗，通过担当、努力、付出练就的。要想成为营销高手，就必须在营销上多学习、多实践、多付出。唯有付出血汗的努力，才可能成就营销的伟业。

（10）没有营销。营销的最高境界就是没有营销，心中无营销却时刻在营销。做好人、做好产品和服务，努力为他人创造价值，这才是最大的营销。

4.3 创业营销的误区

新时代，各种传播、营销方式让人眼花缭乱，导致一些初创公司在市场营销过程中陷入误区，迷失了方向。

（1）过分依赖传统新闻媒体的营销。在产品发布战略中，初创公司需要公共媒体和公共关系的宣传，但依赖新闻媒体的报道去销售你的产品是靠不住的。事实上，对初创公司而言，新闻报道最大的价值可能是让许多人知道你的公司在做什么产品，但是，能否吸引用户参与、体验，最终去尝试使用你的产品，还有一段艰难的路要走。过分依靠新闻宣传、广而告之等传统媒体营销的时间成本和费用较高，效果也不会太好。

（2）对吸引用户的“眼球营销”考虑得太少。创业公司常常会把全部营销预算都砸在付费广告上，这样做很容易，但是，消费者却越来越讨厌付费广告这种老模式。你所在的行业会有很多竞争对手，他们都会比你花更多的资金去获取关注度。了解到这一点后，你就要尝试一些其他的方式，比如使用互联网上的点击付费广告

（PPC）和流量付费广告（如抖音、快手、短视频等），用智慧创造内容，用低费用、低风险的方式赢得用户的关注度。

（3）重视“交流营销”而忽视执行营销。绝大多数创业者是理想主义者，他们想与地球上的每一位专家交流自己的市场营销战略，做了许多纸上谈兵的事情。你应该把时间和精力用在尝试不同的营销策略与营销技巧上（比如，微信营销、整合资源、与互补公司进行联合营销、视频和社交媒体促销等），如果一时半会儿看不到成效，千万不要轻言放弃。积累用户数需要时间，用户需要对你本人和公司产品产生足够的信任后才会购买产品。

（4）寄希望于“病毒式营销”。绝大多数尝试病毒式营销的视频广告都以失败告终。不要尝试制作那种装模作样、有讽刺挖苦内容的视频。要把时间和精力用在开发好的内容上，这样才会有更多的人愿意与你分享。当然，产品质量过硬，这才是关键。

对于创业营销，说一千道一万，最根本的是产品和服务是否过硬。用户愿意购买你的产品和服务，是相信能够帮助他们解决问题，这才是关键。因此，信任才能产生购买，服务是最好的营销。

☞ 随堂讨论问题

1. 比较传统市场营销与互联网营销的联系和区别。请正确描述互联网时代的O2O营销模式。

2. 什么是利基市场营销？它有什么特点？

3. 创业企业该如何进行创新营销、特色营销？请举例说明。

4. 美国咖啡连锁公司星巴克（STARBUCKS）等外国公司是靠什么营销策略成功进入中国市场的？

☞ 作业

1. 如何理解“服务即营销、信任产生购买”？

2. 互联网时代的营销方法和技巧有哪些新的变化？

模块九 创业风险

☞ 内容提要

在创业的道路上潜伏着各种风险，企业可能会“九死一生”。尤其是取得初步成功的创业，有时会遭遇到突然的风险和失败。下面将论述：创业盲目增长的风险，“人本”管理的风险，资金筹措成本的风险，跨国经营中制度和文化的风险，等等。

1. 企业盲目增长的风险

企业增长意味着会有较大的销售额、较好的市场地位和较高的生产效率，通常也会取得较高的经济收益。但是，并非每一次增长都会给企业带来市场状况和收益情况的相应改善。小型企业通过增长变成中型企业，不仅带来企业家任务的结构变化，而且将会使整个企业的组织管理结构发生变化。中型企业通过增长变成大型企业，又会使企业从劳动密集型向资本密集型结构转变。若企业增长后不相应地进行内在机制的转化，那么，这一增长很可能会导致企业死亡。

1.1 小企业增长的风险

通常，初创企业急于扩大规模，往往会陷入盲目增长的过程之中。小企业又可能是家庭企业，家庭成员在企业里参与工作，一般不受外来监控，对企业所有的重要职能都能直接施加影响。若企业在直接管理结构下不断地扩大增长，此时，企业的经营管理已超过小型企业家的承受能力，错误将会不断出现。

案例 9–1 家庭式小企业规模扩张。

两个年轻企业家富有成效地创办了一家建筑机械修理厂，自己干修理和外勤服务，各自的夫人承担着厂办公室的事务。随着营业额的增加，他们在一线员工之外又招聘了一批管理层员工以协助工作。自己和夫人已不经常在企业里，而是把时间花在出差以及维护客户上。企业规模扩张的好景仅持续了半年，就耗费掉了过去五年来的所有资金积累。他们不得不将现有的 35 名员工削减到 8 名，自己又重新回来管理企业，这才使得企业起死回生。

案例 9–2　一家律师事务所扩大经营规模。

一个律师自己开了家律师事务所，曾经门庭若市，后来他又聘请了几个律师作为自己的合作伙伴。律师事务所队伍大了，但营业收入并未增加多少，因为多数当事人仍然希望负责人本人为其亲自处理法律事务，这样，新聘的律师并未起到扩大业务的作用。也就是说，增加人数并未产生企业效益的乘数效应，显然这样的增加是无效的，这和专科医生办小医院的道理相同。

1.2 大中型企业扩张的风险

假如企业的管理和组织结构不能随着企业规模的变化而及时进行调整，那么，小型企业的增长风险也会同样发生在大中型企业中。

案例 9–3　两地办服务公司。

一个服务性企业在某国北部有着非常坚实的市场地位，并获得了很好的收益。该企业决定在南部地区再建立一个分公司，以求取得双倍的收益。企业为分公司招聘了一名有责任心的经理，而企业老板试图面对两地的子、母公司进行管理。分公司创建仅两年，就给老板造成了诸多损失，以致不得不立即将分公司关闭。

1.3 企业扩大市场地位的风险

中小企业坚持用自己的特殊产品或特殊成果去填补一个市场空缺就能赢得生存机遇，倘若盲目地离开这个市场空缺涉足较大的市场领域，而又缺乏足够的资金投入及相应的管理能力，那么这种扩张带来的后果很可能对企业而言是毁灭性的。

案例 9–4　农村小建筑公司。

一家农村建筑公司仅有 5 名工人，过去主要从事修理和改建业务，公司运转灵活，投入成本低、效率高、效益好。后来，企业主发现了市场的新机遇，随即将业务转向新建业务市场，加大了技术设备、人力、财力等资源的投入，随之招来了极强的市场竞争对手，新建项目订单变少，其业务仅维持了一年。为了拯救该公司，企业主不得不重操旧业。

案例 9–5　汽车配件公司的盲目扩张。

一家生产汽车配件的中型企业，20 年来一直谨小慎微、一心一意地生产汽车特殊配件，营业收入不断增长。后来，由于接到一个生产标准配件的大合同，企业将生产能力扩大了 3 倍，但随之招来了主宰标准配件市场企业的毁灭性竞争打击。

1.4 企业硬件资产成本的风险

企业的毁灭有可能是由错误地扩大生产能力所致，最常见的是过分投资，尤其是对耐久性建筑物的投资并不一定是什么好事。对厂房、仓库等硬件设施条件的投资，德国人崇尚的理念是大气、坚固、耐久，而美国人的理念是简单、够用、低成本。比如，工业企业的一条流水线，如果考虑到产品生产和市场需求的不断变化，那么就要考虑这条流水线改造的成本。如果企业经营不善，厂房建筑面积太大，闲置的固定成本也会很大，有时还会因此导致企业崩溃。

案例 9–6　木匠师傅。

有一个卓有成效的木匠师傅，过去一直在自己后院的传统作坊里作业。后来，他盖起一个很大的现代化作坊，不仅耗掉了其先前的利润积累，还要支付了许多其他的费用以及贷款利息，由此造成连年亏损，以至在悔恨中破产。

案例 9–7　农家小客栈。

一家农村小客栈原本是个布置简朴、舒适并独具地方特色的聚会地点。其后，店主进行了大规模的改建，按照流行的水准加以现代化。这样做虽然给他的房舍增添了另一种舒适和惬意，但是原先的客人再也不敢穿着工作服进入，小客栈的生意也随之暗淡，从而影响了客栈的收入来源。

以上内容总结如下：仅有 10% 的小企业可以迅速长大，有 10% 的小企业可能会慢慢长大，有 80% 的小企业是永远长不大的。对创业企业而言，保持企业正常、健康地发展比冒险地追求企业增长更为重要！企业家必须对企业不断增长的内在风险有足够的认识。总之，企业扩张既可能是企业良好的开端，也可能是企业衰败的诱因。

2. “人本”管理的风险

2.1 企业创始人需要与时俱进

面对商业市场的迅速变化，创新推动使得原有的管理、技术、格局和视野越来越沦为陈旧，仅仅凭借原有的技术和工作本领等优势去发展，会使企业创始人越来越失去其影响力。假如企业不能由高素质的企业家来领导和管理，初期也许觉察不到变化，但后来慢慢会造成企业效率、营业额和收益越来越低，最终感到竞争无力为时已晚。

2.2 关键员工的管理

关键员工一般是指那些拥有专门技术、掌握核心业务、控制关键资源、具有特殊经营才能、对企业承包的经营与发展会产生深远影响的员工。关键员工一般占企业承包总人数的20% ~ 30%，他们是企业的核心、代表和骨干力量。

关键员工对企业提升核心竞争力起着关键作用，他们熟悉企业的主营业务，了解企业的客户资源，掌握企业的核心技术和商业机密。这些员工若选择离职，将会使企业的有形资产和无形资产遭受损失，由此也将削弱企业的核心竞争力。

关键员工的离职迫使企业重新招聘新员工，需要追加招聘成本、培训费用以及寻求新客户所需的成本。关键员工离职会导致企业关键岗位空缺，而新员工还需要一段时间来适应工作环境，这将会影响企业的正常运转和发展的连续性，给创业企业带来不利影响。

2.3 员工素质的持续提升

创业企业能够持续成功的根本在于解决公司接班人的问题，即不断培养能够分担管理责任的新创业者。新的创业者从哪里来？美国畅销书作者柯林斯在《从优秀到卓越》《基业长青》中对数百家百年优秀企业进行调研分析，指出成功的企业在人才培养方面的经验是“两手抓”，即一手抓企业内部培养，一手抓外部引进。同时，企业内部存在着3种类型的员工，即忠诚型、执行型和创新型员工，这3种类型的员工都是企业所需要的。

企业的风险在于是否能够获得或留住足够的有技能素质的工作人员，并不断地让他们受到培训、再培训。构建学习性组织是必不可少的，即企业的创始人要带动内部学习、培训以及外部交流；否则，企业的经营就长不了！

互联网大数据时代，企业管理更需要高学历、高技能的创新型人才。过去，低学历也可以成为企业家，只要有实践经验便能包打天下；而现在，不懂大数据分析和大数据管理的领导者难以获得成功。当然，现代企业要想留住高素质人才，就需要企业解决好股权分配等利益分配机制问题。

3. 企业经营的风险

3.1 市场营销缺陷的风险

（1）营销渠道和网络的局限性。小企业由于受到资金和人力资源的限制，所以不像大企业那样有资金、人力资源及多年来对营销网络、渠道的积累。例如，世界著名的并购案——法国雷诺汽车公司并购日产汽车。面对日产汽车巨大的经济亏损、濒临破产的局面，1999 年 5 月 28 日，雷诺收购了日产汽车 36.8% 的股权和在欧洲的 5 个财务子公司，双方于 2001 年 10 月成立了雷诺 - 日产联盟。这项并购取得成功的背后是因为雷诺公司看中了日产公司在南美、亚洲、非洲的市场营销网络的价值，所以，没有被日产公司现有的债务所吓倒。

（2）企业家对公司市场营销的带动作用。小企业产品营销的重任必须由企业家本人来承担，由于缺乏财力和人力，在积累客户、发展营销体系方面，企业家由于负担过重而忽视了营销：为日常琐碎事务所困扰，常常只是对经济景气情况、消费需求变化、竞争发展或产品创新感到惊异，不能预先对这些发展做充分的思考，从而迅速而稳健地调整营销策略。

（3）市场营销格局的变化。数字经济时代，互联网和平台战略改变了商业和市场营销的格局。创业企业只有采取传统营销、特色营销和互联网营销相结合的方式才能使企业“脱困”。

3.2 资金筹措和成本控制的风险

尽管创业企业有多种筹资方式，但资金的使用都会产生成本，尤其是在经济结构急剧变化的时期，能否进行合适的资产筹措经常与企业的命运相关。企业若不能正确地筹措资金，将会被债权人、税务局和银行追逐讨账，甚至成为无力支付资金者，由此企业将会丧失经营生产及生存能力。

创业小企业资金困难，自有资本缺乏，公司产品前景不明，别人看不到企业的利益。银行贷款手续复杂，融资成本不小；风险投资关注的是科技型、利润高的项目；政府的创新基金和扶持资金不是每个企业都能获得；互联网融资风险较大；外部筹资方式渠道狭窄、额度有限、筹资成本较高。目前，小企业经营人力成本较高、公司运营费用较高而又缺乏流动资金。

3.3 细节管理与执行力的风险

（1）做好细节成就伟大。中国绝不缺少雄韬伟略的战略家，缺少的是精益求精的执行者；不缺少各类规章制度，缺少的是对规章制度不折不扣的执行。战略一定要从细节中来再到细节中去，细节管理和执行力往往决定着企业的成败。社会普通的观念告诫人们：天下大事，必作于细。做事不贪大，做人不计小；每天进步1%，日积月累将可能成就大事。相反，许多事情，仅仅由于1%的错误就会导致100%的失败。

案例 9-8 上海地铁1号线与地铁2号线。

上海地铁1号线的设计方案是由德国人做的，其中的细节如三部台阶、等待上车的小黄线、多个小拐弯等让人印象深刻，建成后一直运行良好。后来，上海拟建地铁2号线，我方认为德国的设计过于复杂、成本高，于是就自行设计。2号线追求简单化、低成本，但投入运营后却发生了多起人与人上车时碰撞、夏季雨水倒灌、地铁停运事故。于是我们终究明白了，德国人注重细节的做事风格对我们中国人有多么重要。

案例 9-9 西安地铁1号与地铁2号线。

在西安，先建设的是地铁2号线。当时围绕地铁交通信号项目至少有3家公司参与竞标：一家中资公司、一家日资公司和一家中德合资公司（西门子信号有限公司），最后中资公司取得项目建设权。中德合资公司认为不公平，上诉西安地铁，因为该公司的铁路信号技术属于世界领先水平。后来，上级监察机构调查发现，西安地铁没有违规：无论中资公司还是日资公司，均能达到项目建设技术要求，但中资公司的总成本较低，或者说在提供相应技术和产品的情况下，中德合资公司的价格高出20%。西安地铁2号线建成并投入运营后，曾发生多起铁路信号故障。至此，西安地铁开始反思：关键技术和产品不能仅仅追求低成本或者性价比的高低，地铁运行的长远安全、效率等问题更为重要。

（2）1%的错误将会导致100%的失败。

案例 9-10 巴林银行倒闭。

1995年2月26日，英国银行业泰斗、在世界1 000家大银行中按核心资本排名第489位的巴林银行，因造成9.16亿英镑的巨额亏损而被迫宣布破产。关键的管理细节在于巴林银行没有看管好一个经理人操纵“88888账户”，从而导致巨额金融期货投机交易大败。

案例 9–11　爱立信与 T28 手机。

2001 年，在中国手机市场上，顾客都知道爱立信如何如何不好。当时，它的 T28 手机存在质量问题，但爱立信对这种错误采取了漠视的态度，致使其犯下了更大的错误。那时，几乎所有的媒体都注意到了 T28 手机存在的问题，似乎只有爱立信没有注意到。爱立信一再辩解自己的手机没有问题，而是一些别有用心的人在背后捣鬼。然而，市场不会去探究事情的真相，也不会给爱立信“申冤”的机会，爱立信公司因 T28 手机输掉了中国市场。

案例 9–12　一份简历的故事。

一个大学生在去某公司应聘的路上，一不小心将自己的简历弄上了污渍，他没有特别在意，仅仅是做了简单的处理就直接将其呈递给公司的人力资源招聘主管。该公司没有给他应聘机会的理由是：一个连自己的简历都保护不好的人，何以成为我们公司合格的员工？

4. 案例：德隆集团“成也钱、败也钱”

4.1“草根”创业：生产经营

1986 年，新疆乌鲁木齐市的大学毕业生唐万新和他的 5 个朋友，投资 400 元创办了他们的第一个实体“朋友彩扩部”，代人冲洗照片，每张收取 1 元钱。据称就是这个小本生意，让他们当年在乌鲁木齐赚了约 60 万元。

1988—1990 年，有着新奇思想和大把现金的唐万新和他的朋友们又开始四处出手：办自行车锁厂、生产卫星接收器、经销饲料添加剂、承包宾馆，甚至还组建过航空俱乐部。但是，这些尝试基本都以失败告终，一度曾拖欠银行及客户资金 180 余万元。直到 1991 年，唐万新成为新疆最大的电脑散件供应商，才基本挽回了此前的亏损。

4.2 金融控股幻梦：资本运营

敏锐的唐万新在 1992 年嗅到资本市场的牛市气息，他们大量收购原始股和内部职工股。在西安，他们包销了黄河机器厂 3 000 万新股中的 1 000 万股、国棉五厂 800 万股。然后，再在新疆等地以 1 倍或 2 倍的价格出手，赚到了大把的真金白银。

1992 年，新疆德隆实业公司、新疆德隆房地产公司注册成立，德隆进入娱乐、餐饮和房地产投资领域。1994 年 8 月，德隆投资的北京 JJ 迪斯科舞厅破土动工。坐落在乌鲁木齐市中心的宏源大厦 1995 年竣工时，曾号称是新疆当时最高档的写字楼。

与此同时，德隆也进入农业产业化领域。1994 年，注册资本 1 亿元人民币的新疆德隆农牧业有限责任公司成立。这样，德隆一方面开始了他们的产业之旅；另一方面，因农业产业化惠及百万农户，由此获得了地方政府的认可和支持。1997—2002 年，德隆进行了一系列堪称“大手笔”的产业整合战役。其中，对新疆屯河股份有限公司和天山水泥股份有限公司（天山股份）两家公司的整合，堪称经典之作。

作为民营企业，2000 年年初，德隆国际战略投资有限公司在上海浦东新区注册，注册资本为 5 亿元人民币，成为一家致力于整合中国传统产业，立足于资本市场与行业投资相结合的国际化战略投资公司，投资领域有制造业（汽车零配件、重型车及经济作物深加工等），流通业（城市商品流通业、农村农资超市等）和服务业（金融和旅游文化服务等）。

4.3“金融帝国”诱惑：疯狂敛财

德隆真正意义上的高速扩张是从 1993 年成立新疆金新租赁有限公司开始的。1994 年先后向海南华银国际信托投资公司、中国农村发展信托投资公司融资总计 3 亿元。

正是在这 3 亿元资金之上，唐万新的产业整合、战略投资理念得以生根发芽，他认为产业整合是通向世界 500 强的桥梁。唐万新在德隆国际战略投资公司网络主页上说：“以‘创造中国传统产业新价值’为己任，谋求成为中国传统产业新价值的发现者和创造者。致力于通过产业整合的手段改善产业结构，增强产业竞争力，以获取长期的利益回报和企业的可持续发展。”

德隆是如何实现它的宏大产业整合目标的呢？德隆国际战略投资公司的回答是：通过行业研究确定目标，制定行业战略；选择目标企业并长期跟踪，伺机收购；通过兼并、收购，形成产业经营平台，取得行业领先地位；最后进行产业整合，发挥协同效应，拓展业务规模和范围，强化核心竞争能力以取得优势地位。

德隆通过 2001—2002 年成立的上海友联战略管理研究中心有限公司（简称“上海友联”），打造出了一个金融控股公司平台。

从2002年起，德隆通过上海友联实现了对金新信托、新疆金融租赁、新世纪金融租赁、德恒证券、大江信托、伊斯兰信托、恒信证券、中富证券、昆明商行、南昌商行、株洲商行等各家金融机构的操控。

在上海友联的操控下，德隆旗下的金融产品一度推出客户全面金融服务，包括"委托理财""战略并购""战略退出""MBO""借壳上市""杠杆收购"等一系列金融新产品。但这些金融产品在德隆资金链绷紧的压力下逐渐萎缩，最后各家金融机构开始了疯狂的委托理财敛财活动，承诺12%甚至更高的年回报率。至此，德隆的综合金融服务名存实亡，其金融控股公司的梦想终于落空。

4.4 金融幻梦破灭：德隆的衰败

2004年年初，德隆系资金链开始断裂，建造在沙滩上的堡垒顷刻间分崩离析。2004年4—5月，德隆为了掩盖从多家上市公司挪用巨额资金的问题，同时也防止各地委托理财客户启用司法程序冻结资产，把所投资的各个项目通过一系列资产转移合同，转回各个上市公司内部。4月14日，德隆系股票湘火炬、合金投资和屯河股份首度全面跌停，德隆危机全面爆发。之后，德隆"三驾马车"连续多日跌停，市值蒸发过百亿元。此后不久，德隆出售天一实业、罗布泊钾盐股权，湘火炬更是将德隆告上法庭。6月8日，德隆危机进一步升级。上海市第一中级人民法院同时开庭审理了两起有关德隆的案件，各地债权人纷纷动用法律途径向德隆索债，德隆在各地的资产大部分被冻结。8月26日，新疆德隆、德隆国际、屯河集团与华融公司签订了《资产托管协议》。9月4日，华融接受中国证监会委托对德恒证券、恒信证券、中富证券进行托管经营。至此，德隆已无法掌控自己的命运。

4.5"德隆剧本"谢幕：司法的惩罚

辉煌一时的新疆德隆集团，短短几年内一下子进入十几个产业，总负债高达570亿元，酝酿了巨大的资金风险。

2005年12月27日终审宣判的"德隆系刑事第一案"德恒证券案，2005年9月在乌鲁木齐开审的德隆系金新信托案、11月在银川宣判的伊斯兰信托案，揭出的幕后操控者均是上海友联。

重庆市高级人民法院对德恒案的终审判决对德隆的"金融控股"给出了说法：德恒证券公司以开展资产管理业务为名，采取承诺到期后归还委托资产本金并支付固定收益的方式，变相吸收公众存款208亿余元供上海友联统一调拨使用，数额特别巨大，且造成案发后尚有68亿余元资金无法兑付的严重后果，严重扰乱了国家金融管理秩序，其行为已构成非法吸收公众存款罪。

以德兴隆，是为德隆。从创业边城乌鲁木齐奔走到政治中心北京，再到落户于金融中心上海，气魄冲天，理念之大，令国人惊异。2004年12月17日，作为近几年在中国商界翻云覆雨的核心人物，唐万新因公开对涉嫌变相吸收公众存款和操纵证券交易价格非法获利罪被正式拘捕。2006年4月29日，在这起被称作是中华人民共和国成立以来最大的金融证券案件中，唐万新被武汉市中级人民法院以非法吸收公众存款罪、操纵证券交易价格罪，判处有期徒刑8年，并被处以40万元的罚款。德隆系3家核心企业新疆德隆（集团）有限责任公司与德隆国际战略投资有限公司因“操纵证券交易价格罪”各被处以50亿元的巨额罚款，上海友联因“非法吸收公众存款罪”被罚款3亿元。华融的全面托管与唐万新的被正式批捕，宣告了德隆的彻底失败。

随着对德隆资产的清查，德隆违规操作、商业投机以及地下圈钱等许多黑幕被逐步披露，德隆的神秘面纱也因此被层层揭开。有人说：德隆的模式，最独特的地方就是德隆一直在以大规模、高成本融资，以钱开路，资金风险越来越大，必然是“成也钱、败也钱”。

5. 跨国经营的风险

5.1 企业跨国经营的风险是什么

不同的国家，由于存在着人文地理环境、经济发展水平、政策和法律制度等差异，致使在现代企业管理和商业交易以及合作发展中自然而然会出现利益冲突。中国企业“走出去”的风险如下。

5.1.1 社会层面的风险。

（1）政治风险。政局时常不稳，党派之争普遍存在，政府官员所做决策往往受个人利益或党派利益影响。

（2）法律风险。普通法系国家的法律传统与我国法律体系存在着较大的差别，通过司法救济方式化解外商投资经营过程中遇到的风险或者纠纷的可能性较小。

（3）政府风险。在绝大多数国家，政府都呈现相对弱势。由于政策透明度不高，企业在项目投资审批等过程中还要支付额外的成本。

（4）文化风险。现代世界文化各异，不同文化背景的人群所形成的价值观念、思想行为方式、民族特性、宗教信仰、风俗习惯也不尽相同，这些差异产生的冲突往往会给中国企业的投资活动带来一定的风险。

5.1.2 **市场层面的风险**。

（1）外汇风险。外汇尤其是美元及第三方币值的波动对中方投资者来说，将是持续的不稳定性因素。

（2）利率风险。中国企业的对外项目大多是基础设施和资源开发类项目，施工周期长，投资额度大，使得项目偿还贷款的风险大，项目资金的成本高。

（3）市场风险。市场的周期性波动相应地会更加频繁，对外投资企业需要更多地防范风险。

5.1.3 **企业层面的风险**。

企业管理者需要既精通业务又懂外语，能适应文化差异、了解当地国情的高素质管理人才。管理者既要考虑如何保证投资能够及时产生效益，也要考虑市场波动的风险。企业管理的风险还有成本变动风险、信用保障风险、结算索赔风险、资源品质风险等。

5.2 中西方文化差异对商业的影响

案例 9–13　TCL 并购法国汤姆森公司。

自 2003 年起，中国民营企业 TCL 实施“走出去”战略，并购了欧洲著名的电视机制造商法国汤姆森公司。这项并购案看似是失败的，但却给我们带来了深刻的启示：①技术发展和变化是时代造成的，企业出现失误在所难免。②组织管理尤其是人员、团队管理受制于制度、法律、文化差异；法国的制度、法律注重保护就业者，而非投资商的利益；法国人个性浪漫、崇尚自由。③在这种制度、法律、文化差异下，中国企业交的“学费”为以后“走出去”积累了经验。

案例 9–14　中国铁建沙特麦加轻轨建设项目。

2010 年 10 月，中国铁建沙特麦加轻轨建设项目巨亏 41 亿元，在中国业界产生了巨大震动，被称为“麦加惨案”。当时工程竞标中，外国公司报价起步为 200 亿元，中国铁建报价是 140 亿元，结果自然是中国铁建中标赢得了建设权。中国铁建所缴纳的巨额学费同样给我们以深刻的启示：①对轻轨建设项目难度预估不足，外部环境的不确定性风险预测不到位，从而给企业造成的损失不应过于责备。②认知异国文化差异带来商业巨亏，值得跨国经营企业借鉴：如沙特是不允许非穆斯林信徒进入麦加城做工的。仅这一点，在中国铁建该项目巨亏中就占了较大部分。

5.3 企业跨国经营仍是必然趋势

中西方制度和文化差异的核心特征为：中国是以儒家文化为基础的“信任文化”，而西方则是以基督教文化为基础的“制度文化”，这就形成了中西方人的思维和行为方式的差异。西方人处事更多考虑的是法制、原则和节奏等，而东方人处事更多考虑的则是人治、灵活、速度等。跨文化管理的启示：文化差异不是劣势，可为我所用。

近 20 年来，尽管中国“走出去”的企业仅有 30% 盈利，但也阻挡不住中国企业国际化的步伐。TCL 的董事长李东生说：“2005 年，是 TCL 历史上最艰难也是最具挑战性的一年。若再给一次机会，我们还会坚定不移地选择走国际化并购道路。不经历风雨怎么能见到彩虹？ TCL 正逐步走出低谷，并且一定会更好。”海尔张瑞敏说：“我们在美国设厂本身就是自找苦吃，只有这样才能真正提高我们的国际竞争力。你不去大海行驶，你就永远不知道风浪的险恶。”联想集团创始人柳传志说：“中国要想成为世界性的强国，必须要有一大批知名的跨国企业，联想一定要成为国际上的金字招牌，成为民族企业的杰出代表，实现科技报国的理想。”

☞ 随堂讨论问题

1. 为什么许多创业企业都会陷入盲目成长的风险？
2. 如何规避创业企业人员素质的风险？
3. 创业企业市场营销缺陷的风险有哪些？请举例说明。
4. 为什么说细节管理决定企业的成败？请举例说明。

☞ 作业

1. 互联网时代，企业跨国经营的风险有哪些？大学生能否做跨境电商创业？其风险可能有哪些？

2. 为什么说错误的资金筹措方式会给创业带来较大的风险？

模块十 创业机遇

☞ 内容提要

没有机遇的创业难以成功！而创业者就是“寻找变化并积极反应，把它当作机会充分利用起来的人”（彼得·德鲁克语）。下面将论述：创业机遇的核心来源，创业机遇的识别与商机能力的把控，大数据商业价值的机遇，创业特殊机遇及其现实机遇，等等。

1. 创业机遇的 4 个基本来源

1.1 问题

创业的根本目的是满足顾客需求。而顾客需求在没有得到满足时，既是个问题也是机遇。因此，寻找创业机遇的一个重要途径就是善于去发现和体会自己和他人在需求方面的问题或在生活中的难处。

案例 10–1　五笔字型与王码公司创业。

有五千年中华文明的汉字，在电脑时代遇到了历史性的挑战。如果汉字无法进入 26 个键位的现代电子计算机，就难以适应信息时代，那么汉字将存在被淘汰的危险。20 世纪 70 年代初，名不见经传的青年王永民决心在茫茫的汉字汪洋中奋勇开拓。

1983 年，五笔字型终于突破了汉字电脑化的瓶颈，在国内引起了轰动，被新华社评价为不亚于活字印刷术的伟大发明。1998 年，王永民推出了 98 版五笔字型输入法，提出了世界上第一个汉字键盘输入的全面解决方案，获得了中、美、英三国专利，王永民被誉为“把中国带入信息时代的人”。1998 年，王永民创办了王码公司，经营五笔字型汉卡。五笔字型汉卡给王永民创造了可观的经济效益。在那个年代，王码公司每年的纯利润就已达上千万元。

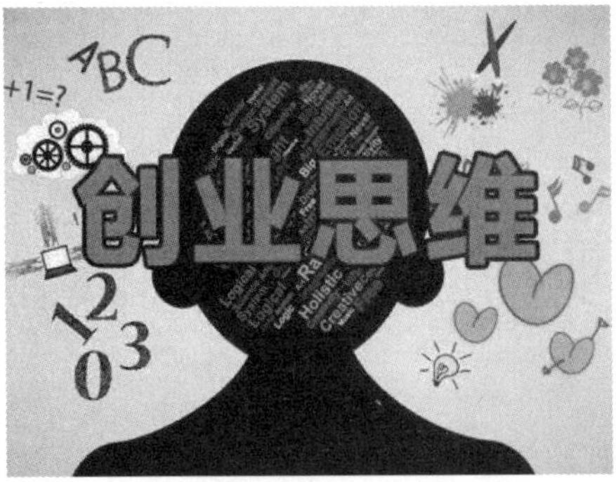

1.2 变化

创业机会基于市场环境、市场需求、市场结构等方面的变化而变化。著名管理大师彼得·德鲁克认为创业者是“寻找变化并积极反应，把它当作机会充分利用起来的人”。

案例 10-2　两厘米的商机。

2001 年 7 月，国内外媒体开始报道欧元即将于 2002 年元旦流通的消息。这个消息对大多数中国人来说仅仅是新闻，但对于海宁的一位企业家来说却意味着商机。通过研究，他发现新版的欧元纸币比原先欧洲的纸币长了两厘米。正是这小小的两厘米，将导致原来的钱包装不下新欧元。他马上和欧洲商人联系，立刻按照新尺寸做了 1 万个钱包，投放市场后大受欢迎。后来他每天的产量都超过 1 万只，但仍无法满足市场需求。

案例 10-3　捕捉新闻中的商机。

1945 年 8 月，日军宣布无条件投降。在日军的铁蹄下沦陷了 3 年零 8 个月的香港得以重见天日。一天，霍英东在翻阅一些报刊资料时，无意中看到香港政府的宪报，上面刊登了不少拍卖战时剩余物资的通告。第二次世界大战后，在冲绳岛、菲律宾周围海域残留有很多战时物资，如登陆艇、炮弹壳、胶管等。有关方面就把这些物资运来香港，当作垃圾品拍卖。霍英东在这个新闻中找到了这种垃圾品拍卖的商机。

以上两个案例说明商机实实在在存地在于我们的日常生活中，通过分析发现变化并抓住商机的人常常会一举成功。在对待商机的问题上，很多情况下是“有心栽花花不开，无心插柳柳成荫”“众里寻他千百度，蓦然回首，那人却在灯火阑珊处”。

1.3 创新

新知识、新技术的产生，为发明创造提供了新产品、新服务，从而能更好地满足顾客的需求，同时也带来了创业机会。在人类社会发展史上，每次重大的发明创造都能引起产业结构的重大变革，产生无数的创业机会。即使你不会发明，但只要跟上时代的步伐，成为销售和推广新产品、新服务或新技术的人，也会给你带来无限的商机。

新知识、新技术的出现改变了企业间的竞争手段和模式。如果拥有新知识、新技术的人发现和利用机会的能力强，创业机会就会激增。比如，近年来，移动互联网、3D 打印等新技术必将带来无限创业机会。

案例 10-4　3D 打印，未来的桌面工厂。

在《创客：新工业革命》中有这样一幕：在不久的将来，身在上海的你点击电脑屏幕上一个“制造”图标，远在重庆某个车间里的一台 3D 打印机就会为你“打”出一台最新款的福特汽车，这一切均可能变成现实。

2009 年 11 月，美国《连线》杂志主编克里斯·安德森“下海”创业、投身 3D 打印市场开发，成为创投行业当月的一大新闻。与工业革命带来庞大工厂的整合一模一样，3D 打印将工厂整合到你电脑屏幕上的一个图标：制造。

（1）打印汽车。来自比利时鲁汶工程联合大学的 16 名工程师，组成了名为 Group T 的团队，在 3 周时间内就设计并通过 3D 打印“生产”出了一辆时速可达 141 千米的赛车，参加了 2012 学生方程式赛车挑战赛。加速至时速 100 千米时只需要 4 秒，最高时速为 141 千米，重量为 280 千克，而且还是电力驱动。

（2）打印飞机。波音和空客公司的工程师称，未来可以“打印”出飞机的机翼和大飞机本身。波音公司已经利用三维打印技术制造了大约 300 种不同的飞机零部件，包括将冷空气导入电子设备的形状复杂的导管。2018 年 4 月，西安铂力特与空客合作的 A330NEO 增材制造零件的 3D 制作正式启动；2018 年 8 月底，西安铂力特与空客（北京）签署 A350 飞机大型精密零件金属 3D 打印协议，2019 年交付了试验件。预计在 2050 年左右，用 3D 打印机可打印出整架飞机。

1.4 竞争

在竞争对手没有好的产品和好的服务的情况下，如果你能弥补竞争对手的缺陷和不足，这将会给你带来新的创业机会。看看周围的公司，你能比他们更快、更可靠、更便宜地提供产品和服务吗？你能做得更好吗？若能，也许你就找到了机会。

案例 10-5　华为与竞争对手。

有人讲了他在中国外企工作的经历：我们正好和华为的传输设备竞争，大家都鼓足了劲要占领华为、中兴、烽火的市场，认为我们的产品比他们要好很多：第一个拿到信息产业部的入网许可证，价格基本一致，没有理由输给华为。

当初我们预定的目标是区域销售额达到 1 亿元。虽说数字不是很大，但对于一个刚刚成立的公司来说已经是一个非常大的挑战。可惜一年时间过去了，我们只签了一单30多万元的合同，办事处也随之解散，并不是我们几个销售员不努力，回头想想有太多的失败原因。我后来在一家集成公司工作，以前销售的是CISCO的设备，现在已经完全转向销售华为的产品，并不是因为华为的价格低，更不是因为华为的设备性能优越，至今我仍坚信路由器、交换机只有CISCO的最好。而众多原先的CISCO金牌、银牌代理商都转而去做华为的产品，这是因为做华为的利润丰厚，客户的认可程度越来越高。很多时候是客户指定了品牌，同时代理商也极力向客户推荐华为的产品。

我遇到一个CISCO的销售人员，他对我说："我都想辞职了，在哪里都打不过华为，打什么输什么，投标也投不中，即使低价格也不行。"我终于明白：华为的成功，除了巨额资金投入产品研发和庞大的销售队伍外，最重要的一点就是有一个良好的代理商政策，大家利益共享，得民心者得天下也。

总之，问题、变化、创新、竞争4个方面形成了创业机遇。

2. 变化和创新是创业机遇的核心来源

2.1 机会来自外部变化

哈佛大学经济学家Josef Schumpeter认为：真正有价值的创业机会来源于外部变化，这些变化使人们可以做以前没有做过的事情，或使人们能够以更有价值的方式做事。他的追随者明确了3个主要的机会来源：技术变革、政治与体制变革、社会与人口变化。

（1）技术变革。技术变革是有价值创业机会最重要的来源，这些机会使人们创建新企业成为可能。技术变革之所以是创业机会的来源，是因为它使人们能够以更有效率的新方式做事。例如，在发明电子邮件以前人们通过传真、信件、电话和面对面的会议进行交流。尽管电子邮件不能完全代替其他交流方式，但精明的创业者注意到在某些事情上电子邮件比其他交流方式更好。也就是说，新技术的发明使人们能够开发出更有效率的交流方式——电子邮件，因而成为一个有价值的机会来源。

（2）政治与体制变革。另一个重要的创业机会来源是政治与体制变革。这些变革使人们能够开发商业创意，从而用新的方法使用资源，这些方法或者更有效率，或者将财富从一个人重新分配给另一个人。例如，放松对电信业、银行业、运输业以及铁路系统的管制使得现存企业更难以阻止新竞争者进入，并使创业者将更有效率的商业创意引入这些行业。

（3）社会与人口变化。社会与人口变化也是创业机会的重要来源。首先，社会和人口变化改变了人们对产品和服务的需求。由于创业者通过销售顾客需要的产品和服务来赚钱，因而这种变化就产生了满足新需求的机会。其次，社会和人口变化使人们针对顾客需求所提出的解决方案比目前能够获得的方案更有效率。

2.2 机会来自意想不到的事情

管理大师彼得·德鲁克（P.F.Drucher）在《创业精神与创新——变革时代的管理原则与实践》一书中提出：创新是创业家所特有的工具，他们借助这个工具把各种变化开拓成为从事不同事业或服务的机会。创新是一种知识，是可以学以致用的。创业家需要刻意探索创新的来源，寻找那些孕育着创新的变化。他在谈到系统的创新时讲到要认真注视创新来源中意想不到的事情。

2.2.1 意想不到的成功

意想不到的成功为成功地创新提供了最理想的机会，这是风险最小而又最省心的创新机会，然而人们却往往忽略了这种成功的机会。更糟糕的是，管理部门对此也持抵制态度。

意想不到的成功难以为管理者接受的原因之一是，我们很容易把一些持续相当长时间的好光景视为“正常”，并以为它们会“永远”持续下去。任何与此常规相抵触的事物，都会被当作靠不住的、不合理的或不合常规的而加以抵制。

在大多数组织中，不论其规模大小，无论是公共服务组织还是企业，其高层管理人员往往都是随着该组织的功能和领域一同成长的。因此，只有在这个领域里，他们才会感到得心应手。管理者的判断力是他们立身的根基，但并没有人要求他们永远不犯错误。事实上，他们的身价就在于能够认识到并承认他们的错误——尤其是在他们被允许开拓一个新机会的时候。

利用意想不到的成功提供的机会去创新时需要分析。意想不到的成功是一种征兆，但究竟是什么征兆？阻碍我们深入分析的要害，莫过于我们受自己的眼光、知识和理解力的局限。

世界上两家大公司，即杜邦（世界上最大的化学公司）和 IBM 公司（计算机产业的巨子），其卓著的成绩应归功于他们主动地把意想不到的成功作为创新机会来开发。

2.2.2 意想不到的失败

与成功不同的是，失败是无法抗拒的。但是很少有人把它看成机会的征兆。当然，有些失败可能仅仅是由于错误，比如过于贪婪、愚蠢、盲目追赶潮流，或者是设计和执行不力。但是，如果在精心设计、审慎计划、严密执行的情况下仍然遭到失败，这个失败极可能就预示着潜在的变化和随之而来的机会。意想不到的失败要求你要走出去看一看、听一听，失败应当总是被看成创新机会的先兆，应当得到认真的对待。

创新是有组织、有系统、有理性的工作。严谨的分析包括测试、试点，评估必须基于一种洞察力，即能够发现变化、机会和新的现实，发现已被大多数人确信为客观现实的事物与实际上已经变成了新的客观现实的事物两者之间的不协调。这就需要人们心甘情愿地说："我所知道的情况尚不足以分析，但是我会查明情况，我要走出去，四处看看、问问并洗耳恭听。"正是因为意想不到的冲击使我们跳出了先入之见、假说和定论的框框，才能使我们有源源不断的创新。

2.2.3 意想不到的外部变化

意想不到的成功或失败，都发生在一个企业或一个产业的内部。但是，那些没有信息记载、没有引起组织重视的外部变化，也是非常值得重视的。机会就在那里，它是个大好时机，而且频频出现。它的出现会给人们带来大量的契机和希望，尤其是对现有的较具规模的公司而言。但要把握这些机会，所需要的不仅是运气和直觉，还需要企业有组织地去寻求创新，并且以创新为目的去管理。

3. 识别创业机会与商机的能力

近几十年来，研究者都试图回答这样一个问题，即创业者的原动力是什么？最初，学者们从特质论出发，认为创业者应具有异于常人的特殊个性特质，才能成功创业，但这类观点遭到了许多学者的质疑或批评。1979 年，纽约大学教授柯兹纳（Kirzner）首次指出创业是一个发现机会的活动，创业者往往对机会保持高度的警觉性，发现机会是创业中的一个重要环节。创业机会之所以存在，是因为人们拥有不同的信息。

3.1 创业机会源于创意

创业机会的识别作为创业活动的初始阶段和核心环节，对于新创企业的起步与发展方向至关重要。但是，创业机会的识别源于创意的产生。

案例 10-4　迪斯尼的卡通创意。

当年，年轻的美术设计师迪斯尼因为经济拮据，与太太租住在一间破陋的屋子里。无论白天与黑夜，都有成群结队的老鼠在房间里上蹿下跳，疲于奔命的迪斯尼夫妇也常借着老鼠的滑稽动作慰藉心情。

一天，因付不起房租，他们被房东赶了出去。穷困潦倒的年轻夫妇只好来到公园，坐在长椅上暂度时光。太阳开始西沉，夜幕即将降临，迪斯尼夫妇几乎感到穷途末路。这时，从迪斯尼的行李包里忽然伸出一个小脑袋，原来，那是他平时最喜欢逗弄的一只老鼠，想不到一只小动物也有点人情味，跟着他们一起离开了公寓。

迪斯尼望着老鼠那滑稽的面孔，脑海里忽然冒出一个前所未有的创意，他惊喜地叫了起来："对啦，世上像我们这样的穷人一定不少，他们也得有自己的快乐，让可爱的老鼠去逗他们开心吧。"

第二天，迪斯尼便开始了别出心裁的创作。不久，一个活泼可爱的"米老鼠"（Mickey Mouse）卡通形象来到人间，一家公司老板慧眼识珠，特邀迪斯尼合作制作米老鼠卡通连环画和电影。迪斯尼靠"米老鼠"开始了自己的创业生涯。

3.2 创业机会的认知

3.2.1 机会之窗

在一个市场的不同阶段，机会之窗的成长速度是不同的。在市场快速发展阶段，创业的机会随之增多；发展到一定阶段、形成一定结构后，机会之窗便会被打开；到市场发展成熟之后，机会之窗则会开始关闭。

不同的创业机会，其生命周期的长短也不相同。有的机会是昙花一现，有的机会持续的时间长久一些。具体到机会的开发利用时，创业者当然希望机会之窗存在的时间长久一些，这样，他们可获利的时间也就会长一些。

3.2.2 创业者和创业机会的关系

创业的本质是有价值的机会与富有创业精神的人之间的结合，正是这种结合才使得创业过程得以产生。

（1）机会识别观点。Sarasvathy（2003 年）认为，机会就是利用现有资源去更好地达到预定目标的一种可能性。创业机会是客观存在的；识别机会的信息是完备的，开发机会的资源已经存在，机会的利用和开发制式是通过稀缺资源的合理分配（allocation）得出的。这种观点的理论基础是亚当・斯密（Adam Smith）的自由经济市场基本原理和阿罗－得布鲁（Arrow–Debru）的一般均衡理论。

（2）机会发现观点。Shane（2003年）等人认为机会是客观存在的；信息是完备的，但并非随机分布，信息不对称是发现机会的关键；创业者之间存在着显著的差异。影响创业机会的关键因素是创业洞察力、先前知识、社会关系网络和个人特质。理论基础是达尔文的进化论和哈耶克（Hayek）的信息不对称理论。

（3）机会创造观点。Venkatraman（2003年）认为机会并不是客观存在的，而是由主动型创业者创造出来的，机会的创造内生于想象和创造一个更美好未来的交互活动中，其结果就是创业者创造出一个新市场。同时，机会认知的信息并不完备，需要创业者利用有限的信息和有限的资源，在实践中创造出机会和成果。

案例 10–6 海岛卖鞋。

曾经有一家美国的制鞋公司想寻找国外市场，公司总裁派了一名推销员到非洲某个岛国，让他了解一下能否向该国卖鞋。这个推销员到非洲后给总部发回一封电报："这里的人都习惯于赤脚，不穿鞋，这里没有市场。"随即这名推销员就离开了那里。总裁随后又派去另一名推销员。第二个推销员到非洲后也给总部发回一封电报，电报中说："在这里的发现让我异常兴奋，因为这里的人都是赤脚，还没有一人穿鞋，这里市场巨大。"于是，他开始在岛上卖鞋……

该公司觉得情况有些蹊跷，于是总裁派出了第三个业务员。他到非洲呆了3个星期，发回一封电报："这里的人不穿鞋，但有脚疾，需要鞋。不过不需要我们生产的鞋，因为我们生产的鞋太窄，我们必须生产宽一些的鞋。这里的部落首领不让我们做买卖……我们只有向他的金库进一些贡，才能获准在这里经营。我们需要投入大约1.5万美元，才能开放市场……因此，我建议公司应开辟这个小岛市场。"该公司董事会采纳了这位业务员的建议，并通过适宜的营销组合，最终成功地开拓了这个小岛的市场。

案例后的提问 创业机会是识别的、发现的还是创造的？

3.3 识别商机能力的培养

3.3.1 观察能力的培养

要培养市场调研的习惯，要多看、多听、多想，见多才能识广，识多才能路广；要有独特的思维，要用积极的心态去发现创业机会。

眼光和远见很重要。要锻炼眼力，第一是肉眼：看人不仅仅要看仪表的漂亮与否，还要锻炼观察力，看到其背后的东西；第二是天眼：天眼察机遇，你站在什么样的层面就有什

么样的机遇；第三是慧眼：慧眼识英雄，其实人才和合作伙伴是决定人的一生的，你和什么人干、和什么人合作是完全不一样的，所以一个人一生都要寻求人才；第四是法眼：法眼悟国运，紧跟时代潮流，洞悉社会大趋势，与时俱进。

3.3.2 综合能力的培养

综合能力的培养方面取决于以下方面：个人生活经历和工作经历，个人爱好，偶然发现（旅途、参加活动、看节目等），有目的地深入调查研究（阅读相关报刊、资料、书籍、访谈等），善于倾听他人的建议，继续教育，亲友从事的行业及交流，家庭影响因素等。

从创业者的智慧、视野和资源整合中获得机遇：收购现有的企业，进行连锁经营（提高效率、降低成本），整合国内外优质技术资源，与大企业、非营利机构、研究所以及大学合作；参加商业交流与展会，接触专业人士如律师、会计和技术精英；与有想法、有价值的人进行的交流，一方面拓展人脉网络，一方面寻找创业合伙人。

3.3.3 选择合适的创业商机

选择合适的创业商机：①适合自己的创业机会；②有需求和有客户吸引力的项目；③它能在你的商业环境中行得通；④它必须在机会之窗存在期间被实施；⑤你必须有资源（人、财、物、信息、时间）和技能。

案例 10–7　牛仔裤的发明。

牛仔裤的发明人是美国的李维斯。当初他跟着一大批人去西部淘金，途中一条大河拦住了他们的去路，许多人感到愤怒，但李维斯却说："棒极了！"他设法租了一条船给想过河的人摆渡，结果赚了不少钱。不久摆渡的生意被人抢走了，李维斯又说："棒极了！"因为矿工采矿出汗很多，饮用水很紧张，于是别人采矿他卖水，又赚了不少钱。后来卖水的生意又被人抢走了，李维斯还是说："棒极了！"因为采矿时工人跪在地上，裤子的膝盖部分特别容易磨破，而矿区里却有许多被人丢弃的帆布帐篷，李维斯就把这些旧帐篷收集起来洗干净做成裤子，销量很好，牛仔裤就是这样诞生的。李维斯将问题当作机会，最终实现了致富的梦想，这得益于他有一种乐观、开朗的积极心态和能够识别商机的能力。

4. 大数据商业价值的创业机遇

4.1 大数据在行业的应用机会

大数据是互联网时代的生产要素，大数据在各个行业的垂直特色化应用为许多行业创造出了发展空间，在金融、电信、健康、媒体广告、零售、交通、政府、智慧城市、房地产和家居家电等行业都有大量应的用机会。

（1）金融。大数据公司专门聚焦大数据对客户信用评级，并为银行、保险公司或者P2P平台服务；或基于大数据挖掘帮助银行细分客户、精准营销。

（2）电信。已经有专门为电信企业提供客户生命周期管理的解决方案、客户关系管理、精细化运营分析和营销的数据公司，或基于大数据提供网络层运维管理和网络优化服务的大数据公司。

（3）健康。未来两三年将会出现一批基于健康云数据进行数据深度分析和挖掘的企业，帮助人们预测和预警健康状况；未来还可以服务于公共卫生部门，打通全国患者的电子病历数据库，快速检测传染病，全面进行疫情监测，并通过集成疾病监测和响应程序进行快速响应等。

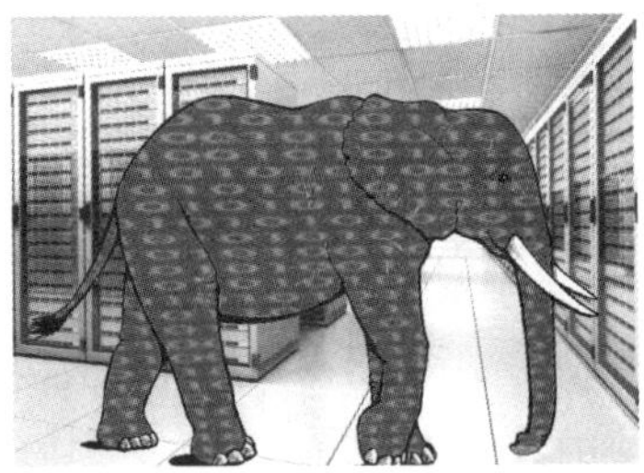

（4）媒体广告。可以通过大数据实现更科学的媒介选择；或是基于大数据的精准广告投放系统、基于大数据的广告效果监测评估服务、基于大数据的网站分析优化服务以及基于大数据DMP数据平台并为DSP平台提供精准营销服务等。

（5）零售。大数据公司可以帮助零售企业进行店面选址服务；可以利用关联规则进行客户购物篮分析，从而给客户推荐相应的促销活动；可以基于天气的分析和预期来判断畅销产品以及相应的进货和运营策略，或是把天气数据加入物流预测模型，确保在天气模式没有改变之前，能够将商品顺利地运送到各个商店。

（6）房地产。通过互联网平台的大数据进行购房潜在客户挖掘；或是通过互联网大数据进行潜在装修客户挖掘；通过大数据提供精准的社区O2O服务；商业地产通过大数据对商场消费人群进行分析，掌握顾客活动轨迹、消费习惯等，提供定制服务、精准营销服务。

4.2 大数据的商业价值与应用

（1）企业经营决策。比如，某商店卖牛奶，通过数据分析得知，在本店买了牛奶的顾客以后常常会再去另一家店买包子，其中人数还不少，那么这家店就可以考虑与包子店合作，或直接在店里出售包子。

（2）客户关系管理。大数据根据客户属性，从不同角度深层次地分析客户、了解客户，以此来增加新客户、提高客户忠诚度、降低客户流失率、促进客户消费等。

（3）个性化营销。可通过大数据对银行与客户的交流渠道进行整合，只要客户在网上点击查询有关房贷利率的信息，系统就会提示呼叫中心在电话交流时给客户推荐房贷产品。若发现顾客确实对此感兴趣，销售部门就会给客户发送推介信息；顾客到银行网点办理业务，工作人员就会给他详细介绍房贷产品。开始仅发现一条线索，但通过多渠道与顾客接触，令其体验到银行精准、体贴的服务后，顾客就有可能变成银行的黏性客户。

（4）社会管理。借助大数据，交通出行什么时段哪条线路拥堵等问题都可以由分析得知。大数据技术通过对历史性逮捕模式、发薪日、体育项目、降雨天气和假日等变量进行分析，政府部门能够优化公共资源配置、治理拥堵、保证公共卫生环境、优化公共设施及体育项目等，法院、检察院可以通过视屏化的互联网平台公开、公正、公平地处理司法案件。

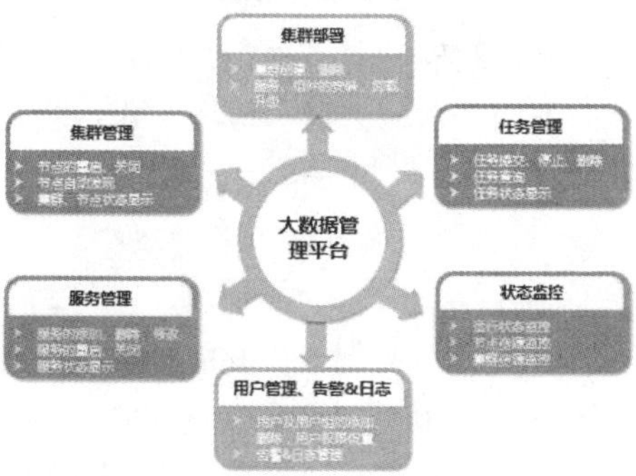

（5）大数据就是资产。数据市场已经出现数据现货交易、期货交易以及数据衍生品交易等，数据进入资产负债表的时间指日可待，许多数据交易平台公司应运而生。

（6）大数据催生互联网金融。互联网金融并非是简单地把传统金融业务搬到网上去，而是充分利用大数据来颠覆银企之间信息不对称的问题。数据是一个平台，数据是新产品和新商业模式的基石。推动互联网金融发展的核心正是大数据的价值。

大数据彻底改变了我们的生产和生活方式。各级政府、主管部门、上市公司、企业集团、外资公司都将基于大数据分析平台优化其决策；大数据分析能力逐渐加强，传统的市场研究行业、证券研究所、产业链咨询机构等都将逐渐消失；银行都将基于企业大数据平台开展银行直销业务，同时按照产业链金融服务事业部的模式开展业务。由于大数据系统的出现，所有依赖信息不对称盈利的业务都将消失。大数据对政府、金融机构和企业来说，就像空气一样不可或缺。

5. 创业的特殊机遇及其现实机遇

大型企业如同大油轮，启动困难，运转缓慢，同样也难以减速、刹车。而小企业犹如快艇，灵活、快捷。小企业能准确、及时地把握市场的变化，决策、调整、执行快，从而能赢得时间并抓住机遇。小企业创业要开辟大型企业难以涉足的市场领域。

5.1 经济转型的机遇

企业转制：原本国家经营的行业，允许私人企业进入，发展“混合所有制”成为不可阻挡的趋势。涉及的行业：从钢铁、能源、化工、制造、农业到教育、科技、医疗和文化，最新的政策还包括海洋工程、新特材料制造等，而这些行业适宜于能提供个体特色生产和效率的创业企业。

变化的根源是什么？在生产经营中的许多领域，民营企业比传统国有企业的效率、效益更高，投入更低，它们在推动增长、稳定经济、贡献税收、解决就业等方面为国家和社会创造的价值更大。

此外，政府的服务外包，或者说是在政府向民间采购的公共服务中，也给创业者带来了机遇。

5.2 创业促进政策的机遇

降低创业的税费分担，让更多的人有机会、有激情去创业，并能让更多的创业企业活下来。创业本身很艰难，缺人、差钱，充满不确定性和较大的风险。

德国的调查研究发现：中小企业平均每年的税费负担为 2.5 万欧元（约合 20 万元人民币），这超过了中小企业获得的年平均毛利润。这意味着什么？

降低创业的税费负担，中国在行动。相比以前，一是个人创办企业的门槛低了、费用低了、税收低了；二是政府、企业、社会提供了许多“众创空间”。

5.3 优质服务中的机遇

在以国家繁荣、人民富裕为基础发展传统第三产业的同时，也产生了高质量服务的需求，人们的需求表现为：

（1）自我价值的实现（知识修养提高，信息、交际和联络）。

（2）照顾自己的业余爱好（消遣、休闲、交际和自由休闲时间处置）。

（3）塑造安逸、舒适的生活（社会服

务，消遣轻松，信息交流和交际交往）。

“第四种服务”（高质量的服务效益）主要是伴随着“偏好价值”的社会效益产生的。人们渴望获得有经济实用性的较好的产品和服务，因此，这方面的需求也将会得到提升。

一个共同富裕的社会有着宽广的公民阶层，按照他们的消费需求走向，致力于满足和实现其精神目标、个性服务需求，这应是创业企业的好机遇。

只要不爆发意外经济危机，未来对高品质服务产品的需求将不断增长。还有以下几个领域可供选择：

（1）人口老龄化，不仅需要更多的健康服务，而且还有老年照护、消遣、娱乐、休假以及资产管理等业务。此外，老年人对教育培训也有需求。

（2）越来越沉重的家务需要有企业承担家庭委托服务。

（3）婴幼儿的照管，中小学生的课外托管教育。

（4）与生产相配套的生产性服务。

（5）集休闲娱乐与观赏风景为一体的项目。

（6）数据信息的采集和数据分析、整理。

（7）对年轻一代的第一教育在减少，但继续教育却在不断增加。为自己、为客户和他人创造继续教育的机会。

这些事例表明：附加的创业机遇可能就在社会效益、消遣、护理行业以及其他行业之中。创业的机遇不再仅仅集中在生产领域中，还存在于多样化的服务即高品质的新服务“第四产业”之中。

5.4 技术创新的机遇

国际社会的官方统计结果表明：中小企业比大型企业更具有创新能力。创业企业家能以更快的速度完成新技术的试验、应用、改良，德国有 2/3 的专利技术和创新成果是由创业型的中小企业所持有的。

创新越来越多地是技术应用、软件创新和新应用创新的重新组合或是非物质创新的简便应用。

互联网平台带来的开放式创新成本更低，效率更高，风险更小。

5.5 全球化劳动分工的机遇

外包曾经是一个令人兴奋的发现，如今如果只知道外包而未听说过众包就过时了。众包是公司把过去由员工执行的工作任务外包给大众网络的商业模式。众包加速了劳动力的全球化。对公司而言，只要众包能提高效率、节省成本，解决问题的高手是本国人还是外国人都无关紧要。

印度老师在网上给美国学生辅导数学，德国的平面设计师给中国企业设计Logo，等等。劳动力的全球化借助网络平台驶入了快车道。

案例 10-8 亚洲和欧美劳动力的差价大约为30倍。

一个36岁的销售顾问丹·弗雷在美国一家威客网站上为其母亲的一本回忆录征集插图，80个竞标者中不乏黎巴嫩人、乌克兰人和马来西亚人。最后，他看中了一个菲律宾人设计的插图，这个菲律宾人的要价令丹·弗雷喜出望外，25幅图仅要300美元，而在美国300美元只能买下一幅图。

☞ 随堂讨论问题

1. 创业机会的来源有哪些？如何提高对创业机会的识别和把握能力？
2. 为什么说失败极可能预示着潜在的变化和随之而来的机会？
3. 创业者如何抓住经济转型中的创业机遇？
4. 创业者如何抓住技术创新的机遇，整合资源而成功创业？

☞ 作业

1. 如何理解大数据商业价值的创业机遇？
2. 创业者如何在国际劳动分工中找到创业机遇？

创新创业理论与实践综述

1. 为什么国家非常重视创新创业教育

1.1 什么是创新创业教育

创新教育是以培养人的创新思维、创新能力和创新精神为基础，以解决实际问题为价值取向的教育。创业教育是以培养人的创业意识、创业能力、创业精神为基本价值取向的教育，创业训练、磨砺的经验可转化为提升就业或职业化的能力。

创新创业教育的国际地位：创新教育在美、英、德、法等国家早已存在，联合国教科文组织于 1989 年在“面向 21 世纪教育国际研讨会”上首次提出了创新创业教育，是被认为是继专业教育、职业教育之后的“第三本教育护照”。

1.2 创新创业教育与国家发展战略

伴随着经济结构转型、新旧发展动能转换，经济提质增效升级，政府工作报告中提出“大众创业、万众创新”，强调加大对创新创业人才的培养支持力度，将创新创业教育融入高等教育，创新创业教育在中国为国家“创新驱动发展战略”提供有力的人才支撑。

国务院颁布了《关于深化高等学校创新创业教育改革的实施意见》，这是推进高等教育综合改革、促进高校毕业生更高质量创业、就业的重要举措。

教育部颁布了《关于加强大学生创新创业教育实施意见》。从 2016 年起，教育部要求所有高校都开设创新创业教育课程，以促进创新创业教育与专业教育相结合，推动新文科、新理科与新工科相结合，创新创业教育正在融入中国高校应用型人才培养的全过程。

1.3 大学生创业事关国家兴旺

大学生创业的意义和价值在于：大学生通过自主创业，可以把兴趣与职业紧密结合，实现人生价值；创业有利于培养自立自强意识、风险意识、拼搏精神和艰苦奋斗作风；创业有助于为国家造就一批年轻的企业管理人才；有利于缓解国家就业压力，创造就业岗位。

企业有“生”有“死”，“优胜劣汰”，会自然而然地促进国民经济发展和社会进步。在这里，不得不给大家提到以色列，这个国家被誉为“创业王国”，全民创业。在这个小国的空气中弥漫着蓬勃的创业活动、创业精神，或者说企业家精神，这种精神为整个国家提供创业“燃料”，使这个小国成为当今世界上科技发展最为快速的国家之一。

2. 大学生要培养创业能力和修炼企业家精神

2.1 学习企业家的环境适应能力

外部环境的好坏会短期影响创业，但创业持续成功的核心要素是自己的能力和素质。实践反复证明：再好的环境条件下也有许多干不成事的人，而再差的环境条件下也有能够干成事的人。在极端环境下都能够干成事的人就是企业家类型的人。

尽管具有不同人格的企业家的成功各有千秋，但是，青年创业者如果能够掌握识别、洞察、适应“九型人格”（或 9 种性格）的人，那么，对于他们提升自我修养、用人谋事、把握格局、历练本领均有重要的意义和价值。从人的天赋条件来看，ENTP 性格类型的人更适合创业，而实际上成功创业的企业家更相信人后天的勤奋、智慧与坚持。著名企业家褚时健说：“人要对自己负责任，你自己不想趴下，别人是无法让你趴下的。”杰出的女性企业家董明珠的理念是：“我的命由我不由天。”

2.2 学习企业家的商业智慧和创新精神

学习企业家干事业有信心、有恒心、有目标的精神。信心是每一个人干成事业、取得成功的基础；恒心是指人们持之以恒地追求目标的态度。人们常说“无恒心者无恒产”。

目标是人的动力来源。创业的动力：一是对利益的追逐；二是创业者要有独特的理性精神，也被称为“企业家精神”。比如，企业家的“成功欲”“创新精神”“担当精神”，企业家精明、理智、敏捷，敢冒风险、以苦为乐的精神，以及企业家追求进取、超越自我的事业心。

企业家精神的核心是坚韧不拔、不断创新、勇于担当。管理大师彼得·德鲁克（P.F.Drucher）在《创业精神与创新——变革时代的管理原则与实践》一书中提出：创新是创业家所特有的工具，他们借助这个工具把各种变化开拓成为从事不同事业或服务的机会。他认为，创新机会的核心来源是意想不到的成功、意想不到的失败和意想不到的环境变化。因此，企业家坚韧不拔的精神正好是他们能够成功的秘诀，坚韧不拔的品质对青年创业者尤为重要。

2.3 大学生创业有利于职业化发展

创业需要的是企业家精神，而就业需要的是职业化精神；创业与就业看似不同，但就大学生的人生成长而言，创业与就业相互促进、相得益彰。或者说，有过磨砺创业的大学生，在选择就业时更具有职业化发展的优势。

职业化能力包括思维能力、执行能力、管理能力、社交能力等，职业化精神包括敬业、责任、创新、协作、规范等。在大学生的实操创业中，也同样需要这些内容和几乎相同的历练，只是创业必须自己当老板，而就业是与老板合作，仅仅是位置和角度有点差别而已。

3. 合伙创业是时代成功企业的标配

3.1 传统公司治理模式沦为陈旧

传统的大公司建立科层式的管理体制，采用雇佣制，管理依靠职业经理人，组织稳定。传统的职业经理人可以创业、干事，能够共富贵但不能共患难，一旦遭遇巨大的行业风险，职业经理人则难以依靠。有“打工的心态”，存在“危机时期的离心现象”和“道德风险”。

在传统企业里，就像走流程一样，讲究的是边界清晰、权责分明、责任到位，一个部门不会关心另外一个部门的事情，专业主义的迷信高于跨界主义的好奇。尤其是员工与企业之间缺乏共创、共享和共担的利益分配机制，员工的能动性、执行力和创造性难以发挥，公司效率和效益较低。

现代互联网公司把大公司变成若干个小公司或小团队。小公司内部的运行机制是利益捆绑下的“合伙制”，公司运营的效率极高。

通过两种公司治理的比较不难得出结论：“混乱会产生秩序，而稳定则带来死亡。”

3.2 创业企业为什么需要事业合伙人

合作的本质是交易，你有什么资源，我有什么资源，大家交换就好，讲究的是个公平。合伙的本质是风险共担，是在最危急的时刻还能彼此支持、互不背叛，讲究的是个放心。因此，有人说："要和有资源的人合作，和没有退路的人共事！"在互联网时代，一个人创业很难成事，必须合伙。合伙人创业决定的不是资金而是激情，合伙创业比资金更重要的是规则。

合伙创业的理念是"人聚财散、财聚人散"。事业合伙人 = 职业经理人 + 风险共担。比如，阿里、腾讯、小米这样的互联网企业，看似管理混乱，实则效率极高，尤其是小米的"背靠背"信任，以及不同部门的相互投资渗透。因此，合伙创业是"失控中有控制、控制中有失控"。

这种情况同样出现在国外。硅谷的创业家们、华尔街的新金融家们积极推动职业经理人制度向更融合的"利益相关者"转变，职业经理人不仅拥有股票，也拥有内在的项目，甚至企业可以作为一个内部孵化平台，让职业经理人变成一个内部的创业者。

同样，日本经营之圣稻盛和夫将领导力培养、现场管理和企业文化这三大企业管理难题集中在一起予以解决，创造出阿米巴经营模式，取得了辉煌的企业业绩。这也是经典的合伙制创业模式，即"共投、共创、共享、共担"经营模式。时代变革，职业经理人会渐渐消亡，取而代之的是事业合伙人。

3.3 好的创业合伙人极为重要

传统的雇佣制，用时间换金钱，使员工感觉只有当下而没有未来；员工变合伙人的重要性超过商业模式、行业选择和"风口"。

创业者需要花费精力和时间找到最专业、最合适的合伙人。合伙创业需要有合伙精神。创业是场马拉松赛，需要优秀的创业团队前赴后继地去执行，改变世界的精神不变，捆绑个人利益与企业利益的激励机制永存。

有了好的合伙人，组建起好的团队，才会有好的产品，公司才会基业长青！

4. 创业需要有坚强的创业团队

4.1 团队的力量和价值

创业团队是由少数具有技能互补的创业者组成，为了实现共同的目标和利益，整合社会商业资源，是为个人和团队成员以及商业资源的提供者创造价值而形成的命运共同体。

创业团队想要取得成功，需要团队成员有坚定的信念和意志力，抱成一团，共同用智慧去创造新的财富和价值。

优秀创业团队的价值：创业最需要外部人力和财力资源的支持。一个优秀的创业团队，一方面，它会吸引外部更优秀的管理人才和技术人才的加入；另一方面，它也会受到风险投资家的青睐。

风险投资家投资时不仅看项目的好坏，更看重创业带头人和创业团队。创业团队是风险投资的最大风险，因为风险投资家作为小股东不会去管理公司，而且也几乎无法进行日常管理。因此，最大的风险就是管理风险。为了规避风险，风险投资家往往要在评估创业团队上做很多工作。一旦发现创业团队能力不足，在诚信上有问题，风险投资家百分之百会拒绝投资。

4.2 优秀创业团队需要什么

（1）团队要有共同奋斗的目标。共同目标就是共同的核心利益，有共同点才会有交叉点，有交叉点才会有前进的动力。目标明确了，大家才会有一起奋斗的激情。

（2）团队要有能胜任领导工作的带头人。团队带头人是有领导力的人，承担着团队的主要责任，协调成员的利益和矛盾冲突。团队带头人要有智慧、有创造力，具有凝聚团队其他成员的向心力，能带领团队克服艰难险阻而持续创造经济效益。

（3）团队成员各有所长。组建一个好的创业团队，要求各成员各有所长、知己知彼、相得益彰。大家分工明确，能做到优势互补、相辅相成。

（4）团队成员要有创造力。加入创业团队，各成员都应该有激情、有自信、有能力承担任务和责任，有与他人相互配合、协同作战的精神，全力为团队创造价值。同时，有效的激励机制是创业团队的成员有持续创造力的保证。

（5）团队成员要有合作精神。创业团队各成员之间必须相互依存、团结协作。只有相互配合、共同拼搏，才能共同创造更大的价值，不能只看个人的短期利益。

总而言之，一个坚强的创业团队，基本上要有 4 种人：德者、能者、智者、劳者。德者领导团队，能者攻克难关，智者出谋划策，劳者执行有力。需要强调的是，创业团队的利益分配机制决定了团队的凝聚力、创造力和持续性。

4.3 优秀创业团队要永葆团队精神

团队精神就是奋斗精神、敬业精神、牺牲精神、进取精神以及团结合作的精神等。个人单打独斗的时代已经远去，团队合作的时代已然到来。联想提出的口号是“打造虎狼之师”，华为提出并弘扬“狼性文化”和“狼性精神”。它们塑造的员工是既要像兽中之王老虎那样有以一当十的王者风范、英雄气概、雄厚实力，又要有像群狼那样分工合作、精诚团结的以十当一的精神，每个人都知道自己在团队中的位置和作用，把个人目标与团队共同目标合二为一。而这正是华为、联想、微软、苹果等公司能够做大做强的根本所在。

5. 好的商业计划和模式能够聚人聚财

5.1 什么是商业模式

商业模式用通俗的话说就是“做生意”“做买卖”的模式。因为无论把创业包装得多么美好，归根结底就是一门生意。商业模式实质上包含了如下几个问题：①谁是我的客户？他最大的需求是什么？即企业赚谁的钱？②企业应该为这些客户提供什么产品和服务？即企业靠什么赚钱？③企业如何有效、持续地提供这些产品和服务？即企业如何能够持续赚钱？

商业模式的核心是客户价值，一方面是客户消费需求的痛点，即客户价值主张；另一方面是客户群的数量和质量。互联网技术和平台颠覆了传统的商业模式，能否抓住用户是企业能否生存的根本。因此，“互联网 +”创业最重要的是挖掘用户、积累用户，找到用户的真实需求，以用户需求为中心构建商业模式。

5.2 什么是商业计划书

商业计划书是公司、企业或项目单位为了达到招商融资和其他的发展目标，根据一定格式和内容要求而编写的一个向受众全面展示公司和项目目前状况、未来发展潜力的书面材料。创办企业有利益、有责任、有风险，但创业公司缺乏人力、财力以及其他所需要的社会资源，要通过找到好的创业合伙人或投资人，解决人力、财力和风险分担等问题。

“不做计划等于计划着失败！”没有统筹资源、没有方向目标、没有价值创造的创业是无法成功的。商业计划书尽管有指导规划、资源整合等的作用，但它的核心作用则是聚人聚财。事实上整个商业计划书都是围绕商业模式来写的，商业模式是商业计划书的灵魂。

5.3 聚人聚财是商业成功之本

投资人投资项目的理由有 3 点：一是从商业计划书中能够看到，项目做的是什么买卖，为什么要做这个买卖，该项目需要他投入多少钱，他占多少股份、最终能赚多少钱。二是投资人对公司创始人本人的认可。三是投资人对创业团队的认可。这 3 个方面的因素决定了投资人项目投资的价值。

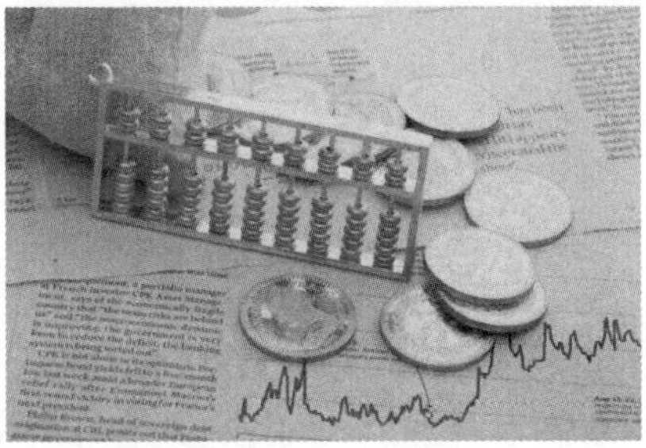

好的商业计划书所展示出的项目前景、资金实力和团队动能等力量，也会吸引优秀人才加入创业团队。

6. 创业、创新的终极目标是创利

6.1 创新理论与价值创造的活动

熊彼特提出的创新理论就是“建立一种新的生产函数”，即实现生产要素和生产条件的一种从未有过的新组合，包括产品创新、技术创新、原料创新、组织创新和市场创新。著名管理学家彼得・德鲁克认为：创新是“使人力和物质资源拥有更大的物质生产能力的活动”“任何改变现存物质财富创造潜力的方式都可以成为创新”。

沿着上述创新思想的脉络，自然而然就有了创业的概念，它就是充分利用变化和资源，创造出新产品、新服务，从而满足市场需求并能够创造利润的活动。企业家是创新创业活动的践行者。创业往往需要技术，但企业家不是发明家或技术能手，他是将发明家的成果成功引入市场并创造经济和社会效益的人才。企业家不仅需要有创新的思维，更需要有创新创业的行动。

6.2 创新行为的目标即创利

互联网技术和平台的诞生，带来人类社会从农业化、工业化发展到信息化的根本改变。企业从基础创新到应用创新，从封闭式创新到开放式创新、商业模式创新，从外包模式到众包模式，从企业家单打独斗创业到团队创业、合伙创业，其目标就是降低创业产品的运行成本及风险，提高效率，创造效益。

因此，创新、创业与创利三者有机结合、相得益彰。

7. 合伙融资是最稳健的创业融资方式

7.1 创业融资的选择

创业企业在不同发展阶段，根据资金需求的不同，融资方法也不同。自融资是所有创业起步阶段的必经之道。

天使融资“可遇而不可求”；贷款融资手续繁杂、融资成本较高；风险融资关注的是高科技项目和创新的赢利模式以及创业者本人；民间融资利息高，若不能及时还款，其债务可击垮创业者；互联网融资存在着实际操作上的透明、诚信、公平以及法律风险等问题；其他的融资方式取决于创业项目的价值和创业者创造价值的能力。

7.2 合伙融资的关键：利益共享机制

合伙融资是最稳健、最能持续发展的创业融资方式。这种融资策略不仅能够获得资金，得到“共同管理”和“人才”，而且还可能形成共创、共享、共担机制，极大地提升了创业企业的运行效率。但是，成功的合伙创业需要坚持不懈地投入人力、财力，有机遇也有较大的风险。合伙融资、合伙创业的关键是合伙人之间的利益共享机制问题。创业合伙关系的持续性既受制于合伙人的合伙精神，又取决于公司治理中股权股份等的利益分配机制。人和资金对于创业企业同等重要。创业者、投资人会有成功也会有失败，他们是人而不是神！

8. 新思维、新格局决定创业营销的成败

8.1 从传统到现代的市场营销

所有商业活动和市场营销均以消费需求为核心，让顾客满意是市场营销的目标，消费者的购买是对企业市场营销的认可和奖赏。

从工业化到信息化，大规模生产、营销、传播的“圣三位一体”被打破，传统的营销方式和媒体广告渐渐沦为陈旧。随着互联网、数字经济的出现，将互联网平台技术等基础设施条件被运用于商业活动，形成了以用户为核心的线上线下相结

合的 O2O 营销服务模式，从而彻底改变了市场营销的格局。

8.2 中小企业的创新营销

工业化时代企业营销成功的法则是，必须建立起特有的市场竞争优势。大企业、大品牌、大众市场的竞争优势是建立在总成本领先战略、差异化战略和专一化战略（又称为目标集聚战略）基础之上的。

大企业林立，中小企业如何建立自己的竞争优势并进行市场营销？我们的答案是：中小企业要开展利基市场营销。利基市场营销又称为缝隙营销、补缺营销或狭缝市场营销。国内外中小企业在发展利基市场营销方面已经有许多成功案例，即它们在狭窄的产品市场中创造出了巨大的经济效益，成为本国乃至世界上的隐形冠军。受资金和人力资源限制，创业企业唯有发展创新营销、特色营销才有出路。

8.3 互联网和大数据分析营销

互联网、平台战略、大数据分析改变了市场营销格局，使创业者有更多的路径和方法来突破创业营销瓶颈。

新的商业运作，可以通过平台战略和大数据分析，即运用互联网技术将用户、产品、营销（平台）形成“三位一体”，整合分散的消费个性化需求，使之成为生产和销售商家可接受的模式，适合于农业生产、工业制造、金融、健康和生活服务等行业，其典型的商业运营模式就是 O2O 营销模式。

吸引眼球的社会化媒体营销载体有抖音、快手、短视频等，以及各种蹭热点的微博、公众号以及头条等。各式各样的“独角兽”企业，如拼多多以自己的营销模式与淘宝、京东形成竞争，盒马鲜生又以自己的营销服务反击所有行业对手。

8.4 创业营销的策略、法则及经验借鉴

“互联网 +”和数字经济时代，尽管市场营销格局发生了剧烈变化，但做好产品、挖掘用户、黏住用户以及满足用户需求仍是商家生存的根本。

创业营销的关键环节有：明确市场定位，以吸睛为主，精选渠道猛推，多渠道优势整合以及线下活动助力等。

创业营销的手段与技巧有价值营销、特惠营销、饥饿营销、文化营销、信任营销、微简营销和合作营销等。

创业营销最根本的东西就是产品和服务的质量是否过硬。用户花钱用来购买的是解决问题的办法，用户是否相信你和你的产品以及服务能够帮助他们解决问题，这才是关键点。因此，信任才能产生购买，服务是最好的营销。

9. 创业风险来自创业者本人的经营视野

9.1 企业盲目增长的风险

企业增长意味着会有较大的销售额、较好的市场地位和较高的生产效率，通常也会有较高的经济收益。但是，并非每次增长都会相应地给企业带来市场及收益情况的改善。假如企业增长而不相应地进行内在机制的转化，那么，这一增长很可能会导致企业的“死亡”。

创业企业保持正常、健康的发展比冒险追求企业增长更为重要。企业家必须提前对企业不断增长的内在风险有足够的认识；企业扩张既可能是企业良好发展的开端，也可能是企业衰败的诱因。

9.2 管理“以人为本”的风险

面对商业市场的迅速变化，创新推动使得原有的管理、技术知识、格局和视野越来越沦为陈旧，仅仅依靠原有的技术和工作本领会使企业创始人越来越失去其影响力。过去，低学历也可以成为企业家，只要有实践经验便能包打天下；而现在，不懂大数据分析和大数据管理的领导者难以获得成功。

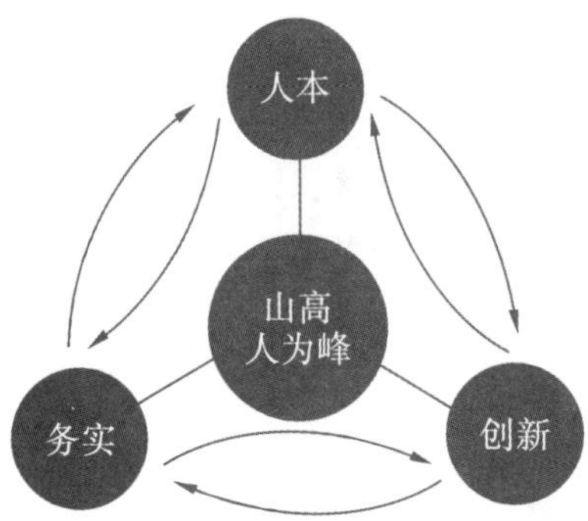

企业创始人需要与时俱进，带动内部学习、培训以及进行外部交流；抓好关键员工的管理，一手抓企业内部培养，一手抓外部引进；不断培养能够分担管理责任的新创业者。现代企业之间的竞争就是人才的竞争。企业的风险在于是否能够获得或留住足够的有技能的工作人员，并不断地使他们受到培训再培训。否则，企业经营长不了。

9.3 企业经营的风险

小企业由于受到资金和人力资源的限制，存在着营销渠道和网络的局限性。数字经济时代，互联网和平台战略改变了商业和市场营销的格局。受人力、财力的限制，小企业存在不能够坚持创新营销、特色营销的风险；错误的资本筹措方式会导致融资成本过高的风险；公司细节管理失败和项目执行不力的风险；跨国经营会遇到社会层面的政治、法律、文化等方面的风险，以及市场层面和企业层面的风险。

10. 把握变化和创新就会抓住创业机遇

10.1 创业机遇的来源

通常创业机遇来源于问题、变化、创新、竞争 4 个方面，而变化和创新是创业机遇的核心来源。机会来自外部变化，如技术变革、政治与体制变革、社会与人口变化等；机会来自于意想不到的事情，如意想不到的成功、意想不到的失败、意想不到的变化等。

10.2 识别创业机会与商机的能力

创业是一个发现机会活动，创业者往往对机会保持高度的警觉性，发现机会是创业中的一个重要环节。创业机会之所以存在，是因为人们拥有不同的信息。创业机会可能源于创意，创业需要有认知机会的能力，把握“机会之窗”：识别机会、发现机会，利用有限的信息和有限的资源，在实践中创造出机会和成果。

同时，创业者要培养市场调研的习惯，要多看、多听、多想，见多才会识广，识多才会路广；要有独特的思维，要用积极的心态去发现创业机会，从而全面培养自身捕捉的商机能力。

10.3 大数据商业价值中的创业机遇

大数据在各行各业的垂直特色化应用，为许多行业创造出了发展空间，金融、电信、健康、媒体广告、零售、交通、政府、智慧城市、房地产和家居家电等行业都会有很多的应用机会。

大数据彻底改变了人们的生产和生活方式。各级政府、主管部门、上市公司、企业集团、外资公司都将基于大数据分析平台优化其决策；大数据分析能力逐渐加强，传统的市场研究行业、证券研究所、产业链咨询机构等将逐渐消失；银行都将基于企业大数据平台开展银行直销业务，同时按照产业链金融服务事业部的模式开展业务。大数据系统的出现，将会导致所有依赖信息不对称盈利的业务消失。大数据对政府、金融机构、企业来说，就像空气一样不可或缺。

10.4 创业的特殊机遇及其现实机遇

小企业能够准确、及时地把握市场的变化，立即决策、调整、执行，从而赢得机遇并抓住机遇。

（1）经济转型的机遇。在生产经营中的许多领域，民营企业比传统国有企业的效率、效益更高，它们在推动增长、稳定经济、贡献税收、解决就业等方面为国家和社会做出了贡献。

（2）创业促进政策的机遇。降低创业企业的税费分担，让更多的人有机会、有激情去创业，能让更多的创业企业活下来。

（3）优质服务中的机遇。在以国家繁荣、人民富裕为基础，发展传统服务的第三产业的同时，也产生了高质量服务的需求。

（4）技术创新的机遇。中小企业比大型企业更具有创新活力。创业企业家能以更快的速度开展新技术试验、应用、改良，互联网平台带来的开放式创新成本更低、效率更高、风险更小。

（5）全球化劳动分工的机遇。从外包到众包加速了劳动力的全球化。只要众包能帮助公司提高效率、节省成本，解决问题的高手是本国人还是外国人无关紧要。

11. 高校创新创业教育之路任重而道远

近年来，我国高等院校通过“互联网 +”大赛等方式，“以赛促学，以赛促教，以赛促改”，促进大学生创新创业教育并取得了较大的成效。许多大学生树立了创新创业意识、团队合作意识、竞争意识、价值创造意识等，展示了新时代大学生的梦想、创造、激情、阳光，在一定程度上使他们积累了一定的创新创业能力，对青年人未来的职业化发展和人生成长有很大的意义和价值。

同时，我们也应当看到，大学生“互联网 +”大赛的创业项目与商业实战创业项目之间还存在着较大的距离。一些大学生创业项目显示出商业经验和智慧积累不足的缺憾，一些大学生创新创业项目对专业投资人缺乏吸引力，一些公益类创业项目难以可持续地发展，等等。

培养创新创业意识，不断提升创新创业能力，最终能使大学生成为有创新创业精神的人。有企业家精神和职业化精神的人终将成为我国未来的栋梁之材，关注和支持青年人创新创业是事关国家复兴的大业！青年强、大家强、国家强！

第二篇

创新创业学习与实操研讨及项目评析

时　间：2019 年 7 月 13 日上午
地　点：西北大学（太白校区）国际合作事业大楼 5 层报告厅
参加人：创新创业专家、社会创业实践者、有志于创业的大学生等约 30 人
主持人：顾颖（西北大学教授）
备　注：现场录拍视频见中国大学 MOOC“创新创业新思维与新实践”（课程编号：1202NWU025）

模块一　专家和社会创业者经验交流

1. 人性、人格会影响创业成功吗

主持人　有许多人说创业者与常人不一样，有“九型人格”之说。德国人认为，创业者是“E 型人格”的人。一句话，创业者与常人有不同的人性和人格。

杜丽萍（西北大学国际商学院副院长）

第一，创业和创新的一个起点应该是关注人性和人格。

西方的管理学一直在强调，就整个社会、整个行业本质上而言，它们都是在经营人性。也就是说，这个行业能否经营得更加出色，更加能够游刃有余地服务于这个社会，一定是跟一个企业家的人格密切相关。所以，我想这里面就有两个非常重要的概念，一个就是什么是人性，另一个就是什么是人格。人性其实很简单，就是人的本性。人的本性在我们传统的认知当中认为它是不可逆转的，有的人认为能够有创业精神的人，他肯定就会有区别于一般人的人性特点。

第二，人性和人格及气质类型表现。

一个人的人性是天然具备的。在心理学上，人性分为 4 种气质类型，这 4 种

气质类型表现出 4 种不同性格。比如说，第一种多血质型的人做任何事情都具有冲动性和独树一帜性，他总想把自己与别人加以区别。第二种黏液质型的人喜欢对任何事情都要做非常合理的解释或推理，他觉得没有逻辑的过程是无法去解决存在的问题的。第三种就是那种做任何事情时都注重实际落地的人，如我今天来上课，我就一定要把今天的课上好，至于你们后续能不能把我的课运用好，我不管。第四种人就是对自己所做的所有事情都没有信心，如我讲完课，我会说："今天浪费你们的时间了，我可能没有给你们带来多少启发，请你们多理解、多原谅。"

第三，人性、人格在创业和就业中落地。

从心理学上来讲，这 4 种人在我们的现实当中会有各种各样的表现，所以人分为内向和外向两种。前两种性格较外向，后两种性格较内向。那么创业到底需要哪种人格？一般人认为是外向的、冲动的人格。那内向的人适合做什么呢？他可以做创业之后的后续管理工作，这样他们之间的衔接和配合可能就更合适。我觉得这是从人性出发，经过一系列的教育和自我认知体系建立起来的。他在进入社会加速了对自己的认识之后所形成的对人格的理解，这种人格是可以落地的，比如说，我做哪一种事情、我选择什么样的职业和行业可能更有利于个人发展。我觉得这就是人性和人格之间的一种关系。

范王榜（西北大学经济管理学院副教授）

第一，创新和创业说到底就是与创造联系在一起的。

从东西方文化的共同点来看，西方文化的源头在创世纪，东方文化，比如中国文化特别强调创造。表现在《道德经》里边，老子最经典的一句话就是"道生一，一生二，二生三，三生万物"，这也是创造。所以，我自己认为人性最可宝贵的就是创造性。这个创造性，在如今的商业活动中，那就是指企业家的创造性。

第二，创造性在文化和制度以及器物或工具方面的表现。

创造可以从学生时代做起，表现在以下 3 个方面：一是在文化方面的创造，二是在制度层面的创造，三是在器物或工具方面的创造。器物或工具，比如说大家都知道的火车、汽车、飞机，互联网、智能手机都是属于器物层面。当代的企业家，或者说我们的创新创业活动，主要的表现就是在器物层面。当然器物层面的创造最终也会反向传导到制度，最终影响到文化。对于具有创新创造型人格的学生和最终成为企业家的人来讲，我觉得他的人格魅力很重要。

第三，领袖和普通人的人性和人格不一样。

从历史上来看，无论是我国还是西方，具有创新创造型人格的这些领袖人物一般都有别于普通人，他们具有鲜明的个性、顽强的毅力，能够团结他人、带领他人，这些品格可以看作最为宝贵的财富。

主持人　我认为能创造价值的人的人性和人格与企业家是不一样的，但是从根子上来讲很多东西又是一致的，比如说企业家精神里面，企业对利益的追逐以及理性的精神，企业家的精神里面反映了很多东西，实际上是他独特的个性，只要他能创造价值，他一定是会被社会接受的。

2. 外部环境对创业成败有影响吗

主持人　关于创业环境问题，现在有许多人认为创业环境越来越好了，也有许多人认为创业环境越来越差了。创业环境到底如何？创业环境所涉及的政策环境、法律环境和人文环境等是什么样的？

王浩公（陕西浩公律师事务所主任）

第一，除了创业环境，年轻人创业还要有创新创业的能力。

我们现在的创业环境非常好，有着千载难逢的创业机遇，国家给了年轻人创业创新很多好的政策、资金待遇。但是，我觉得仅有这些还远远不够。现在的大学生要去创业创新，如同他们在游泳池里只学会了蛙泳一样，若把他们放到大海里，要求他们以蝶泳或以自由泳的姿势去横渡琼州海峡，这个是很难成功的。也就是说，在创业的路上虽然国家的环境很好，但是我们自身的能力还很不够。

第二，年轻人在创业中应学会规避风险。

年轻人在创业和创新过程中，需要向各个方面的专家学习、共同进步，就好像横渡海峡的时候，要有各路高手相伴，道理就是那么简单。从法律方面来讲，比如可能会有民事风险、资金困难等各个方面的问题，很多人在创业创新过程中可能会被“套路贷”，也可能会被犯罪集团最后搞去做传销；还有就是年轻人比较欠缺对行政方面的风险，好多最后被行政处罚甚至被关了门。年轻人可能遇到较少的是什么？就是刑事风险。有些人最后进去了，创业未成自己先进监狱了。

张少元（地特网“画乡之窗”创始人）

我从 2015 年开始创业。现在创业政策确实很好，包括现在自媒体方面，各个区、县都会支持各基层设立一个（社会化）媒体中心。在媒体中心成立以后，我们负责媒体中心的运营，他们（政府基层干部）都是以开放的胸怀去拥抱我们这些做自媒体的人的，在政策和办公环境以及资金方面均给予我们扶持。从 2015 年到现在，我已经拿到了许多政府资金。所以，创业的大环境还是很好的。

刘天利（西安建筑科技大学博士）

现在国家的政策自从李克强总理提出“大众创业、万众创新”之后，外在的氛围政策都非常好。虽然现在大的、宏观的环境好，但是不意味着下面的微观环境也同样好。简单地说，就是作为创业者来说必须要有同行者，即同路人，我们必须要在微观环境里面去找这类人，这类人的内在想法跟你一致，大家相向而行，或者说要在这么一个环境里面去找你的创业合伙人，我觉得这个是很关键的。此外，还要有一些有经验、有能力的大的企业家，或者说有实践经验的人，来对这些新的创业者进行一些指导。

主持人 创业环境不仅仅是外部环境，对企业家影响最大的正是企业的内部环境，也就是说内因是关键。再差的环境下也有成功办好企业的人，再好的环境下也有很多干不成事情的人。

3. 如何抓住数字经济时代的创业机遇

主持人 关于创业机遇问题，尤其是在目前的互联网、大数据时代，有什么创业机遇？

郭建琼（西部数字经济研究院副院长、教授）

第一，数字经济时代的核心是五大互联网。

农耕文明可能关注的是以土地为生产资料，工业文明时代可能关注的是以资本为生产资料。我们的信息文明时代，它的核心资产要素变成了数据。今天，我们有微信、有物联网、有大数据、有移动互联网等。20 年来，互联网的核心一直是链接，链接形成了数据，在后互联网 30 年，未来会有更大的一些机遇，比如量子区块链，包括最近的5G等，未来对我们生活的方方面面都实现了互联。具体有这五大互联：用户互联、人才互联、组织互联、产品互联以及营销互联。

第二，高科技竞争是中美关系中的焦点。

中美贸易摩擦的背后有四大方面的原因，第一就是高科技。在中美贸易摩擦中，美国为什么很关注华为？因为它要实行封锁，这是高科技竞争的焦点。其他还有军队、美元和以好莱坞代表的文化。这种巨大变革时代的核心较量就是科技，我国在这方面有点“缺芯少核”，未来我们需要不断改进互联网操作系统等方面的不足，使我国最终成为互联网应用大国，在互联网技术和原材料等方面不是跟随外国，因为他们的很多技术很不适宜于我国。我们需要创新引领进步，互联网使我们未来的企业创业都将面向全球化。最近，大家看到的是人民币国际化的问题，人民币和美元在同步较量的时候，我们会发现双方的认知轨迹又成为共同关注的焦点；第二次世界大战后的美国搞了一个联合国后就是互联，咱们国家近年来搞了“一带一路”倡议。未来，该如何摆脱美国的束缚，开拓创新，突破我们认知的“天花板”，这是一个重要问题。

第三，数字经济社会的创业机遇很多。

互联网技术时代，“数字公共服务+电子商务”，未来一定是数字商务。因为电子商务的核心是解决消费，数字政务以前称为电子政务，现在明确为数字政府，广东在这方面做了一个很大的规划。以前的科研是靠理论创新，未来要靠什么？靠大数据。通过获取大数据，把以前的一些观点去一些碎片化（就是一些零星的、没有形成相关联的），未来的科研由大数据去研究的课题，也就是数字科研，数字产业化就是把互联网跟产业结合起来。

第四，数字消费正在进入我们生活的方方面面。

未来我们的服装会变成智能化；在眼镜中植入芯片，记录我们每天大脑中枢的变化；还可以在我们的鞋子中植入芯片，等等。我认为未来利用互联网手段的机遇非常巨大。我们的衣服、鞋子，所有的一切一切都可能与数字消费和互联网结合起来。马云说“在未来的五年手机将全部消失”，但这也存在其他方面的巨大机遇。创业未来的机遇，就是如何用好互联网技术并将是与我们的产业进行深度融合。后互联网时代也是如何用好互联网技术的时代。

董驰（西北大学经济管理学院博士）

第一，创业机遇来源于各种各样的变化。

谈到创业机遇，首先有一个基本的观点就是：变化就是机遇、变化就是机会，英文就是 opportunity。但是，汉语有两个翻译，比如产业结构的变化、技术的进步，也包括一些政府的政策变化，如减税政策，实际上这些都能给很多创业者带来机会。还有人口结构的变化，现在老龄化的社会可能也会带来很多的机遇。

第二，消费需求和新媒体营销同时也在变化。

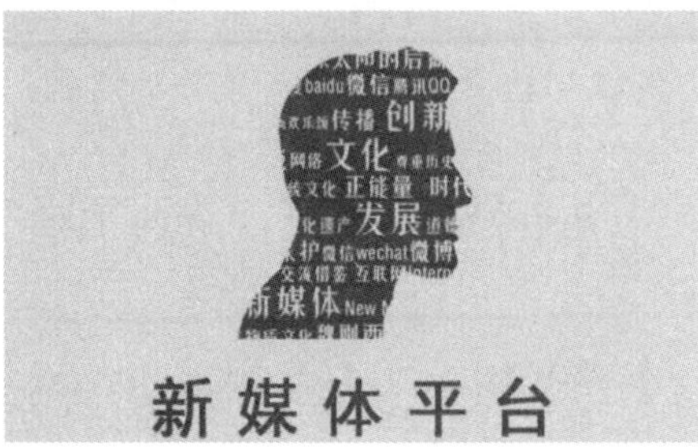

对于创业者而言，第一是消费洞察，也就是你对消费者整个需求变化的理解，我认为这是创业者所有任何创业的一个起点。第二就是技术的迭代。我们一直在做电商、新媒体研究，像电商近几年的变化就非常明显，早期的淘宝、京东我们把它称之为平台电商，别的电商还没有完全发挥出来，社交电商就出来了。

社交电商里又分了很多类型，如社区团购。2018 年，几乎所有跟电商有关的投资全部砸到了这个领域，因为它的门槛比较低，只要你有一定的想法，你能找到比较好的供应链，就可以开始“圈人”，这是一条线。另外，从媒体方面来看，前两年还在讲“两微一端”（微信、微博和企业的 App 客户端），但现在基本全变成了抖音、快手、短视频直播。所以，从新媒体发展来讲，未来几年特别是在 5G 的背景下，大家应重点关注一下流媒体。

第三，创业者要善于利用新媒体助力创业成功。

基于流媒体的这种创业，不是说你现在就要直接利用这些直播新媒体去创业，而是以流媒体作为应用手段，它的小平台也许会给你带来一个巨大的机会。正如前面郭建琼老师讲到的，基于大数据，现在很多的商业模式，它的价值就在于当我们把很多经济生活里的行为或者物品、信息最后全部数字化变成数据包之后，就会产生很大的价值。近几年，基于数据的这种创业，产生了很多成功的案例，我认为大家应该重点关注一下。

主持人 创业的机遇基本来源于问题、变化、创新、竞争。什么是消费需求？没有满足就是问题。那么变化是什么？对于千变万化，抓住这种变化而且充分利用这个变化，寻找好的机会，这就是创业者本身的概念。

4. 如何把握创办战略和选择项目

主持人　下面我们讨论企业的创办战略和项目选择问题。

房路生（长安大学经济与管理学院博士）

第一，个性和资源视角下的战略与项目选择。

一是与创业者个性有关的创业。一般来说，是基于风险偏好有关的分类，比如，有人喜欢高风险型的创业，有人喜欢中、低风险型的创业，不同性格的企业家选择项目或战略的出发点（路径）不同。二是基于市场需求导向的创业。有市场就意味着有机会，而在市场需求和市场机会中，还要把握市场需求的痛点，需求痛点要切中消费者的准确需求。三是基于资源基础型的创业。如果有资源也有商机，创业者可以建立创办战略并依此进行创业，比如，好的人脉资源就是重要的创业资源。

第二，宏观和产业环境下的战略与项目选择。

创办战略和项目选择的另一个主流分析范式框架，即宏观环境分析。宏观环境分析与创业环境密切相关，如政治环境、经济环境、技术环境、文化环境等，这方面也存在争议。由于各种变化都非常快，而环境变化最快，因此需要进行具体产业环境分析。产业环境分析主要是迈克波特的五力分析模型，就现有市场中的竞争者、卖方买方，还有潜在进入者。无论市场和产业环境如何变化，企业都必须适应这种变化，做出相应的战略选择和商业模式调整。在这个市场上没有不赚钱的行业，只有不赚钱的企业。因此，在进行创业战略和创业项目选择时，除了分析宏观环境还要分析产业环境。

第三，微观环境下的战略与项目选择。

创业企业的外部优势、劣势是什么？内部、外部的环境机会是什么？内部优势是什么？如果进行创业项目选择，就需要分析自己的机会和威胁以及自己的优势和劣势。比如，有人说我的优势就是比较年轻，但是，有时候会觉察到，我的劣势也是比较年轻，好像都有道理。

因此，在进行创业战略和项目选择时，一个主流的分析范式框架就是宏观环境分析、产业环境分析和企业的微观环境分析。

5. 创业企业如何选择融资方式

王鸿（西北大学国际商学院资本研究中心主任、研究员）

第一，通过合伙融资得到好的合伙人很重要。

创业融资的途径很多。如果从合伙人制的角度来说，合伙人融资不仅融的是资金，更主要融的是人。各位小伙伴，你要选择创业伙伴的时候，第一要看你找的是不是志同道合的人。其实，有很多创业或进行企业经营活动的企业家，最终都很难从开头走到结束，或者说是走到了他事业的顶峰。所以说，在合伙人里面首先是选人。第一，我选的是我认为志同道合的人，有责任、有担当的人。第二，合伙融资过程中，既然确立了项目和目标，愿意去做一番事业，那么起步之后就要建立相应的规则。

第二，合伙融资需要解决好责权利规则和运营机制的建立问题。

合伙人之间的股权、权利和义务怎么界定？公司法是什么？不是代办公司给你随便填个名字就好了。那么你的董事会决策机制，在第二阶段要梳理的就是建立机制的问题。我觉得合伙企业，最终是要建立管理运营机制，也就是明确在日常经营管理中你的决策机制是什么？

一个公司到底谁说了算？怎么去表决？对于重大问题，谁有发言权？谁承担主要的经营责任？把起步阶段融资的基础做好之后，才能把我们好的项目、好的创业想法去跟社会资本或外部资本机构去沟通，走向天使或引进风投。但首要的是解决好自己的合伙人制度问题。

主持人

第一，合伙融资的机制优势在于共创、共享、共担。

实际上合伙融资为什么在我们这个时代能得到大家的认可，就是因为传统的职业经理人只能共创共享、不能共担，而互联网时代寻找的合伙人能够共创共享、共投共担，发生了非常大的变化，但这不代表合伙制合伙融资是最好的模式。因为这种模式，有时会因为合伙人之间在一些利益点上有很多不一致的地方，容易破裂，这很正常。毕竟在这个时代要长期发展，就需要相互宽容、理解和信任，这一点很重要。需要彼此能够共创、共享、共担，才能在好的时候和不好的时候都能够成事。

第二，其他多种融资方式各有利弊。

例如，商业天使融资，就像天上掉馅饼一样，这个不容易得到，除非人家特别青睐你的项目，有特殊情况的人也不好弄。贷款融资，实践证明中国同外国一样，就是说贷款的手续很麻烦，间接成本和隐形成本很大。我十几年前在德国留学时参观了那里农村的农场，原来以为德国的农民可能会享受政府的多种优惠和经济扶持政策，实际上德国的农民谈到这个问题时也觉得很无奈，他们说，如果想拿到所谓的政府支持款项，他们就要填很多的表格。填表格是什么意思？这就如同在中国获得政府或者银行的资金一样，同样需要跑很多的部门，经过许多部门的监督和审核。

民间融资，现在看来更不靠谱，曾经辉煌的浙江模式就是因为民间融资而兴，后来它的垮台就是因为这样的模式利息太高，你赚不了那么多钱，竟然还敢贷那么高利率的款。浙江模式为啥失败与民间融资有关，因为你要有这个本领，你赚的钱必须比你拿人家的这个钱赚得要多。风险投资，看的是你的项目是什么，也看项目团队和你本人以及团队的过往业绩。租赁融资，这在西方国家很早已经有了，中国现在慢慢想迎头赶上。比如飞机，航空公司的飞机好多不是自己的，都是别人给提供的贷款，但这个也不好弄。

第三，合伙融资仍然是最稳健的融资方式。

在我看来，第一靠自己，靠自己的阶段做好产品。产品过硬了，你的一切事情都好办了。在自融资不足的情况下，最好的融资渠道模式还是合伙融资，风险共担，利益共享。

6. 创业者如何洞察需求，做好新营销

主持人　下面我们讨论创业中的市场营销问题。

杜丽萍（西北大学国际商学院副院长）

第一，洞察消费需求比做好产品更重要。

今天的这个互联网时代，也是一个大数据时代，我们的市场营销确实从策略层面上发生了诸多变化。在手段上，即从“术”层面上来讲变化很多，但是我特别强调一点，就是万变不离其宗，要找到那个“宗”。从营销理论的根基上来讲，我觉得 4P 和 4C（P 代表产品，C 代表消费者）是永远不变的，我认为这是营销定律。

营销学家舒尔茨曾在挑战 4P 时说道：在今天这个时代，你一定要忘记 4P 但要记住 4C，所谓忘记的前提就是忘记产品，记住的前提就是记住需求。正如前面董驰老师强调的洞悉需求，这是所有创业活动的起点。如果你不具备这种洞悉市场需求的能力，你有再好的产品和再强的技术都可能会淹没在市场经济的海洋中。所以，需要忘记你是谁而去想一想消费者在哪里。

第二，商业的本质是为消费者创造价值。

4P 和 4C 涉及的概念是价格问题，要“忘记”在 P 中你的定价问题，而需要想到 C 即消费者能够接受的价格，这个价格不是你想定多少就定多少。所有的企业家和所有的创业者都想让自己的产品价格更高、利润更丰厚，但你不要只盯着价格，一定要记住你的价格能卖出去的关键在于价值。“忘”价格“记”价值，忘记你的渠道。比如我们所有的商品，不管你今天利用什么样的互联网平台，其实都是一个渠道开发问题，你的渠道深耕到什么程度？布局到什么样？关键是什么？你的布局渠道就是要使你的消费者在购买它时能最方便，这里的 4C 就是方便性，能够最方便才是商业的本质。就现在而言，大家在探讨新零售时说，不管手段怎么变，都要方便消费者。马云为什么现在还要在线下开始扩张？

第三，时代营销：消费需求和产品供给的深度融合。

现在的消费者已遍布中国的角角落落，我们必须让他们在第一时间用最方便、最快捷的方式买到他们心仪的商品，忘记 P 想到 C，忘记你的促销手段也就是你的促销传统，说你的产品到了终端你肯定就得搞促销了。现在会发现马云的阿里为什么不用促销，因为所有的单子已经都接好了，我只是去拿东西而已。所以，它们在旺季促销时想到的是什么？沟通性。其实它们的所有商品与消费者的沟通早已经在消费者确定购买之前就实现了。所以，我觉得“道”是根本。我们常说：“君子务本，本立而道生。”永远记住 4P 和 4C，而不要听信有人说 4P 时代过去了，4C 时代到来了，其实是它们两个深度融合的时代到来了，对我们来说挑战更大，这个领域需要去做更长久、更深入的探索。

董驰（西北大学经济管理学院博士）

第一，新营销解决的第一个问题：“曝光率”。

在互联网背景下，特别是创业者做营销时要注意一些问题。所有营销首先要解决的就是消除陌生感的问题。比如，一说到讲市场营销的专家，大家都知道杜老师。但是，大家不一定知道董驰。原因是什么？就是我的曝光率不够！所以，我们研究和操作市场营销时，首先要研究曝光的问题。现在从新媒体整个的演化路径来看，曝光的前提是你要有好的内容和好的“料”，假如有好的内容，可能发一个抖音，你即使是零粉丝也可以有上百万的阅读量。这是我们新工具的问题，但这只是“术”层面的。

第二，新营销策略：“有意思”比“有意义”更重要。

在策划这个方面，我认为主要是两个支点：第一是要解决信任的问题，简单理解就是产品，人品就是产品，产品就是人品。第二是兴趣问题。简单解释一下，就是“有意思”比“有意义”更重要！不要试图给消费者讲道理，你需要把你自己变成一个有趣的灵魂，自然就有很多人愿意向你倾诉。

目前，互联网上最主要的玩法就是 4 个字“卖萌 耍贱”。卖萌和耍贱这种玩法已经缔造了一个百亿级的企业——三只松鼠！大家可能都看了新闻，三只松鼠已经成功上市，它们在做营销时把卖萌和耍贱玩到了极致。有 3 个 IP，第一个是鼠小贱，第二个是鼠小酷，第三个是鼠小美。最后当大家看到这个结果时，鼠小贱的这一个小 IP，其实在整个销售里面已超过了 80%，所以说耍贱是更有杀伤力的。

7. 分享不同行业的创业经验

主持人　下面分享不同行业的创业经验。涉及电商创业、大数据需求分析创业，网约车，文化产业商业模式，乡村旅游，其他服务业领域创业（金融服务，律师界，新媒体，医院医疗，老年人护理与培训，中、小、幼课外培训等）。

王强（陕西绿源旅游景观工程有限公司合伙人）

第一，打造林果产业基地和农产品的新零售。

我们的项目属于农业林业和旅游业的范畴，首先我们这个项目比较特殊，它是按照田园综合体的方式来进行项目顶层设计的。我们有几块商业收入，也就是项目的收益来源：一块就是在项目地打造的林果产业；一块是农产品的新零售，就是要把所在城市的整个农产品做一个聚合，打造一个农产品物流基地；还有一个就是依靠当地丰富的林业资源，迎合国家储备林的宏观政策，在未来种植一片林地，与当地农民合作，由农民来配合进行植树造林，然后给农民一定的劳务酬劳。

第二，开发多面的商业收益来源。

在回收和开发林业资源、享受国家对储备林的奖励政策时，我们公司可以取得一定的收益。此外，其他林地可通过市场交易渠道变卖或销售出去。另外，董驰博士讲到了三只松鼠的案例，我们也会针对水果业提出一些大胆的想法。西安是一个典型的北方城市，冬天比较寒冷，我们的一个大胆设想，就是在陕西西安打造一年四季都能吃到新鲜水果的一个设想。

我们的初步考虑是，至少在 1 ~ 3 年内从流量里面切入 10%，大家可以算一下，将 10% 的流量纳入林果旅游销售之中会是什么概念，这也是我们另外的收益来源。大概分了几个层面，有国家奖励层面的、有种植林业层面的、有通过旅游销售果业层面的收益，还有一个就是通过农产品的物流基地来做物流水果和物流配送，建立多方面的盈利渠道。

宁晓安（西安高度教育创始人、校长）

第一，我从校内创业起步又到公司就业。

我有过三次创业经历。第一次和第二次创业都是在校内。第一次创业是做淘宝店卖女装，三个月很快就失败了。第二次创业是在开淘宝店卖女装不挣钱之后，发现给别人教开淘宝店挺挣钱。但是，我觉得很虚，当时也是花了差不多半年的时间，很快也失败了。然后就到了快毕业的时间，我就在想，毕业之后怎样才能快速融入某个行业。由于我对教育行业特别感兴趣，这样就去了学而思，即目前国内教育培训行业市值排名第一的公司，在这个公司里干得还算不错，从西安干到上海。在这个机构里，我又被另外一家公司以 80 万元的年薪挖走了。

第二，创办高度教育：感觉赚钱真不容易。

在这个新公司干了一段时间后，我又开始想自己创业的事情，然后就创办了现在的高度教育。再后来我就发现，自己创业当小老板与上班领工资有本质的区别。其实领 80 万元的年薪是非常轻松、开心的一件事情，但自己创业后我发现一个月我只拿到 2 000 元的工资，就很纳闷。到现在为止，说实在的，我可能要干三年才能把当初的 80 万元慢慢挣回来，就这个事情我觉得很奇妙。

我从学而思出来创业时带了一个团队，说实话我在老东家那里挖了 5 个人，干了一件不太地道的事情。挖了 5 个人出来之后，我在教培行业就算是小有名气了，在我们这个圈子里面，稍微能排上号的许多机构都知道我们，都想挖我们。这个时候，我就有点膨胀了，什么时候我们变得这么值钱了？动不动就有人说宁老师年薪 100 万元，你看行不行，不行就 200 万元加入我们的团队里面。当时的外部氛围使人感觉有点膨胀，我自己好值钱呀！但是，我发现其实这么多的路，你最后只能选一条，由于我不甘于去公司体制内工作，觉得在这种环境下没有成长的空间，也不能学到更多的东西，我是一个想要不断向上挑战自己的人。那么，就自己做，创办公司。虽然说现在年营业收入做到了 500 万元，但说实话利润真的不高，甚至非常低，与我的付出是不成正比的，或者是完全不成正比的，再加上还有其他的股东和团队成员，这并不是我一个人的公司。

第三，创业关键词：抓住需求，深度思考，降维打击。

第一个词团队讲完了，我就讲第二个词，叫作矛盾。这个词是从马云身上学到的，就是有矛盾的地方就有商机，那么我就在找哪个地方矛盾最大。刚开始我觉得小学生想要上课，家长想要让小学生去考一个好的学校，这是一个应试需求，然后想让孩子进行一个思维的锻炼，这也是一个需求。但是，需求这个矛盾点被太多人发现了，大家都在做这件事情，那么我做的时候其实就没有价值了。

第三个词语叫作深度思考。我们这个行业的一个缔造者叫曹允东——学而思的创始人，之前他也挖我。他和我聊了两个小时，告诉我现在这个行业里面大家做事和创业环境都太浮躁，大家都缺少深度思考的能力，这个是我学习到的第三个词语。

第四个词语叫作降维打击。我觉得最好的创业模式其实就是降维打击。我们把一二线城市优质的商业模式搬到三四线城市，因为方向和地点变了，而这个时候我就发现了一条新的赛道，就是我不用去做 to C（意思是直接培训学生），我 to C 做差不多就行，也不用做得太好。我去给这些校长做培训，给他们输出产品，当然这个产品不是我自己的，是架构在“爱学习”即目前国内 to B（意思是培训校长）产品做得最好的，我利用这个产品或者说利用我自己的优势去做师资管理培训和营销培训，在教育培训的细分市场领域上去做好 to B 的输出。我正在探索新模式的道路上奋进，已经踏出了自己的第一步。

阮肖（西安白马金服创业管理有限公司创始合伙人）

第一，我的创业从赚钱到赔钱：失败后寻找新的方向。

我从大学刚毕业就开始自己创业，其实第一次算是正式毕业之后开始做的，就是在我们西北大学南校区开了一家舞蹈房，非常赚钱。这时就有一个想法，觉得自己特别厉害，什么都能干。第二次我们就做了一家物联网公司，结果一年内就赔了一百多万元。到第三年就非常沮丧，觉得创业这件事其实真的不是特别好干。在那家公司破产之后的一年内一直处于动荡期，我们在思考要选择从哪个方向去做。我在西北大学读的是中文系，辅修金融专业。其实，我原来对咨询行业和金融行业非常感兴趣，一直想找个突破口，从这个方向去做。

第二，创业投资公司需要足够的专业储备和被人信任。

2016 年，我走入了风险投资这个行业。这个行业说白了是两个行业，第一个是经营“钱”的，第二个是经营“管理咨询”的，也就是经营“智力”的，所有投资的支撑一定是基于你对其有很深的研究和理解。2016 年，我们创立了白马金服创业管理有限公司。截至目前，我们在业界算是小有名气和成就的公司，现在管理着 2 亿元人民币的 VC 基金，一是在陕西省投了一家医药企业，差不多投出了 1 亿元人民币，这也成为 2018 年后半年和 2019 年上半年陕西省最大的一个购买民营企业的风险融资事件。二是我们本身的业务就是在孵化企业，现有 200 家企业与我们保持密切联系，办公区设在高新二路的咖啡街区，如果大家有机会可以到我们那里去，分享一下做创业投资者风险投资行业的生意经。

这个行业看起来门槛很低，但实际上要求非常高，它要求解决两个方面的问题。一是要有足够的专业知识。这个行业一直讲求的是你的宽度只能做 1 米，而在纵深方向需要做 1 千米，也就是说你对所投资的行业必须绝对了解。比如说，到目前为止我们只投两个方向，一个是医药，一个是消费品。在这两个行业中，我们花了大量的时间和精力做研究和基础铺垫工作。也就是说，要保证未来遇见的项目都能看得懂，同时对项目风险要有把控能力。因此，具备足够的专业知识是做风险投资的第一个巨大的门槛。

第二个门槛是经营信任。风险投资经营的产品和商品其实就是人民币。人民币从哪里来？作为一家风险投资基金，一般情况我们投 5%，也就是说现在有 1 亿元的基金，我们自己投 500 万元，还有 9 500 万元必须有投资人去投。你怎么能说服那些风险投资商来投资？基于我们自身的成本和风险，我们现在的定价是起步投资至少有 2 000 万元，才可以来谈合作。那么，怎么取信于他让他把 2 000 万元放到你这儿呢？并且还是完全没有保证的资产配置投资。因此，经营信任本身就是一件非常复杂的事情。

第三，“专业”和“信任”是商业模式成功的法宝。

做风险投资必须具备这两点：第一要足够专业，第二要有经营信任。如果某个项目投资能做，其商业模式就很简单：一是取得维持资金管理费用，也就是说你从这只基金中可以计提三年或者两年的管理费，这样你一下子就有了一大笔资金来运营团队。二是资金管理公司获得较大的投资增值收益，即来自未来所投企业的效益。还有，如果所投企业发生了股权交易，就会产生巨大的股权增值收益。一般情况，按照本行业中与“跟投”的投资人之间的分配比例，我们至少要吃掉 20% 或

30%，这样的比例到目前为止我们有 3 家在投企业，如果进行融资估值，账面收益至少超过了原投资的 4 倍。同时，在做风险投资行业之外，我们也投了一些实业，今年计划启动我们自己投资的新零售和餐饮类项目。

张少元（地特网“画乡之窗”创始人）

先说一下我是做媒体的。媒体是赚钱的，我们选择的是区域媒体，原来在西安市区，之后选择到了西安郊区鄠邑区。西安地方太大，我们做不起来，就在鄠邑区投资做新媒体。我们的商业模式就是流量变现，经过一段时间的运营，在鄠邑区约 60 万人口中，目前我们的微信粉丝大概有 20 万人。如果将我们的流量变现的话，一个是广告收入，一个是政府服务买单收入，包括政府大型直播活动都是由我们承办而政府买单的。

还有一个就是我们线上平台的销售，即引流，把我们的 20 万粉丝能够引流到平台上进行交易，就是一个吃喝玩乐的网络平台，这个是淘宝和京东干不了的事情。

王浩公（陕西浩公律师事务所主任）

我们律师事务所成立十几年了，去年的收入是 1 000 多万元，现在在西安市内的高档写字楼购有 1 680 平方米的办公场地。但是，我觉得律师这个行业不仅仅是要赚钱，而且还需要满足客户的刚性需求，还要有预防风险、化解危机的能力。现在我是陕西省政府、西安市政府、咸阳市政府、宝鸡市政府的法律顾问。

主持人　我们今天讨论的有电商创业、大数据分析创业，郭建琼教授分享了大数据分析创业，还有网约车、文化产业的商业模式。我们都在经常思考创新创业机遇，如乡村旅游业、医疗护理，尤其是老年人护理和培训，等等。

现实的行业和经济业态中，人的健康问题，老年人的培训护理，与小孩、婴幼儿相联系的行业相对比较稳当、稳健。有些行业看起来利润不是很高，但是它们很稳定、稳健；相反，也有不少行业看起来很光鲜，但潜在的风险很大。最后，我认为，中小企业创业就适合于开展特色化经营，只要瞄准缝隙市场，坚持不懈地做下去就一定能成功。

模块二　大学校园创业项目案例评析

1. “氢云之质”——新型固体化学储氢系统（西北大学研究生优秀创业项目）

项目介绍人　王迪（西北大学化工学院博士研究生，团队负责人）

第一，氢燃料汽车的市场发展前景广阔。

近年来，汽车行业迅速发展，我国也正在启动禁止出售燃油车的时间表，许多人将目光投向了氢燃料汽车。氢燃料汽车的原理是氢气和氧气发生反应生成水和电；对于氢燃料汽车来说，如果它的储氢量越多，则它的续航里程就越长。我国是一个制氢大国，每年可生产约 2 000 万吨的氢气，位居世界第一。近年来，在北、上、广等 11 座城市已经建成了加氢站并投入运营，氢燃料客车已经服务过北京奥运会、上海世博会、深圳大运会等多项大型活动。但是，其采用的均是气态储氢方式，存在着危险性大、储氢量小、制造成本高等缺点。因此，各大汽车公司正在寻求一种新的、高效安全的储氢方式。

第二，我们的“新型固体储氢技术”竞争力超强。

我们团队采用新型固体储氢技术，在低温条件下，加热氢化储氢材料，通过化学反应的方式可以存储为自身体积上千倍的氢气，过程简单，操作方便，且材料可以重复使用。但是，储氢材料在吸放氢的过程中的热效应会严重损害储氢装置。为了解决这个问题，我们团队不断提升储氢装置的性能，设计出的螺旋管储氢装置与传统储氢装置对比，增大了装置的使用寿命，提升了热量的利用率，能够快速响应运行时的动力需求。

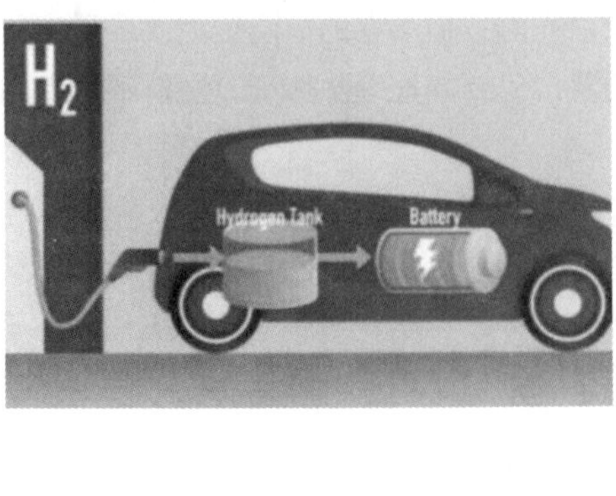

传统储氢装置在放氢时内部大约有 70% 的氢气是难以有效放出的，而我们的储氢装置可以将这一数值降低到 8%。我们在螺旋管的基础上优化了结构参数、安装参数和操作参数，获得

了目前国际先进的固体储氢装置设计方案。由于物流车的车检标准比较少，所以我们从低端的物流车入手。我们为了验证设计的可行性，前期搭建了一个固体储氢装置，耦合氢燃料电池小型模拟车，经过测试，小车成功运行，验证了固体储氢装置的应用性能。

紧接着我们对比了不同的储能方式。可以看出，采用氢气功能时它的能量利用率高，储能密度大，就整个功能系统而言，固体储氢装置的总质量储能密度较高。对比不同的储氢方式可以看出，我们的项目储氢压力降低，储氢密度升高，放心条件降低，安全性能更高。在相同储罐体积的条件下，我们的储氢装置可以使现有的氢燃料汽车的续航里程增大 1 倍。在产品加工制造过程中，我们团队提供了设计方案，经合作厂商加工制造、质检之后就会销售给汽车厂商。

第三，我们的项目与企业的商业合作正在进行。

我们团队从 2006 年开始就进行了多种固体储氢装置的性能测试，2018 年进行产品的小型测试，与湖大艾盛汽车有限公司合作，推出适用于物流车的运营产品，紧接着与其他汽车公司合作推出各类产品的试运营。2019 年与湖大艾盛汽车有限公司合作进行产品的中试。我们与 3 家企业签订了合作协议，转让了 10% 的股权，计划融资人民币 300 万元，主要用于产品开发和团队建设。我们的核心团队有张早校教授和王玉琪教授，他们在固体储氢装置方面有十余年的研究经验，我本人是西北大学博士研究生，主要研究固体化学储氢装置的性能优化，我们团队在 SCI 顶级期刊上发表论文 20 余篇，我们的产品获得了 4 项国家专利授权。同时，我们团队还获得了第四届全国“互联网 +”大赛的银奖和陕西省金奖等 10 余个国家级和省部级奖项。

董驰提问　对你的储氢装置的安全性能能否再做进一步的解释？

王迪回答　在同样储氢条件下有 3 种不同的储氢方式：第一种是气态储存方式，也是目前最常用的器材，典型的应用企业是日本丰田；第二种是有机液体储氢，这是前年复旦大学的一个教授推出的有机液体车，但是后面没有继续做下去的消息；第三种就是我们的储氢装置，其技术关键点就是储氢压力和储氢密度以及储氢材料问题。

第四，我们的储氢装置技术应用有安全保证。

气态储氢的储氢压力需要在 70 兆帕条件下，而我们的设计只需要 5 兆帕，压力降低得非常多，增大了整个运行过程中的安全性。关于储氢密度，采用气态储氢时，是将气体通过高压压缩在一起，而它的储氢密度也没有材料固体吸附的时候吸附得多，我们的储能密度要比它大很多。还有就是储氢材料是通过高压气体直接压缩的，所以不存在储氢气体；有机液体咔唑是用材料来吸，但是咔唑在释放氢时需要在 170℃条件下且加高价的催化剂来进行催化才能使它放氢。而我们的材料只需要在常温条件下，用换热流体就可以进行放氢，相对来说条件比较安全。

董驰提问　你们这个产品现在和汽车结合了没有?

王迪回答　我们是在 2018 年 12 月与对方签订了合作协议，2019 年一直在做产品的中试检测，他们是看了我们一个小型小试的结果。2019 年和对方合作，我们提供储氢装置，对方提供车，在湖大艾盛汽车有限公司的厂商进行测试。

王鸿提问　你这个储氢装置充一次氢需要多长时间？ 20 分钟吧？那与液态氢注入的时间差不多吗?

王迪回答　不是。有机液体储氢和我们的储氢方式对于整个汽车内的系统是不一样的。有机液体储氢是把氢油加进去，然后在汽车里面反应产生氢气，氢气用完还要剩余一部分副产物或一堆废油就产不出氢气了，要是再用，需要把原来的遗留物排空再重新加氢油进去，需要“放和加”。我们的储氢装置储氢过程约需 20 分钟，可能会比前者所用的时间稍微长一点。

王鸿提问　你们这个装置的成本与液态氢气在成本上比较有什么优势？

王迪回答　其实我们没有和液态氢气对比过成本，因为液态氢的储罐就是一个平常所说的储油罐，而我们和丰田的气态高压储罐对比了，成本上没啥优势，丰田那个车是六七万元，我们这个是 6 万多元，整个成本没多少差别，包括所有的配套设施加在一起。我们储氢装置的优势是可更换的，即可以直接把这个储氢罐拿出来，再换上另一个充好氢的储氢罐。

王强提问　在这方面，政府的支持程度和企业的风险程度如何?

王迪回答　第五，国家政策支持大力发展氢能源汽车。

这两点其实我们也都有讨论。关于氢氧电动车以及氢燃料汽车国家有政策支持，但是，从这几年的补助情况可以看出国家对电动车的补助力度明显下降了，而且在未来的一个发展规划之内，对电动汽车的补助已经没有想象的那么大了，但是国家对氢燃料汽车目前的补助特别大。举个例子，我们在视频最开头说了，在 2018 年 5 月，国务院总理李克强参观过日本的丰田汽车厂； 2019 年 7 月，关于支持发展氢燃料汽车问题，习近平主席曾致信中国氢燃料汽车大会。在整个宏观政策上，国家支持大力发展氢燃料汽车，国务院出台的关于国家支持发展氢燃料的相关政策和文件，媒体也做了报道，在《中国制造 2025》中也指明了这一发展方向。

2. 竹马青少年特色体验（西北大学研究生优秀创业项目）

项目介绍人　邢咚琳（西北大学文化遗产学院硕士研究生，团队负责人）

第一，乡村和城市孩子教育条件存在着很大的落差。

筑梦乡村、博物世界，我们坚信远见比物质更能够改变每一个贫困地区乡村孩子的未来人生。我们项目的名称叫作“博物馆系列课程进校园”，是打造博物馆学习体验的系列课程，主要是针对乡村地区青少年学生的视野扩展和他们的素质教育的提升项目。2016 年，我加入了西北大学研究生支教团并成为一名成员，包括我本科期间也进行过支教活动，主要是对贫困地区的学校和学生进行了一系列的帮扶活动。从中发现，我们带进去的一些硬件物质条件对他们的改善，孩子们会非常欣喜、兴奋。当我们把梦想课堂、梦想教室带到他们教室时，他们对更远的世界、更广阔的天地及未来的世界完全是不陌生的，是更加欣喜和接受的！

第二，国家扶贫政策应该扶持对孩子的智力开发。

目前的乡村教育与我们现在城市的教育存在很大的信息不对称，城市接受教育的孩子已经走入比如像研学、游学等甚至到国外游学的阶段，而乡村的教育还停留在基础教育不断提升的阶段。所以，乡村孩子获得素质教育的条件与城市孩子存在很大的差距。我在发现这一现状和研究了一系列的政策后发现，目前国家的扶贫教育政策主要是扶持贫困，但是，我认为最重要的应该是扶“智”和“志”，一个是智力的“智”，一个是志气的“志”。让远处的广阔天空来激发他们内在的学习动力。因此，扶贫政策的着力点应当是能够长久长远地改变贫困地区现状。

我们为什么做博物馆加教育课程？既有我们的专业优势又有陕西广阔的博物馆资源优势。我们利用博物馆打造出来的系列课程，让孩子们知行结合和动手结合，形成沉浸式的体验课堂。所以，综合一系列的现状，我们认为发展乡村博物教育或素质教育势在必行。

第三，项目的思路：激发梦想、博物馆教育和乡村实践。

我们的项目模式是激发梦想、博物馆教育和乡村实践，目标群体主要是乡村地区 5 ~ 13 岁的少儿和幼儿，就像现在城市里比较常提的 12 岁以前的儿童。为什么要强调这样一个阶段？因为这个阶段是他们启迪明智最好的阶段。我们的项目通过操场演讲、号召公益合伙人加入项目团队，一起进入乡村学校以及到整个乡村地区，在激发孩子们内在的学习动力之后，我们会把博物馆系列课程输入乡村地区，让他们通过博物馆教育认识世界、认识历史，希望他们本地不管是学校还是乡村都建立起自己的所谓乡村博物馆或者校园博物馆，利用他们所学的一系列知识打造属于自己的记忆，而这个博物馆本身又能作为一种文化传承，在这个校园或者乡村继续保留下去。

这里所展示的图片都是我们已经进行过的实践活动。我们的操场演讲是号召公益合伙人了解乡村现状，博物馆课程不限于大家印象当中的历史类博物馆，它包含任何孩子们可以沉浸式学习的场景，如科技馆、名人故居、美术馆、植物园，乡村、乡间田野，都可以成为孩子们学习的一个课堂，这个课程覆盖多个领域和多个学科。到目前为止，我们已经开发完成了 100 节课程，已经实践了 60 余节，我们的操场演讲到贫困地区已经实践了 4 次。

我们项目和课程的优势是开放性、跨学科、因地制宜，根据乡村的实际情况，通过对博物馆的调研，制定孩子们可以直接到博物馆学习的课程。45 分钟的操场演讲公益人士非常容易实现，我们具有持续的研发能力，这个课程是易复制的，希望我们的项目能被更多的人复制。这样，一是更多的人参与学习就是对我们课程更大的认可，二是对乡村地区大有裨益。

我们项目最终的目标是希望在短期内先达到有“千所帮扶学校”，号召“千名筑梦讲师”为孩子带去“千堂视野课程”，最终能够打造“千座乡村博物馆”教室。我们目前已经完成了第一、第二阶段课程的研发，同时，操场演讲已经完成了模块化实践。下一阶段的工作主要是对接乡村的学校，打造他们的乡村博物教室。我们的自造血方式是与公司对接的商业模式，有关公司对我们的课程已经非常认可，他们投资于课程实践之后会产生一定的效益。操场演讲和博物馆课程也在进一步优化。

第四，团队协作、各方助力，我们的项目正在前行。

我们希望能够建立一个有限责任公司来进行项目运作：此公司在乡村实施公益项目，在城市进行商业项目运行。我们项目团队的成员除了市场策划成员以外，其余都具有博物馆志愿服务经历和支教经历，有两位成员已经在西安市某所公立小学进行博物馆课程实践，有两位博物馆学专家为我们指导课程研发，由北京第二外国语大学的专家指导我们进行国际素养的课程研发，我们也受到教育专家和多家机构的支持，无论是爱心机构的支持还是科研力量都十分充足。

《华商报》和万科地产已给我们前两次的操场公益活动提供很大的支撑。博物馆课程最重要的是前期研发费用很高，一旦前期课程研发成功，后续将是不断盈利的过程。到目前为止，研发阶段的每堂城市课程的盈利已达到 1 700 元，我们未来的融资主要是希望能够尽快成立公司，并且能够对接一些爱心企业和爱心机构来进行合作发展。

杜丽萍评析

咱们现在流行一句话，你不仅要看到“眼前的苟且”，还要有“诗和远方”，刚才听了项目介绍之后我觉得，你先有“诗和远方”了，我简直找不到“苟且生存”的空间。你们的项目从理论上来讲，它的确有价值，特别具有公益性，也有未来性。

今天，我们这么多老师在谈到创业创新的时候，大家认为要谈洞悉人性、洞悉市场，充分掌握市场需求才是建立商业模式和商业价值的起点。但是，我觉得你们是基于对专业的爱好和专业的自我优势，再加上有过支教经历以及那种人文情怀，使得你们就偏爱了这样的项目。这个项目从公益性、道德感上来讲，它一定是有价值的，但遗憾的是它没有商业价值。

比如，今日大家谈到中国教育的市场需求，尤其是小学教育项目，前面的创业企业家（宁晓安）思维就很现实，创业者立马通过“功利”项目帮助小学生家长解决问题，就能够取得创业成功。而你现在是把人家好不容易设立的“功利”项目，硬是要做成公益项目，如果过度地将“功利”变成“公益”项目，那么，这是很可怕的，可能你会成为“先驱”！为什么说你不能轻易地把自己置放在“先驱”的位置上，因为我们没有足够的精力和财力来支撑这种失败。所以，我是不看好这种类型的项目的。

3. 科普筑梦行（西北大学大学生优秀创业项目）

项目介绍人　王俪锦（西北大学化学与材料科学学院本科生，团队成员）

第一，特色科普知识和体验，打造中小学生校外课堂。

我们的项目是从 2017 年 7 月开始的。在调查情况和联系合作时，我们去了陕西省黄龙县和绥德县的两所小学，发现一个乡镇小学从 1 ~ 6 年级只有七八十个孩子，教师仅有四五人，这就意味着他们的课表非常单薄，不像我们城里的学生，这类小学学生的基本科学课教学都没有办法保证，更不用说课外课了。我们发现不仅是师资问题，还有他们的经费和实验内容等。我们的项目就是为了改变教育不均的现象而开发的。

我们的合作模式是联系乡镇的中小学校，为这些中小学校提供一些科普实验

的展演。如果学校有意向进一步合作，我们会探讨合作模式、签订合同，为学校提供教案、教学资料、培训老师，还会跟进服务。项目的亮点在于是原创课程。课程内容大概有 90 余节，到目前为止，科普活动时长已有 1 900 多小时，覆盖人数约 4 万多人， 在城市和乡镇小学共同开展活动。

第二，为不同的中小学校和学生定制特色科普课程。

我们的课程绝大多数都来自生活。比如，幼儿园课程会使幼儿园小朋友从液体、固体、气体 3 个基本物质状态认知和感受世界，中小学阶段课程是关于生活探秘或食品安全的。当然，还有“奥秘花园”等一些更深入的课程，这些是课本里面不讲的内容，我们的课程是对学校教育的深化和辅助。

在科普知识方面，包括科技馆中小学的科学课堂、科普大篷车和科普报告会等。我们“科普筑梦行”项目的特点就在于让每一个学生都能动手去操作，并在操作过程中去真正地认知和感受世界。我们会去问学生你看到了什么样的现象，引导学生去提出自己的观点，提出自己的一套理论，再对这些理论进行验证。其实，这个过程正好是科学发展的过程，这样可以培养学生思考问题和解决问题的能力。

第三，项目和团队依托西北大学的软硬件条件支持。

我们的项目和团队均基于西北大学化学国家级实验教学示范中心设立；所有的教师都经过专业科普培训，项目有充实且完整的实验课程内容，项目团队在学校以一个社团形式存在，并邀请一些有志青年一起深入到基层去讲课。关于项目的经济问题，我们团队除了公益行动之外，还有商业的盈利模式。西北大学对我们进行了很大的资助，在学校北校区给我们提供了一间实验室，让我们可以进行一些商业上的合作。

当然，这么大的项目离不开多方面的支持，我们现有专、兼职教师 20 余人，团队成员 6 人。团队负责人张伟学长本科毕业后在全职负责推动本项目，指导教师谢钢教授是西北大学化学与材料科学学院副院长，赵军龙副教授为我们提供了很多实验，包括安全方面的技术指导等。我们的专家顾问团队会把实验室研发出来的一些最前沿的科技教给我们，我们再用科普这种比较好玩的形式展示给中小学生。项目的社会顾问有中共中央党校的郝重庆博士、行知小学校长田健、应用心理学专家李敢博士等。

第四，项目属于公益性和商业性相结合，前景广阔。

项目资金主要来源于学校和扶贫项目的支持，还有一些社会公益基金和信托公司以及企业家的一些支持，也有一些实体自营实验室的商业收入会投入到项目运营。做科普项目，资金规划的大头是交通费用，讲课费和食宿花费并不是很多。今后，我们可能会投入更多的资金用于课程设计和团队的发展。目前，我们已经走过20余所中小学，约有4万名中小学生听过我们的课。到2020年6月，我们预期将会走过50余所乡镇中小学，使覆盖人数增加至6万人。我们会尽可能地与更多的中小学达成长期合作协议。

董驰评析

前面这两个项目很相似，但是我觉得现在需要整体筹划一下。其实，它们完全可以结合起来。一个是科普，一个是博物馆，最核心的是把项目组织化，做公益也是要花钱的。你们现在有学校和老师等方面的支持，而将来该如何发展？我们不能光靠一腔热情去做事情，我认为后续需要组织和项目结构化，增强项目的可持续性。

4. 校园O2O全生态链生活服务平台（西北大学大学生优秀创业项目）

项目介绍人　彭万立（信息科学与技术学院本科生，团队负责人）

第一，抓住需求痛点，依靠自主软件开发而成功创业。

我给大家带来的项目是校园风O2O全生态链生活服务平台项目。尽管这是一个校园创业项目，但我们是通过西安辰远网络科技有限公司进行运作的，公司已成立了3年。我们的主营业务是软件开发和市场运营，将我们的服务软件应用于社区生活服务，解决人们生活的便利性等问题，通过公司的服务期望得到一定的商业回报。重要的问题就是服务软件的开发。

高校食堂存在消费者排队、就餐特别拥挤的现象，很多高校校园内没有食堂外卖。另外，校外就餐、订餐通过互联网挤进校园，破坏了校园的服务生态。校园服务生态本来可以迎头赶上，甚至全面超越，但是，现在却没有这样的服务平台。

校外食品安全没法保证。还有一个问题就是大学生做校外兼职的特别多，大学生兼职的需求旺盛。但是，从新闻报道来看，学生兼职渠道少、成长性小，且容易受骗。基于这些消费服务需求和学生兼职需求的痛点，我们提出了一个解决方案，为高校后勤提供技术服务支持，用我们开发的系统软件与高校后勤合作，免费提供食堂外卖的平台服务。服务平台带出高频的场景，外面可以快速获取学生的流量，有了流量基础，进一步提供其他的黏性服务。

如何能够为高校后勤系统提供技术服务支持？这就需要开发自己的系统——食堂外卖系统、在线预订系统和在线支付系统以及大数据分析，这个系统是直接支付到自己学校的对公账户上的，资金安全。我们的系统稳定运行了三年，从来没有出现过问题，系统数据都是全自动生成，傻瓜式操作、直接使用，只需不断优化和丰富其他应用即可。

以西北大学为例，在校师生 27 000 人，我们的平台注册用户有 25 000 多人，服务覆盖率达 94.5%，平台也积攒了大量的活跃用户，不断为他们提供其他服务，即平台通过外卖服务取代了其他快递水果超市技能服务、跑腿办事等服务。

第二，深化服务创新，提高用户的数量、服务质量以及公司业绩。

在外卖技术平台的基础上，2017 年，我们推出了智能外卖自提柜全保温餐盒，这是与环保有关系的餐具服务。截至目前，我们公司已经服务了 10 多个学校，有西北大学、西安外国语大学以及省外的内蒙古大学等。自 2017 年与西北大学合作推出加强版“互联网 +”食堂平台服务后，卖单流量持续迅速上升，高校师生对食堂的用户体验越来越好。有媒体报道了我们的前端和商家管理以及学生勤工俭学界面的火爆场景。我们后台的数据显示单月营业额已达到 70 万元，对每个商家来说，它的营业额可增长 20%。我们覆盖了学校 80% 的产品，餐厅的业绩也获得了很大的提高。

我们的服务质量提高了用户的复购率，总用户的复购率达到 10%。对每一份点餐记录，进行大数据分析，将用户的口味需求和口味变化等数据及时反馈给餐厅，餐厅及时调整菜品和服务，使得餐厅业绩迅速提升，针对这 10% 复购率的信息变化及时调整，给餐厅带来了每月一两百万元的营业额。

我们的创新服务平台，在学校内部创造出 100 多个勤工俭学岗位，大大丰富了学生的课余活动，校内就业岗位的薪资远远高于社会就业岗位的平均水平。学生校内岗位有客服、配送员、调度员等，用户无论对食堂的饭菜质量和服务，还是我们的外卖服务平台均好评如潮，客户的满意度比较高。

第三，拓展与高校后勤部门合作，创造了斐然的公司业绩。

如何将我们的服务平台模式进行复制，已经有了较成熟的方案：免费系统、

服务师生，有了完整的系统解决方案，就可与高校后勤部门商谈合作方案。与合作方协商与协调后，在一周的时间内项目就可以落地，一个月的时间就可以完全保证系统的正常运营。我们的商业计划书全面介绍了运营模式、服务保障等内容，尤其是关于安全的问题，我们在食品安全、人身安全和系统安全等方面给高校做出的承诺。现在，我们以“星星之火可以燎原”之势，用一年的时间已经复制了10个学校，都是与高校官方进行的合作。

我们的复制成果如下：累计服务10多个学校，均是与高校官方的合作。采取招投标方式或者自己找学生团队自己做。目前，我们的营业额已经突破了1 000万元，提供检修岗位500余个，一个全职就业公司就能够创造30余个就业岗位，累计配送外卖已经90余万份。

第四，巩固公司业绩，未来向社区发展创新服务。

我们的公司和项目受到一些投资机构的关注，目前正在与有些融资机构和公司谈判。项目经报道之后，CCTV系统平台中有301个点评，我们获得了一些学校和政府政策的有力支持。创造的社会效益如下：提供快递小哥岗位30余个，兼职岗位500余个，为社会创造了包括公司这边有50多个就业岗位，为高校累计提供了勤工俭学岗位1 000多个。

项目和团队未来怎么办？中国高校的有限天花板是很容易看到的，我们未来需要向社区化方向发展。高校本身就是一个典型的社区，还有同城、小商、小乡、小县城、小社区，我们可以利用物联网技术和区块链技术，未来创造一个像这种管道运输的模式，从而更高效地配送外卖。比如，美团外卖现在能达到30分钟配送，我们的新模式可能只需要10分钟就能达到，外卖配送带给用户一个全新的、颠覆式的体验。不断开展技术创新和服务创新，未来有信心拥抱整个社区化的外卖服务，在这方面的天花板现在还看不到。

郭建琼评价

你这个项目相当于美团在校园（局部）的应用点。这个项目能够进一步发展的核心是深挖用户的需求。但是这类O2O的项目模式，它有比较明显的天花板，改变这个局限需要一个很大的裂变模式。依托高校的创业项目有很大的优势，就是有很多的校友。最近，我发现大学和社会组建了很多的校友会，未来你们可以完全利用你的平台和项目模式跟校友会联动起来，利用校友和校友会的资源合作共赢，会使得你的创业平台变得更大。

今年国家出台了《中华人民共和国电子商务法》，其中涉及食品安全等问题，可能会使得涉及食品加工和食品配送服务行业的业务扩展成本投入更高，你说的 1 000 万元销售收入还是 300 万元？利润有 300 万元？这类项目的核心是在针对现有的客户群体深挖他的需求，然后设计出其他衍生模式，拓宽用户需求。比如，利用区块链技术，推送便宜、便捷、积分，发掘大学生的潜能，然后去引流、减少用户跳单，让人吃了饭还有其他的需求。

商家引流的过程需要黏性用户，扩大用户数量和提高产品与服务质量的共同之处就是要深挖用户的需求，培育用户的潜在裂变。单纯靠眼前的收入可能不行，必须要挖掘多维收入点才有可能，比如有流量产品的要打造爆款。这个项目提供了一个平台来吸引同学或是老师去做这个项目的快速裂变模式。

5. 大学生校园生活一体化服务平台（长安大学大学生优秀创业项目）

项目介绍人 张后龙（长安大学经济与管理学院本科生，团队负责人）

我来介绍我们的“大学生校园生活一体化服务平台”项目。

第一，把握校园服务需求的痛点和团队的竞争优势。

我们团队经过前期的市场调研，结合数据分析整理得出了以下大学校园生活中存在的一些明显的痛点。比如，资源分散、重合率高，还有现有的服务平台功能单一等一系列问题。以长安大学为例，很多新生到校之后，会盲目地去关注许多公众号、QQ 群和 App 应用等，但是，当他们真正要去解决代购、代跑腿、闲置物品的交换以及信息搜集时，却发现没有一个稳定可靠的平台能够帮他们解决这些问题。因此，大学校园里面急需一个能够整合校内外资源，为大学生提供解决问题的服务平台。

我们团队分析了宏观环境下的政策支持，消费升级后人们的购物消费思维和需求的转变，还有技术革新的可能性等，论证了我们项目的可行性。尽管环境条件既存在着机会也有挑战，但我们拥有资源整合、资源调动灵活等优势，外部的宏观政策比较优良，这些进一步增强了我们创办“芒果知平台”的信心。

第二，构建独特的信息服务平台。

我们的业务平台分为六大板块："芒果知道"主要负责校内外官方资讯的发布以及回答学生的提问；"芒果二手"主要提供学生闲置物品、学习用品、生活用品的交换；"芒果导航"相当于一个校内微缩型的专属地图，包含校园周边的门店信息；"芒果就业"则发布一些经过我们平台审核过的、可靠的实习兼职招聘等信息；"芒果学习"就是师生们进行学习和交流的平台，尤其是通过直播形式进行的师生之间考前交流和辅导；"芒果跑腿"主要负责学生之间的互助、代购、代跑腿和代取快递等业务。

为了使我们的业务更加清晰，将这六大板块与现有市场上的同类竞争品进行对比，从中展现了我们业务方面的独特优势。首先，我们的目标市场更加有针对性、更加精细化，对用户提供独特性的服务。其次，我们的各个业务流程具有创新点，比如，我们的"芒果跑腿"采用了自建加招募的校园配送体系，能够保障我们的服务效率和服务质量。

我们的商业模式前期主要是通过"芒果跑腿"和"芒果二手"这两个业务板块收取一定的服务费、增值服务费以及信息发布费。在商业模式的后期，通过积攒客户流量、流量变现以及向平台使用者发布信息获取一定的费用。

第三，综合优势显现出项目的广阔前景。

我们的团队成员来自长安大学的不同学院，团队成员拥有不同领域和不同专业的知识和能力方面的优势，具有很强的凝聚力和执行力。

从融资和财务预测来看，如果将我们的项目与同类竞争品进行比较，前期预估可能融资到 100 万元人民币。因此，基于轻资产运作模式，我们预估将在三年内就可回收投资。关于本项目的市场风险问题，从 5 个方面或者 5 个不同角度进行分析和论证，在项目的运作过程中，我们将依靠专业知识和技能尽量避免这些风险发生。总而言之，无论从盈利模式还是从解决市场需求的痛点方面，我们的项目都是有一定的可行性和前景性的。

最后，我们项目的发展规划是前期先在一个学校落地，然后普及到周边的高校，最终将本项目推广到全国各大高校。在把握已有业务的基础上，未来将推动本项目的多元化发展。

主持人　（最后总结）

第一，大学生创业对人生成长有重要的意义和价值。

今天，我们的 5 位大学生分享了他们的校园创业项目，从中显示出了大学生

的活力、创意和创新性。大学生创业活动经过多年的实践证明，不管是对个人历练本领、促进就业的好处，还是对社会进步和发展的作用校园创业的重要性都是不言而喻的。对大学生的校园创业活动，我们形成了一个共识：首先是培养一种创新创业“意识”；其次是培养创新创业“能力”；第三，真正能持续成功地创业，需要有创新创业的“精神”。创业精神就是企业家精神，企业家精神中包含着他们对利益追求的理性精神，还有就是以苦为乐、不断创新的精神等。

第二，有企业家精神的创业者才可能成为人生赢家。

大学生创业项目的失败也是很正常的一件事情。我们可以看一看，阿里巴巴和腾讯等许多公司当年创业也是很艰难的。例如，大约20年前的“互联网冬天”，腾讯公司以50万元的价格出售本公司的时候，没人敢接盘买断，而现在的腾讯公司值多少钱？因此，成功的企业家都证明过一个概念叫作“百折不挠”或“坚韧不拔”，短时间的成功不算成功，能够在逆境中坚持下去的人才可能成功。

大学生创业活动不分文科和理科，不同学科各有各的优势和劣势。文科学生在理解人文社会和发展人脉关系上可能有一定的优势，但大多数不懂得大数据分析；理科学生在数学和专业技术等方面有特长，但多数理科学生不懂得如何把先进技术转化成生产力，转化成商业产品并销售出去。因此，对于实操创业而言，所有学生都需要培育自己的商业新思维。过去的创业者依靠经验判断来捕捉市场需求，并能够取得创业成功；而现在想要把握市场机遇和市场需求，仅依靠人的经验和感觉已经不行了，现实市场需求的痛点是需要进行大数据分析的。

第三篇

创新创业重要专题专家论坛

模块一　“互联网 +”大赛与创新创业

☞ 内容提要

作为创新创业教育的重要平台，2015 年开启的中国“互联网 +”大学生创新创业大赛，有助于深化和强化大学生的创新精神、创业意识和创造能力。这部分内容包括“互联网 +”创新创业大赛的历史沿革、规则和模式以及典型案例等。由于大学生普遍缺乏市场经验、商业磨炼和资源积累，使得“互联网 +”大赛的创新创业项目与实战性创业项目存在较大的差距，但是，大学生参与“互联网 +”大赛的创新创业项目，对其未来步入社会的创业和就业以及人生成长均有重要的意义和价值。

1.“互联网 +”大赛与创新创业教育

1.1 全面深化高校创新创业教育改革

2015 年 5 月，《国务院办公厅关于深化高等学校创新创业教育改革的实施意见》（国办发〔2015〕36 号）明确深化高等学校创新创业教育改革，是国家实施创新驱动发展战略、促进经济提质增效升级的迫切需要，是推进高等教育综合改革、促进高校毕业生更高质量创业就业的重要举措。

其中，第五项“强化创新创业实践”中明确指出，各高校要加强专业实验室、虚拟仿真实验室、创业实验室和训练中心建设，促进实验教学平台共享。各地区、各高校的科技创新资源原则上向全体在校学生开放，开放情况纳入各类研究基地、重点实验室、科技园评估标准。鼓励各地区、各高校充分利用各种资源建设大学科技园、大学生创业园、创业孵化基地和小微企业创业基地，作为创业教育实践平台，建好一批大学生校外实践教育基地、创业示范基地、科技创业实习基地和职业院校实训基地。完善国家、地方、高校三级创新创业实训教学体系，深入实施大学生创新创业训练计划，扩大覆盖面，促进项目落地转化。举办全国大学生创新创业大赛，办好全国职业院校技能大赛，支持举办各类科技创新、创意设计、创业计划等专题竞赛。支持高校学生成立创新创业协会、创业俱乐部等社团，举办创新创业讲座论坛，开展创新创业实践。

1.2 加快科技成果转化为现实生产力的步伐

2016 年 4 月，《国务院办公厅关于印发促进科技成果转移转化行动方案的通知》（国办发〔2016〕28 号）明确了促进科技成果转移转化行动方案。促进科技成果转移转化是实施创新驱动发展战略的重要任务，是加强科技与经济紧密结合的关键环节，对于推进结构性改革尤其是供给侧结构性改革、支撑经济转型升级和产业结构调整，促进大众创业、万众创新，打造经济发展新引擎具有重要意义。

在“产学研协同开展科技成果转移转化”的重点任务中，针对高校科技成果转化的开展提出以下四点建议：支持高校和科研院所开展科技成果转移转化，推动企业加强科技成果转化应用，构建多种形式的产业技术创新联盟，发挥科技社团促进科技成果转移转化的纽带作用。在“大力推动科技型创新创业”的重点任务中针对如何推动科技型创新创业的开展提出以下 3 点建议：促进众创空间服务和支撑实体经济发展，推动创新资源向创新创业者开放，举办各类创新创业大赛。

1.3 深化产教融合、提升人才培养质量及促进创业就业

从 2017 年起，鼓励教育培训机构，行业、企业联合开发优质教育资源，推动探索高校和行业、企业课程学分转换互认机制，允许和鼓励高校向行业、企业和社会培训机构购买创新创业、前沿技术课程和教学服务。培养学生“敢闯会创”精神，把促进高校毕业生更高质量创业就业真正落到实处。

“互联网 +”大学生创新创业大赛是国家政策支持并落实创新创业教育的重要举措。在前几届大赛举办的基础上，2020 年大赛正式更名为“中国国际‘互联网 +’大学生创新创业大赛”，让中国学生与国际学生同场竞技，用“敢闯会创”精神，以赛结友，促进中外文化交流，培养大学生发挥创新创业的青春力量。

2.“互联网 +”大赛历史沿革

2.1 “互联网 +”大赛历届赛事

2.1.1 第一届“互联网 +”大赛

2015 年 4 月 10 日，李克强总理视察吉林大学时，对举办中国“互联网 +”大

学生创新创业大赛作出明确指示。为贯彻落实李克强总理的重要指示和《国务院办公厅关于深化高等学校创新创业教育改革的实施意见》，教育部会同国家发展改革委、工信部、人社部、共青团中央和吉林省人民政府联合举办了首届大赛，旨在深化高等教育综合改革，激发大学生的创造力，培养造就大众创业、万众创新的生力军，推动赛事成果转化，促进"互联网 +"新业态形成，主动服务经济提质增效升级任务，以创新引领创业、创业带动就业，推动高校毕业生更高质量地就业。

2015 年的首届中国"互联网 +"大学生创新创业大赛以"'互联网 +'成就梦想 创新创业开辟未来"为主题。大赛采用校级初赛、省级复赛、全国总决赛的三级赛制，共吸引了 31 个省份及新疆生产建设兵团 1 878 所高校的 57 253 支团队报名参赛，提交项目作品 36 508 个，参与学生超过 20 万人，带动了全国上百万大学生投入创新创业活动。在校级初赛、省级复赛基础上，按照组委会确定的配额择优遴选项目进入全国决赛。全国共产生 300 个团队入围全国总决赛，其中，创意组 100 个团队，实践组 200 个团队。全国总决赛最终产生金奖 34 名、银奖 82 名。北京航空航天大学"Unicorn 无人直升机系统"项目和浙江大学"智能视力辅具及智能可穿戴近视防控设备"项目获得冠军，华南理工大学"广州优蜜移动科技股份有限公司"项目获得亚军，西安电子科技大学"Visbody 人体三维扫描仪"项目获得季军。

2.1.2 第二届"互联网 +"大赛

2016 年的大赛主题为"拥抱'互联网 +'时代 共筑创新创业梦想"。吸引了全国 2 110 所高校报名参赛，占全国普通高校总数的 81%，提交项目作品近 12 万个，参与学生超过 55 万人，分别是首届大赛的 3.3 倍、2.7 倍。全国共产生了 600 个项目入围全国总决赛。通过网上评审，产生 120 个项目进入全国总决赛现场比赛。最终评出大赛冠、亚、季军 4 名，金奖项目 32 个、银奖项目 115 个、铜奖项目 448 个，单项奖项目 4 个、参赛鼓励奖项目 24 个、优秀组织奖 10 个、先进集体奖 22 个。西北工业大学"翱翔系列微小卫星"项目获得冠军，南京大学"Insta360 全景相机"项目获得亚军，山东大学"越疆 DOBOT 桌面机械臂"项目和北京大学"ofo 共享单车"项目获得季军。

2.1.3 第三届"互联网 +"大赛

2017 年的大赛主题为"搏击'互联网 +'新时代 壮大创新创业生力军"。与往届相比较，本届比赛增加了参赛项目类型，鼓励师生共创。全国共产生 600 个项目入围全国总决赛。通过网上评审，产生 120 个项目进入全国总决赛现场比赛。最终评出大赛全国总决赛冠、亚、季军 4 名，金奖项目 35 个，银奖项目 110 个，铜奖项目 481 个，单项奖项目 5 个、参赛鼓励奖项目 20 个、优秀组织奖 10 个、先进集体奖 20 个；国际赛道金奖项目 4 个、银奖项目 13 个、铜奖项目 41 项。浙江大学“杭州光珀智能科技有限公司”项目获得冠军，北京航空航天大学“ULBrain 机器人视觉解决方案”项目获得亚军，南京大学“分子精准调控的吸波导磁材料及工业解决方案”项目和东南大学“全息 3D 智能炫屏——南京万事屋科技有限公司”项目获得季军。

2.1.4 第四届“互联网 +”大赛

2018 年的大赛主题为“勇立时代潮头敢闯会创 扎根中国大地书写人生华章”。中国大陆共有 2 278 所高校的 265 万名大学生、64 万个团队报名参赛，超过以往三届的总和，共有 400 多支队伍参加总决赛。中国港、澳、台项目方面，共有近百个项目参赛，从中产生 20 支队伍参加总决赛。国际赛道方面，来自全球 50 个国家和地区的 600 多支队伍参赛，最终有 60 支队伍参加总决赛。北京理工大学“中云智车——未来商用无人车行业定义者”项目获得冠军，厦门大学“罗化新材料：全球激光荧光陶瓷的领跑者”项目和北京邮电大学“人工智能影视制作——聚力维度”项目获得亚军，浙江大学“邦巍科技——全球高性能结构材料领跑者”项目、北京理工大学“枭龙科技 AR 智能眼睛”项目和加拿大多伦多大学“FlexCap”项目获得季军。

2.1.5 第五届“互联网 +”大赛

2019 年的大赛主题为“敢为人先放飞青春梦 勇立潮头建功新时代”。本届比赛共有来自全球五大洲 124 个国家和地区的 457 万名大学生、109 万个团队报名参赛，参赛项目和学生数接近前四届大赛的总和，大赛构建了“高教、职教、国际、萌芽（中学生）”四大板块。总决赛期间，高教主赛道评出 61 个金奖项目，“青年红色筑梦之旅”赛道、职教赛道和国际赛道各评选出 15 个金奖项目，萌芽板块通过现场展评，评选出 20 个创新潜力奖。清华大学“交叉双旋翼复合推力尾桨无人直升机”项目获得冠军，浙江大学“回车科技——未来全脑智能行业定义者”项目获得亚军，浙江大学“智网云联——无限共算全球算力交易平台”项目和印度尼西亚泗水理工学院 / 浙江工业大学“iHe @ r”项目获得季军。

2.1.6 第六届“互联网 +”大赛

2020 年的第六届大赛正式更名为中国国际“互联网 +”大学生创新创业大赛，大赛主题为“我敢创我会创”。让中国学生与国际学生同场竞技，用“敢闯会创”精神，以赛结友，促进中外文化交流，培养大学生发挥创新创业的青春力量。教育部高教司司长、大赛组委会秘书长吴岩强调，本届大赛要谋大局、应变局、开新局，从某种意义上来讲，是一届再出发、再突破、再深化的大赛，要推动形成新的人才质量观、新的教学质量观、新的大学质量文化观。

2.2 “互联网 +”大赛赛事分析

2.2.1 历届参赛人数

参赛人数逐年上升，第五届参赛人数达到 457 万人，约为前 4 届的总和，历届参赛人数如右图所示。

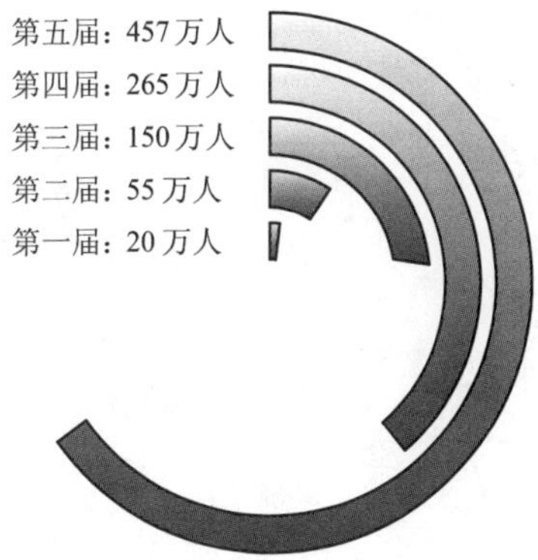

2.2.2 历届参赛高校

参赛的学校也逐年增多，首届大赛参赛高校为 1 878 所，第五届为 2 940 所，国内高校覆盖率达到 99.46%。此外，第五届大赛还吸引了全球 120 多个国家和地区的高校参赛，历届参赛高校情况如下图所示。

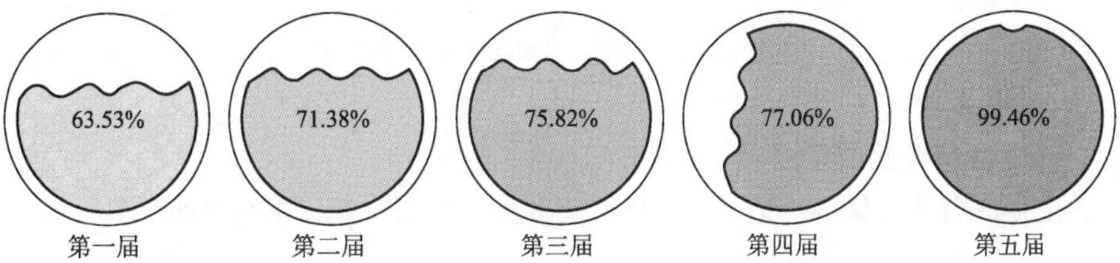

2.2.3 赛道设置

大赛从第一届到第三届为单一赛道主赛道；第四届为“1+2”模式，在主赛道基础上增设了“青年红色筑梦之旅”赛道和国际赛道；第五届为“1+4”模式，与第四届相比，新增职教赛道和萌芽板块。历届赛道设置如下图所示。

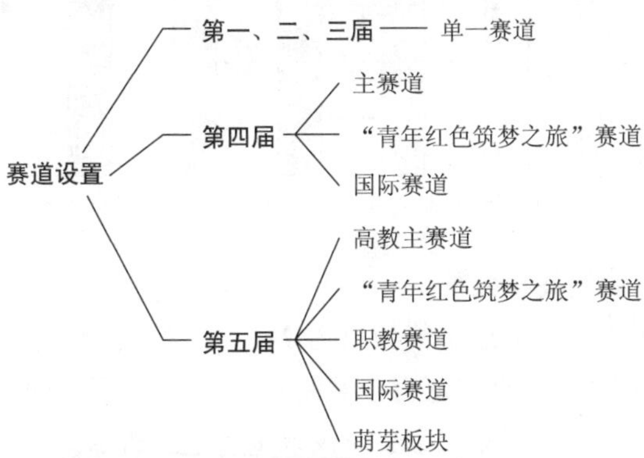

2.2.4 历届参赛组别

从第三届起，大赛在主赛道原有创意组、初创组、成长组 3 种参赛组别外新增就业型创业组，同时，主赛道预设金奖数由30个扩增至50个。到了第五届大赛，就业型创业组变更为师生共创组。历届参赛组别如下图所示。

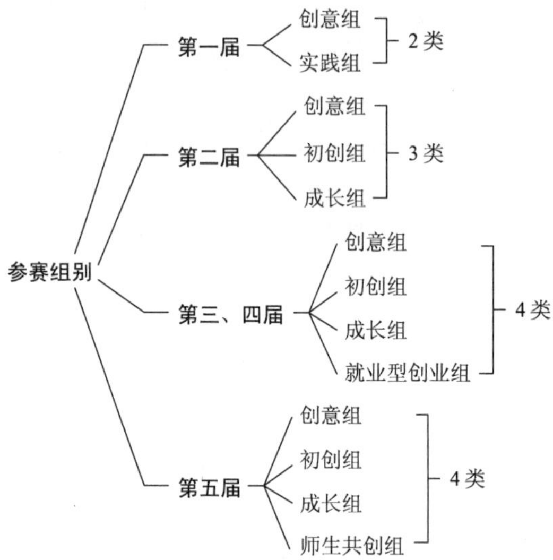

2.2.5 历届金奖数量

主赛道金奖数量逐年递增，历届金奖数量（含冠、亚、季军）如下图所示。

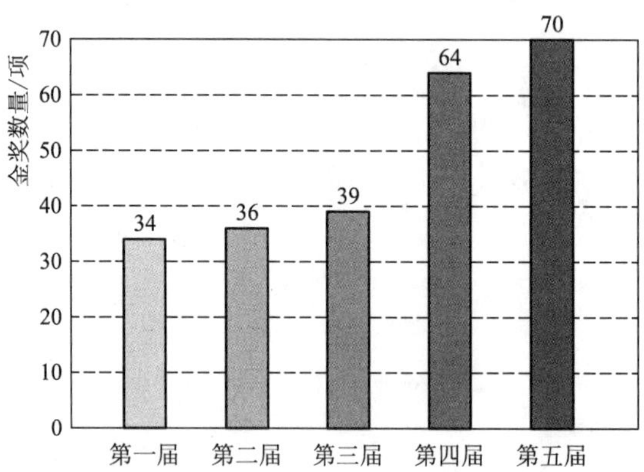

2.2.6 历届获得金奖高校数量

从首届大赛至今，主赛道金奖项目为 243 个，获得金奖高校（含港、澳、台地区）共 94 所。2015 年，首届获得金奖高校 27 所；从第四届起，获得金奖高校数量激增，达到 42 所。历届获得金奖高校数量如下图所示。

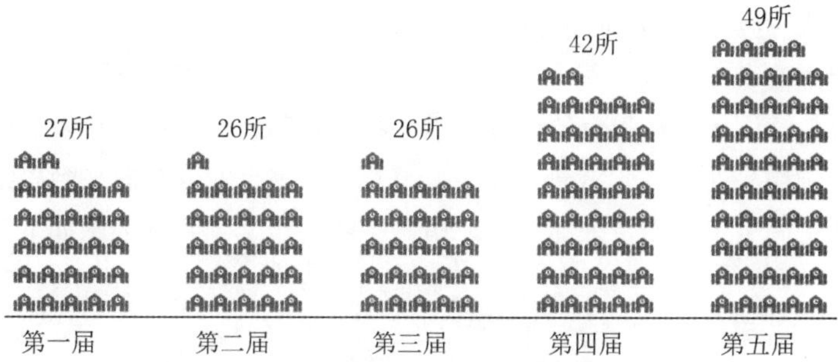

2.2.7 历届主赛道获得金奖“双一流”高校占比

在获得金奖的94所高校中，“双一流”高校拿下34席，占比36%。历届主赛道获金奖高校占比如下图所示。

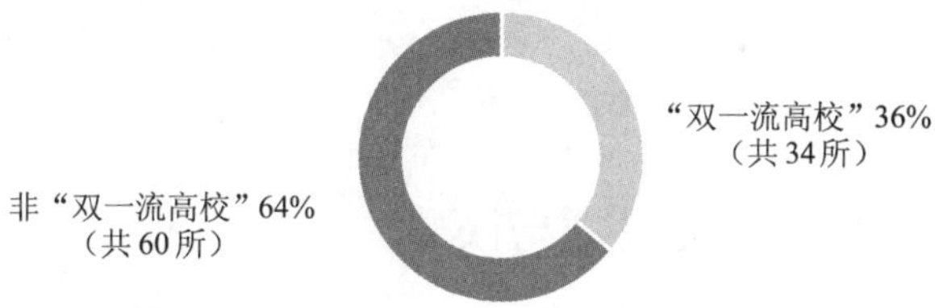

2.2.8 各领域金奖数量分布

结合历届大赛的通知，将金奖项目分为现代农业、制造业、信息技术服务、文化创意服务、社会服务5类。总体来看，“互联网+”制造业领域斩金凶猛，在5届主赛道243个金奖中占42%，远超其他领域。“互联网+”信息技术服务和“互联网+”社会服务两个领域的金奖数目分别占比20%和26%；而“互联网+”文化创意服务领域金奖数目相对较少，占8%；“互联网+”现代农业领域的金奖数更少，5届比赛中仅有9个金奖，占4%。各领域金奖数量分布如下图所示。

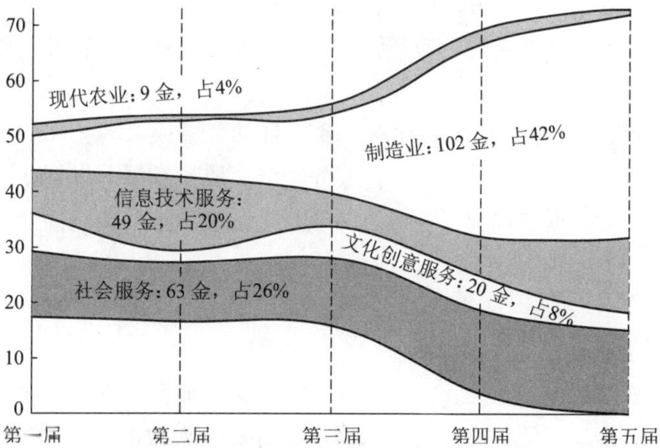

2.2.9 历届主赛道金奖项目名称

在主赛道金奖项目词云图中，“科技”“智能”“全球”“平台”“系统”“解决方案”等关键词出现在醒目的位置。借助科技创新，行业智能化发展已成为未来探索的核心领域，在全球化背景下，“互联网 +”多行业融合向平台思维靠拢，将为社会经济、民生等方面带来新变化。历届主赛道金奖项目词云图如下图所示。

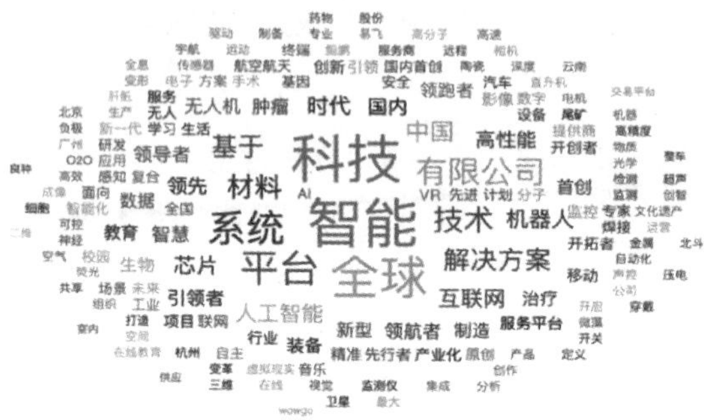

3.“互联网 +”大赛规则与模式

3.1 “互联网 +”大赛的目的与任务

（1）以赛促学，培养创新创业生力军。大赛旨在激发学生的创造力，培养造就“大众创业、万众创新”的生力军；鼓励广大青年扎根中国大地，了解国情民情，在创新创业中增长智慧才干，在艰苦奋斗中锤炼意志品质，把激昂的青春梦融入伟大的中国梦，努力成长为德才兼备的有为人才。

（2）以赛促教，探索素质教育新途径。把大赛作为深化创新创业教育改革的重要抓手，引导各地各高校主动服务国家战略和区域发展，开展课程体系、教学方法、教师能力、管理制度等方面的综合改革。以大赛为牵引，带动职业教育、基础教育深化教学改革，全面推进素质教育，切实提高学生的创新精神、创业意识和创新创业能力。

（3）以赛促创，搭建成果转化新平台。推动赛事成果转化和产学研用紧密结合，促进“互联网 +”新业态的形成，服务经济高质量发展。以创新引领创业、以创业带动就业，努力形成高校毕业生更高质量地创业就业的新局面。

3.2 第五届“互联网 +”大赛赛道分类

3.2.1 参赛组别

（1）高教主赛道：创意组、初创组、成长组、师生共创组。面向普通高等学校师生，要求参赛项目能够将移动互联网、云计算、大数据、人工智能、物联网、下一代通信技术等新一代信息技术与经济社会的各领域紧密结合，培育新产品、新服务、新业态、新模式；发挥互联网在促进产业升级以及信息化和工业化深度融合中的作用，促进制造业、农业、能源、环保等产业的转型升级；发挥互联网在社会服务中的作用，促进互联网与教育、医疗、交通、金融、消费生活等深度融合。

（2）青年红色筑梦之旅赛道：公益组、商业组。面向普通高等学校学生，公益组要求参赛项目以社会价值为导向，在公益服务领域具有较好的创意、产品或服务模式的创业计划和实践；商业组要求参赛项目以商业手段解决农业农村和城乡社区发展的痛点问题、助力精准扶贫和乡村振兴，实现经济价值和社会价值的融合。

（3）职教赛道：创意组、创业组。面向职业院校（含高职高专、中职中专）学生，参赛项目要求和高教主赛道相同。

（4）国际赛道：商业企业组、社会企业组、命题组。面向全球高等学校创新创业优秀青年，其中，商业企业组要求参赛项目具有较新的创意、技术、产品、商业模式等，有明确的创业计划。社会企业组要求参赛项目以商业手段解决社会问题，形成正向、良性、可持续运行的模式，服务于乡村振兴、社区发展、弱势群体或以增益可持续发展为宗旨和目标，并有机制保证其社会目标稳定，社会影响力与市场成果清晰、可测量。命题组向全球大型企业、政府机构、公益机构等征集题目，要求就自身发展或社会共性问题设立参赛题目，符合参赛条件的个人、团队、企业均可参赛。

（5）萌芽板块。面向普通高级中学在校学生，鼓励学生以团队为单位参加，允许跨校组建团队。要求引导中学生开展科技创新、发明创造、社会实践等创新性实践活动，培养创新精神、激发创新思维、享受创造乐趣、提升创新能力。

3.2.2 参赛类别

参赛类别有“互联网+”现代农业、“互联网+”制造业、“互联网+”信息技术服务、“互联网+”文化创意服务、“互联网+”社会服务。

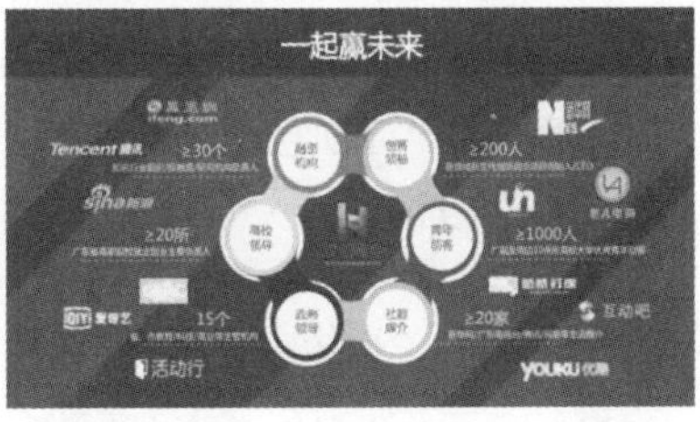

3.3 第五届“互联网+”大赛的规则

3.3.1 比赛赛制

大赛采用校级初赛、省级复赛、全国总决赛三级赛制（不含萌芽板块）。校级初赛由各高校负责组织，省级复赛由各省（自治区、直辖市）负责组织，全国总决赛由各省（自治区、直辖市）按照大赛组委会确定的配额择优遴选推荐项目。大赛组委会将综合考虑各地报名团队数、参赛院校数和创新创业教育工作情况等因素分配全国总决赛的名额。

全国共产生 1 200 个项目入围全国总决赛（港、澳、台地区参赛名额单列）。其中，高教主赛道 600 个、“青年红色筑梦之旅”赛道 200 个、职教赛道 200 个、萌芽板块 200 个。此外，国际赛道 60 个项目直接进入全国总决赛现场比赛。

高教主赛道中每所高校入选全国总决赛项目总数不超过 4 个，其余赛道每所高校入选全国总决赛项目总数不超过 2 个。

3.3.2 奖项设置

（1）高教主赛道。设金奖 50 个、银奖 100 个、铜奖 450 个，另设港、澳、台项目金奖 5 个、银奖 15 个，铜奖另设；设最佳创意奖、最具商业价值奖、最具人气奖各 1 个。设高校集体奖 20 个，省、市优秀组织奖 10 个（与职教赛道合并计算）和优秀创新创业导师若干名。

（2）“青年红色筑梦之旅”赛道。设金奖 15 个、银奖 45 个、铜奖 140 个，设“乡村振兴奖”“精准扶贫奖”“网络影响力奖”等单项奖若干，设“青年红色筑梦之旅”高校集体奖20个，省、市优秀组织奖8个和优秀创新创业导师若干名。

（3）职教赛道。设金奖 15 个、银奖 45 个、铜奖 140 个。设高校集体奖 20 个，省、市优秀组织奖 10 个（与高教主赛道合并计算）和优秀创新创业导师若干名。

（4）国际赛道。设金奖 15 个、银奖 45 个。设置组织、宣传奖，鼓励对参赛项目组织或宣传做出突出贡献的机构和个人。

（5）萌芽板块。设 20 个创新潜力奖和单项奖若干。设萌芽板块集体奖 20 个，优秀创新创业导师若干名。

3.4 第五届“互联网 +”大赛评审规则

下面以高教主赛道为例来说明评审规则。

3.4.1 高教主赛道创意组项目评审要点

高校主赛道创意组项目评审要点见下表。

评审要点	评审内容	分值
创新性	突出原始创新和技术突破的价值，不鼓励模仿。在商业模式、产品服务、管理运营、市场营销、工艺流程、应用场景等方面寻求突破和创新。鼓励项目与高校科技成果转移转化相结合，取得一定数量和质量的创新成果（专利、创新奖励、行业认可等）	40
团队情况	团队成员的教育和工作背景、创新思想、价值观念、分工协作和能力互补情况。项目拟成立公司的组织构架、股权结构与人员配置安排合理。创业顾问、潜在投资人以及战略合作伙伴等外部资源的使用计划和有关情况	30

续表

评审要点	评审内容	分值
商业性	商业模式设计完整、可行，项目盈利能力推导过程合理。在商业机会识别与利用、竞争与合作、技术基础、产品或服务设计、资金及人员需求、现行法律法规限制等方面具有可行性。行业调查研究深入翔实，项目市场、技术等调查工作形成一手资料，强调田野调查和实际操作检验。项目目标市场容量及市场前景，未来对相关产业升级或颠覆的可能性，近期融资需求及资金使用规划是否合理	20
社会效益	项目发展战略和规模扩张策略的合理性和可行性，预判项目可能带动社会就业的能力	10

2. 高教主赛道初创组、成长组、师生共创组项目评审要点

高教主赛道初创组、成长组、师生共创组的项目评审要点见下表。

评审要点	评审内容	分值
商业性	商业模式设计完整、可行，产品或服务成熟度及市场认可度，已获外部投资情况。经营绩效方面，重点考察项目存续时间、营业收入、企业利润、持续盈利能力、市场份额、客户（用户）情况、税收上缴、投入与产出比等情况。成长性方面，重点考察项目目标市场容量大小及可扩展性，是否有合适的计划和可靠资源（人力资源、资金、技术等方面）支持其未来持续快速成长。现金流及融资方面，关注维持企业正常经营的现金流情况、企业融资需求及资金使用规划是否合理	40
团队情况	团队成员的教育和工作背景、创新思想、价值观念、分工协作和能力互补情况，重点考察成员的投入程度。公司的组织构架、股权结构、人员配置以及激励制度合理。项目对创业顾问、投资人以及战略合作伙伴等外部资源的整合能力。师生共创组须特别关注师生分工协作、利益分配情况及合作关系的稳定程度	30
创新性	具有原始创新或技术突破，取得一定数量和质量的创新成果（专利、创新奖励、行业认可等）。在商业模式、产品服务、管理运营、市场营销、工艺流程、应用场景等方面寻求突破和创新。鼓励项目与高校科技成果转移转化相结合，与区域经济发展、产业转型升级相结合	20
社会效益	项目发展战略和规模扩张策略的合理性和可行性，项目实际带动的直接就业人数，考察项目未来持续带动就业的能力	10

从高教主赛道创意组和高教主赛道初创组、成长组、师生共创组的项目评审要点来看，“互联网+”大赛注重培养学生像企业家一样做事、像市场人一样思考，通过大赛激发学生的创业意识和创业基因，磨炼学生坚韧不拔的毅力、吃苦耐劳的意志，以及对风险的承受能力，最终凝聚成学生的创业精神和创业水平的提高。

4.“互联网+”大赛创业典型案例

案例 1–1 北京航空航天大学“Unicorn 无人直升机系统”。

北京航空航天大学“Unicorn 无人直升机系统”项目夺得 2015 年第一届中国

“互联网+”大学生创新创业大赛全国总冠军。该团队的无人直升机为流线型机身，可减少飞行阻力，提高抗风性，具有噪声低、易维护、低温启动、可在风雪雨中飞行等特点，应用于警用巡查、电力巡线、农林植保等领域。2015 年 5—10 月，基于该技术创立的公司销售额达到 280 万元。

案例 1–2 西北工业大学“翱翔系列微小卫星”。

西北工业大学“翱翔系列微小卫星”项目夺得 2016 年第二届中国“互联网+”大学生创新创业大赛全国总冠军。该团队是以西北工业大学在校研究生为主创立的面向微小卫星系统化平台解决方案与服务的年轻创业团队。团队以探索太空梦想、航天报国的热情以及协同创新的基因培养了一批充满阳光、活力和进取精神的航天青年英才。

团队以欧盟“QB50”项目为牵引，不断拓展国际交流合作，先后派团队成员赴荷兰、瑞士、俄罗斯等国参加微小卫星研讨会，广泛开展合作交流，以“教育部研究生微小卫星创新基地”为平台，以“立方星”系列设计大赛为契机，不断吸引优秀研究生加入微小卫星技术攻关和卫星研制当中，在提升自身实力的同时，掀起了设计立方星的热潮。该项目团队制定了立方星总体设计、系统集成和总装测试的研制规范，并提出基于“互联网+航天”的商业模式，提供面向团体和个人用户的低成本、模块化的功能定制卫星平台和定制化、个性化的空间信息服务等。

案例 1–3 浙江大学“杭州光珀智能科技有限公司”。

浙江大学“杭州光珀智能科技有限公司”项目获得 2017 年第三届中国“互联网+”大学生创新创业大赛冠军。团队核心成员多来自世界 500 强企业和世界顶级科研机构。项目团队研发出了全新的三维成像原理——具有完全自主知识产权的三维重建算法和硬件结构，解决了目前三维成像技术存在的高成本、低可靠性问题。

目前国际尚无同类技术达到该水平，这一技术属于国际首创，已经通过PCT审查。公司技术和产品具有鲜明的独创性、综合性和垄断性特点。这一技术将为智能机器人、汽车自动驾驶等领域带来革命性的发展。公司基于光珀独立研发的专利技术及第一代“GeniusPros芯片”已成功孵化出3个不同距离技术平台。产品主要应用领域包括安防监控、汽车自动驾驶、机器人导航、三维建模、虚拟/增强现实、人机交互、机器3D视觉等。

案例1–4 四川大学“Lifeline生命续航专家”。

四川大学“Lifeline生命续航专家”项目获得2018年第四届“互联网+”大学生创新创业大赛金奖。团队20余人在“千人计划”特聘专家康裕建教授的带领下，成功研发出生物活性血管，获得自主发明专利54项，利用3D生物云计算平台、生物墨汁制备、3D生物打印技术和打印后处理系统四大核心技术，成功研发出全球首台3D生物血管打印机。搭建了患者、医院、Lifeline团队三位一体的服务模式，利用互联网技术和医联体资源优势，10天即可定制出个性化的生物活性血管。

案例1–5 北京大学“天地一体智能无人机不间断巡检系统”。

北京大学“天地一体智能无人机不间断巡检系统”项目获得2019年第五届“互联网+”大学生创新创业大赛金奖并成功入围高教主赛道三强争夺赛。完成该项目的是一家以人工智能为核心，以工业无人机及其全自动机场为载体，计算机视觉等多元传感器融合为核心，自动分析识别检测，为行业用户提供机、网、云系统解决方案的公司，该公司致力于成为超低空天地一体运营商。其自主研发的“虎鲸无人机”与“虎穴全自动机场”，使无人机真正脱离飞手自主作业，目前已应用在电力、石油、安防、智慧城市等多个领域，依据行业客户需求及行业数据分析，持续为用户提供服务、创造价值。

从每一届大赛的优秀项目来看，“互联网+”大赛使得学生各个方面的能力和水平都在提升和绽放，最终凝聚成梦想实现的一个大舞台。

5.“互联网+”大赛对大学生职业生涯的影响

（1）为当代大学生提供一个创业平台。无论是当代大学生还是已经在社会中打拼多年的创业者、职场人士，都需要一个展现自己才干、实现自己理想的平台。我们曾经无数次对创业者和职场人说过，离开平台你什么都不是。而中国国际“互

联网 +”大学生创新创业大赛是当下国内级别最高、影响范围最广的大赛，能够在这个大赛平台上通过个人和团队的努力晋级胜出，是对每一位参赛大学生的锤炼并对其的一生都会产生积极影响的大事情。能够在大赛中胜出，意味着大学生们已经在社会生存中有了自己更高的起点和更广阔的平台。

（2）架起专业与事业之间的桥梁。大学生要站在人生规划和职业生涯规划的角度，分析清楚如何能够发挥自己的专业、个人特长并融入互联网大赛中。大学生应该在参赛之初应充分分析大赛的主题、流程、参赛规则、参赛要求及注意事项等，以自己的特色专业、优势资源、兴趣特长为起点，在“互联网 +”和创新创业概念基础上，选择最适合自己的赛道，发挥专业特色、利用科技成果去满足社会的需求，让大赛架起专业与事业之间的桥梁。

（3）社会大环境与格局意识。要清楚认知大赛的目的是以大赛为抓手，推动全国高校创新创业教育，激发全国大学生和青年人乃至全社会的创新精神和创业能力并充分带动就业。

（4）提前进入实践状态。在大赛中提升与导师及团队成员之间的沟通和合作关系，比如，学会与评委互动讨论，和团队成员之间对创业知识的快速学习与实践，学会将项目推介给投资人，学会展示项目的社会价值，等等，这些都是单纯课本学习无法完成的。

（5）以实战创业心态面对大赛。大赛举办以来，从国家战略层面到参赛评委的导向，都是以促进真正创业为目的的。参赛不能局限在获奖本身，而应该充分借助大赛提供的平台和来自于投资界、企业界大赛评审专家的引领，让自己迅速成长成熟，实现自身的社会和商业价值。每一个项目的最终成功，起决定作用的还是项目本身的产品和服务核心竞争力，把参赛当成一次真正的创业，而不要满足于取得奖项，以为这就是成功了。

6.“互联网 +”大赛对大学生创业就业的价值

“大众创业、万众创新”是我们国家倡导的激发民族创业精神和创新基因的全民活动，大学生群体因其具有聪明才智与特殊的人生节点成为这一全民活动的主力军。有必要对这一赛事活动对于大学生群体的价值加以系统性分析，以增强对这一赛事活动的认识和提高组织这一赛事活动的积极性和创造性。

6.1 全面转变创新创业思维理念，建立体系化思想

中国大学生对创业理念的认知和理解决定了其创业水平的高低。例如，美国创业成功人士扎克伯格和比尔·盖茨，他们从上大学之前就已经对“创业”这一概念有所了解。美国的大学体系为创新创业提供了良好的环境，例如，哈佛大学的“校企合作”模式、斯坦福大学的“产学研培养”模式和百森商学院的“创业实践”模式等创新创业教育都较为成熟。

“互联网 +”大学生创新创业大赛“以赛代练”，大赛所营造的创业氛围相比“纸上谈兵”的理论教学能让越来越多的大学生对创新创业产生兴趣。通过大赛的形式也可以使学生对于创业有所了解，从而对这一概念产生新的认知。随着赛事的不断举办，社会和高校也为学生提供了更多新形式的创业教育活动。首先是政府推出了一系列的创业政策，积极鼓励、支持、引导企业、非营利性组织等社会团体参与到学校的创新创业教育中；其次是高校逐渐建立了完善的创新创业课程体系，将创新文化和创业精神融入课堂教学，同时通过大赛的举办形成创客空间和实践基地，孵化出更多的创业项目。这些举措可以促进大学生全面转变创新创业思维理念，建立体系化的思想，全面增强自身的思维水平，在理论上有所创新。

6.2 促进学生综合素质能力和“双创”能力的提升

项目制式学习是“互联网 +”大学生创新创业大赛的一个最大特点，其具有全面培养大学生综合素质能力的巨大优势。项目制式学习主要有以下两个特点，一是创业项目入选后，项目组就必须围绕相应的创业项目开展一系列的实践活动；二是为了提升整个项目的含金量，项目组会从行业甚至投资界进行专业人士的聘用。高校要想实现最后的突围，就必须做好相应的准备，通过校内选拔赛、省级复赛、全国总决赛这一系列的比赛过程实现了大学生和专业人士的全面对接，进一步提升大学生自身的创新创业能力，实现了学生创业素质的综合提升。

除了大赛本身的影响，学校组织的日常培训也对学生综合素质能力和“双创”能力的提升起到了很大的作用。一方面，学校会邀请行业、专业知名的创业者和风险投资人对参赛学生进行专项培训，不断提高他们的创新创业能力；另一方

面，在创新创业课程设置上，为了提高学生的学习兴趣，学校正在慢慢改进创新创业课程内容及教学方式。借助专项培训和创新创业课程，培养学生的计算思维能力、分析思维能力和发散思维能力，最终为学生创新创业能力的整体提升打下坚实基础。

6.3 培养团队协作精神，使大学生拥有恒心与耐心

“互联网 +”大学生创新创业大赛是一个团队性的比赛，要求每个团队成员要有团结协作精神，并能在受挫时拥有恒心与耐心，而这两个方面也正是大部分当代大学生所缺失的。“互联网 +”大赛的特殊性可以培养学生的团队协作精神，教会大学生在受挫时要拥有恒心与耐心。

为了大赛共同目标的实现，团队成员之间会产生一体感和归属感，促进成员最大限度地为集体目标共同努力，由此产生团队精神；从大赛组队的发起到结束的过程中，成员间要经常交换思想、交流情感、互帮互助，在比赛中共同体验合作的快乐，摒弃个人主义作风，从而产生团队协作精神。随着比赛的进行，当一次次付出努力没有得到想要的结果时，不免会产生厌倦情绪，使人变得急躁、消极，大赛考验的正是学生的恒心与耐心，在一次次失败后继续努力，寻找下一个目标。“互联网 +”大学生创新创业大赛要经历校内选拔赛、省级比赛、全国总决赛 3 个阶段，长时间的比赛经历可以培养学生的团队协作精神，锤炼学生坚持不懈的品质。

6.4 养成职业素养，促进就业与创业

“互联网 +”大学生创新创业大赛就是让学生更加真实地了解市场、更加清晰地认识自己，从而在真正的就业与创业道路上能够软着陆。“互联网 +”大学生创新创业大赛在促进大学生职业规划方面的价值主要有以下两点。

一是为创业者创造机会。首先，大赛通过广泛的宣传和典型代表案例的分享，激发出学生的创业梦和创业兴趣；其次，高校组织的各类培训课程和培训活动为创业者奠定了良好的理论基础；最后，通过比赛，经过评委和专家的评审，为创业大学生的创新思想和创新科技能否运用到社会提出科学建议，并且通过赛事的宣传推广，可以很好地帮助大学生寻求创业资源。

二是为就业者建立职业规划。首先，参赛的经历可以更好地让大学生对社会

对行业有全面的了解，开阔大学生的就业视野，引导大学生树立正确的就业观；其次，参赛经历可以帮助大学养成良好的职业素养，增加就业积极性，降低学生就业的恐惧感和紧张感，缓解学生慢就业、缓就业的现象；最后，通过大赛系统的培养体系，帮助学生更好地认识自己、发展自己，建立属于自己的职业生涯规划。

总之，“互联网 +”大学生创新创业大赛自 2015 年以“‘互联网 +’成就梦想 创新创业开辟未来”为主题拉开战幕至今，每年都以更鲜明的主题举办，已经成为吸引高校广泛参与、焕发大学生创新创业激情与潜能的品牌赛事。

大学生创新创业大赛是创新创业教育的重要组成部分，在互联网的视域下“以赛促教”，通过创新创业大赛能够促进大学生将理论与实践相结合，活学活用、学以致用，能够将知识转化为创新创业能力，提升自身的综合素质。通过这些年的创新创业大赛为社会培养出了一批又一批的社会人才，通过举办创新创业大赛也涌现出了一批又一批的新兴企业，为社会的发展注入了新鲜力量。开展好、组织好这一赛事活动已经成为高校对大学生就业创业指导工作中的重要组成部分，现在其已成为一个品牌活动，对于增强大学生创新创业的胆识和能力，促进高校毕业生就业创业具有重要价值。

（本模块内容的文稿撰写和线上视频讲授均由西北工业大学教授、博士研究生导师王莉芳老师完成）

模块二　区块链与创新创业

内容提要

区块链技术的发展为数据的真实性验证贡献了共识机制，也为数据的可追溯性提供了解决方案。区块链技术推动了商业模式、流程和机制的创新，其拥有广阔的创业前景，为创业领域带来了很多机遇。区块链不仅是一项新技术，更是一种新应用范式、一种新思维模式，具有无限的可能。通过区块链技术的应用，解决了创业过程中的五大痛点问题。

1. 区块链技术为创新创业赋能

在数字经济发展的今天，创新创业的时代主题不仅在发生剧变，而且面临着重大挑战。熊彼特曾说过，数字资源在产业当中的应用能够给企业各个环节带来组合式的创新。陈春花教授也在《哈佛商业评论》2019 中国年会的演讲中提出，数字化将会成为未来企业的分水岭，顾客的边界在哪里，企业的边界就在哪里。

数字化经济正在重塑商业模式，顾客需求转变快、软件迭代速度快、产品更新换代快已经成为现代交易的基础模式。陈春花教授强调，不仅在商业模式的重塑上，未来企业的管理认知需要也要发生根本转变，传统的对产品管理思维需要转化为对数据管理的思维。现如今，数字化管理已逐渐成为管理的重点，企业在数字化运营方面的应用已经日益依赖于数字技术的支持。

区块链技术从诞生之日起就具有对数据共享、存储及追溯的天然优势，其分布式存储模式保障了数据的安全完整性，其共识机制减少了数据被篡改的可能性，其可追溯性提高了数据的使用效率。当前，我国经济转型已到深水区，创新创业遇到的挑战很大，要善于用科技为创新赋能。区块链作为重要技术，受到国家及社会各界的广泛关注，这不仅引发各方投资机构纷纷布局投资，成为数字经济创新创业的一大风口，而且在重塑商业模式、转变商业思维、提高商业效率上也具有重要的优势。区块链的红利时代正式到来！如何利用区块链技术与创新创业结合，这是我们要深入思考的问题。

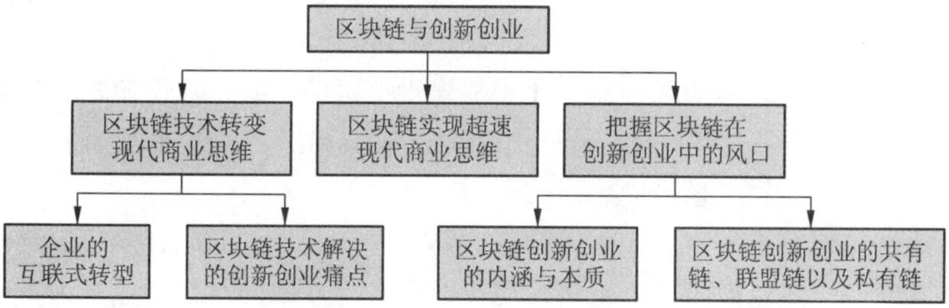

2. 区块链技术转变现代商业思维

阿里巴巴创始人马云认为，互联网不仅是一项技术，更是一种思想。如果把互联网当成思想看，那就自然而然地把组织、产品和文化都带进去，从而彻底地思考你的企业。可见，若不从互联网思维上重新构建企业逻辑是很难适应现代商业发展的。

2.1 企业的互联式转型

在互联网时代，常常听到的一个词叫作“颠覆”，以往企业的产品从生产到营销的各个环节都已经从逻辑上发生了重大的改变。将产品思维转到用户思维，已经是互联网时代商业的基本共识。企业的互联式转型，就是从组织、产品、文化、营销等各个方面全面地进行变革。

区块链构建超级合伙人模式。创业真正难的是把人聚在一起，通过组织互联，实现裂变创业平台，解放老板身心。通过人才互联，创新分钱机制，让人才为我所用。传统合伙人只是建立在投资合伙人的基础之上的，通过互联网思维和区块链技术，合伙人这个概念不再局限于此，价值创造的过程中所有参与者都可以是企业的合伙人，例如，代言合伙人、创客合火人、事业合伙人、股东合火人、投资合伙人等，甚至连消费者也可以是代理商。

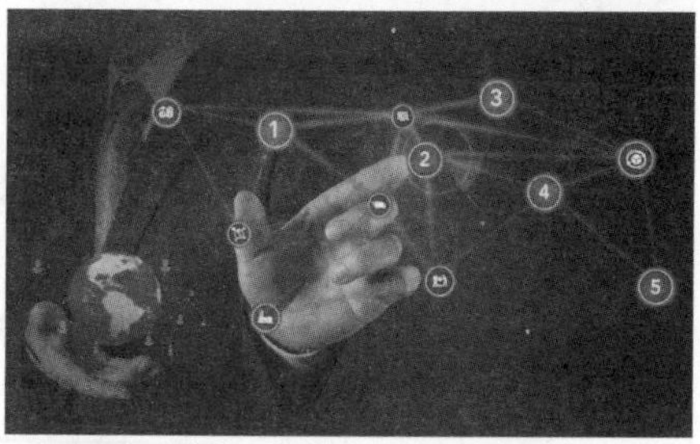

经营超级合伙人，就是从利益共同体到事业共同体再到命运共同体。把干部

变成老板，把员工变成创客，把客户变成合伙人，把公司变成平台。

区块链将产品转化为信用模式。产品互联解决了卖什么的问题，以前卖火锅，现在卖会员卡，卖的东西本质没有变，但卖的逻辑不一样了。火锅这种餐饮产品，过去的基本逻辑就是到线下火锅店吃完饭再结账，一手交付产品和服务，一手交钱，现金流和消费同步产生。基于区块链的信用模式，顾客先交钱，通过最强技术保障的信用方式，实现了从卖火锅到卖会员卡的转变。

这种提前锁定顾客的现金流，让交钱先于交货的方式，不仅使顾客享受到了打折的优惠，也让火锅店实现了早早获得现金流的好处，盘活了商业流程。所以，只有先改造产品，你的变革才会真正开始。

区块链构建海量用户资产。用户互联解决了卖给谁的问题，流量思维和粉丝经济是互联网经济变现的底层逻辑，用户数量成为互联网时代企业最为重要的资产。“注意力经济”成为这个时代的热词，谁拥有了海量的用户，谁就拥有了用户的“注意力”和顾客潜在购买力的金矿。产品思维向用户思维转变，重新定义用户，是互联网商业思维的重要方面。

区块链技术能够连接海量的用户，这些海量的用户形成了非常值钱的顾客资产，在用户关系维护方面也更为便捷和精准，解决了卖给谁的问题，裂变了粉丝的终身价值。

区块链重新定义交易模式。在互联网时代，最差的是产品思维，最强的是推销思维。区块链带来了裂变式营销模式，营销互联网解决了怎么卖的难题，“小黑裙”裂变式的营销模式堪称营销案例的典范。

案例 2–1 一条小黑裙，创下了在 1 个月内融资 200 万元，4 个月间粉丝量高达 80 多万人，营业额超过 1 000 万元的神话。小黑裙的发展方式为：高门槛（30 万元）+ 前端产品裂变返现利（45%）+ 后端产品裂变返现利（20%）+ 赋能（新零售赋能）+ 合伙人裂变（帮助发展合伙人）+ 分红（前 3 年利润分红）。高额回报销售人员的方式不仅省下了广告费、渠道费等，甚至其客户在进行产品消费后通过自身的推广裂变还能从中获得收益。这种营销模式的惊人之处就是使人人都成了销售者。

业绩就是一个企业的势能。企业有势能，很多问题就可以自然化解，唯有与时代趋势相吻合的新物种才能继续存活下去。

2.2 区块链实现超速盈利模式裂变

传统商业模式为重资产、低价值，现金流量少是其痛点。如今，很多企业都在向轻资产、高价值、强现金流的模式转变。在“互联网 +”时代，企业实现超速盈利能力的四大驱动力分别为爆品思维、众筹思维、社群思维和赋能思维。在互联网时代，只有打造黄金爆品，才能引爆企业利润。而众筹思维就是用社会的资金、社会的人，为社会办点事，顺便挣点钱。用互联网、信息技术为商业赋能，让商业模式焕发出年轻活力。

在这四大驱动力中，社群思维是兴起较早也是应用比较广泛的思维。其功能是刚需、情感是强需、有情就有参与、有爱就有传播的思路已经被很多企业拿来实践。用产品视解做竞争，到处都是红海；以社群视解做竞争，到处都是蓝海。在社群时代，把资产投资交给社会，把运营管理和品牌留给自己。在社群思维下，手机是入口，用户是资产，所有加盟模式卖的不是产品，而是赚钱的系统。

未来的商业将形成一个社群平台，越来越多的人会专职为多个社群打工，而且他们的工资都是以通证方式来结算的，他们会比在公司上班还要努力，因为这个世界是用算法来衡量你个人受益的。未来的社群，最终都会走上这条路——“区块链 + 社群 + 通证”。这里有一个非常重要的概念，就是通证。那么什么是通证呢?

通证是一种可流通的加密数字权益证明。通证可以代表一切权益证明，从身份证到学历文凭，从货币到票据，从钥匙、门票到积分、卡券，从股票到债券，人类社会的全部权益证明，都可以用通证来代表。

通证有 3 个要素，即权益、加密和流通，三者缺一不可。通证是数字权益的证明，必须以数字的形式存在，必须代表一种权利，具有固有和内在的价值；通证有加密的特性，也就是说通证的真实性、防篡改性、保护隐私等能力，是由密码学来予以保障的；通证是可流通的，必须能够在一个网络中流动，从而随时随地可以验证。

区块链技术的应用能够实现超速盈利模式的裂变。首先，区块链技术能够降低获客成本，主要体现在实现用户裂变、任务式发糖果、社会化传播等中。其次，区块链技术还能够实现生态激励，这是通证最核心的价值和作用。主要分为激励对象，即你要激励什么人，也就是核心创造者；激励方式，通证激励要设计成价值链，以及激励的规模要与生态发展相匹配。最后，区块链技术还能够实现加速在不同生态角色间的价值流转。同时，通过区块链通证也能够实现超级合伙人模式。

值得注意的是，只有把模式放在对的资源空间里，它才能够扎根、发芽、爆发。强大的模式后面是强大的资源，没有资源帮助和加持，再好的模式都是烂模式。

3. 区块链技术解决的创新创业痛点

对于当前的创新创业来讲，有五大痛点：人才留不住、产品不好卖、利润薄如刀、渠道在失灵、对手出奇招。

（1）人才留不住。当前对于创业者来说，首先要考虑如何才能吸引人才，而仅凭高薪是无法留住人才的。当前处在物质极其丰富的时代，很多人才更关注的是自我价值的实现，区块链能很好地解决留住人才的问题。

第一是把消费者变成消费商的模式，第二是把员工变成创客合伙人的模式。现在有很多加盟店是以这种形式存在的，现有加盟店的弊端在于，投了钱却无法了解到所加盟的店每天的流水等，分配规划不透明。用区块链可以建立一种高效透明的分配机制。把消费者变成消费商，把员工变成创客合伙人、弟子合伙人、投资合伙人、事业合伙人、股东合伙人 5 个层级，以此来解决人才留得住的问题。可以通过区块链，把员工和企业变成一个以通证为核心的利益透明分配机制，共同享受公司规模带来的收益。

（2）产品不好卖。产品不好卖的本质并不是我们的产品不好，而是因为我们已经找不到用户了。在产品同质化的时代，要实现产品好卖，首先就要解决产品同质化的问题。笔者认为有 3 点可以考虑：品质不同、价格不同、销售方式不同。

要想做到产品品质不同、产品好卖、能卖上好的价格，核心问题就是产品的溯源，证明你的产品的产地，体现产品品质的不同，而只有区块链溯源才能区分出不同产品的价值，才能使产品被市场认可，对消费者来说这样是透明高效的。区块链可以打造新零售，解决销售方式不同的问题。

（3）利润薄如刀。利润少的核心原因是没有形成多维的收入，要通过对销售产品的分析，打造流量产品、爆款产品、高附加值产品和利润产品，形成多维的收入模型。把消费者变成消费商，获取大量的订单，形成一个多维的收入，以区块链通证为核心享受规模效益带来的收入，降低获客的难度，同时消费者也能获得利益。

利润薄如刀的两个根本原因：一是产品同质化严重，没有附加值；二是收入形式太单一，只在一个点上赚钱。区块链技术在产品产权创新保护方面有着天然的优势，这会极大地鼓舞产品的创新，能够很好地解决产品同质化严重的问题。依靠产品创新，增加产品的附加值，就能够使企业获得更多的利润。区块链是一整条价值产业链，从根本上破解了收入形式单一的难题。

（4）渠道在失灵。这个时代，传统的电商平台像阿里巴巴等大的电商平台，包括马云提出的新零售，其电子商务的销售额占不到整个流出额的20%，未来区块链一定要赋能实体经济，要把互联网跟实体产业深度结合起来，打造一个产业链模式，避免当前存在的电商平台仅仅是解决消费端问题而没有从根本上解决产业链的问题。

区块链为未来打造S2B2C产业模式提供了一个可行的路径。未来通过整合C端大量的用户消费者资源，整合上游。做C2M定制，把消费者变成消费商之后，打造S2B2C产业链，让线下的实体店面变成一种新的销售渠道。

（5）对手出奇招。当前常看到一些企业会搞大量的促销，令你想象不到的便宜。通过把消费者变成消费商，解决他的生产关系，包括可能建成一个创客店，省掉了大量的流通和库存，降低了资金的负担压力，极大地改善了现有的各种销售手段。有大数据支撑，可以知道每一个消费者的不同消费行为和消费能力，根据这些信息来定制不同的产品，提供相应的促销方案。

4. 把握区块链在创新创业中的风口

区块链不仅在解决创新创业痛点上具有优势，其本身也处在创新创业的风口当中。

4.1 区块链创新创业的内涵与本质

区块链创新创业有两个方面的内涵。一方面是指为那些想要提高自身数据的安全存储、传输和利用效率的企业，想要利用区块链技术对原先的业务模式进行重塑的具体客户，提供相关应用领域的区块链技术解决方案，从硬件设备到技术参数，从初始搭建基础平台到运营维护，全方位地帮助客户实现其目标的区块链方案解决商。例如，著名的区块链技术服务商

IBM 公司等。

另一方面是指利用区块链技术的优势来为自身的业务赋能，重新定义新的价值主张、新的顾客联结方式以及企业边界，继而进行一系列的价值创造活动。例如，沃尔玛的食品安全计划等。区块链技术的应用也创造出了一些新的市场，如数据安全传输市场、数据共享服务市场以及网上自由贸易市场等，企业可以方便地在这些市场上购买自己所需要的服务。

区块链的创新创业层次是指区块链技术的应用范围，由大到小分为区块链创新创业的公有链、联盟链和私有链。

4.2 区块链创新创业的公有链

公有链是指全球用户都可以进行数据读取的区块领域，这当中的参与者都能够进行合法交易并能得到交易记录的共同认可，其激励措施与对共识机制的贡献度相关。公有链的特点是程序一经开发，程序开发者将不能对其用户的数据造成干预，从而保障了用户数据的安全与隐私。它还具有访问门槛低的特点，只要能够上网的计算机就能够访问公有链。

在公有链上，虽然记录主体和交易主体的个人信息保密，但其他数据包括交易过程数据和账户余额数据都是公开可见的，这也保证了共识机制的有效性。虽然公有链对建立起跨区域、跨国界的贸易、社交、医疗等公众参与度较高的领域具有创新创业的优势，但目前在实际应用中只有比特币被视为是公有链应用最广泛的案例。

4.3 区块链创新创业的联盟链

联盟链是介于共有链和私有链之间的一种区块链，其本质是具有较大规模的私有区块链。相比较共有链不可编辑和修改，联盟链更适合企业的实际应用。联盟链由达成战略共识的有限联盟企业结点构成，进行区块链数据的传输与共享。其共识机制的达成与共有链相比的不同之处在于，只要处在联盟结点上的企业大部分认可即可。

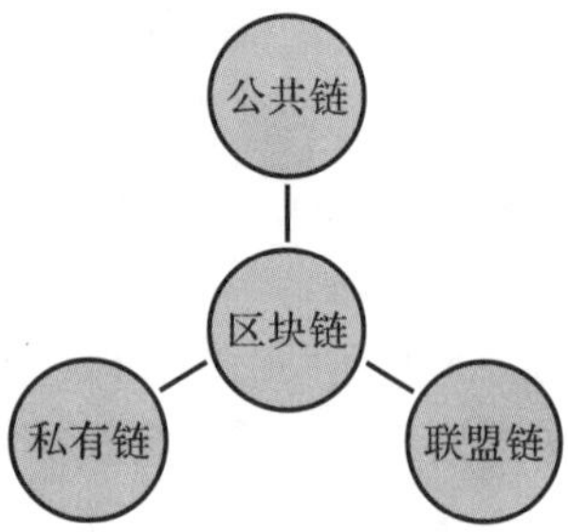

联盟链的特点是部分去中心化。由于联盟企业的数量较少，因此即便是没有中心结点也容易达成共识，但由于数量有限，因此是部分去中心化。联盟链的数据除了在联盟企业之间公开外，不会对外公布，只要达成共识便可对其数据进行修改，因此可控性较强。

联盟链在整个行业层次上（如金融行业、审计行业等）都有应用。目前，联盟链应用比较广泛的是R3区块链联盟与超级账本。R3区块链联盟是指在40多家来自全球不同地区的银行间形成的共同探索区块链解决方案的联盟，而超级账本则是Linux基金会推出的旨在记录公开透明信息的区块链账本技术，记录如结婚证、资产证以及交易合约等信息。

4.4 区块链创新创业的私有链

私有链创新创业是指在个体企业内部为了提高数据的利用效率和流动效率、提高数据的保密性、减少数据使用过程中的摩擦，对企业内部的数据进行区块链共享，以达到降低数据维护成本及对数据可追溯目的的活动。私有链本身具有写入及修改权限，而外界可经过授权拥有读取权限，其特点是具有快速的交易速度、更好的隐私保护和更低的交易成本。

区块链创业的成功与否会受到很多因素的影响。例如，创业公司所在地人才数量是否满足初创企业的运营需求，当地大学教育的质量以及是否开设了区块链技术等相关领域的专业课程，当地政府的政策规定、制度安排以及对其是否给予了政策支持，等等，还要考虑初创企业融资渠道是否畅通，法律法规是否健全等问题。现在一些地方已经有了区块链创业生态园区，这样的园区无论在区块链创业文化氛围上还是在技术支持等方面都会是高效的，容易形成区块链创业的生态化。

5. 区块链创新创业发展面临的问题

虽然区块链技术在创新商业模式、提供创业机会、解决信息孤岛以及提高经营效率方面具有诸多好处，但要使其真正得到广泛应用还需要面对一些技术和监管方面的挑战。

5.1 对存储空间的挑战

区块链技术的去中心化、分布式存储以及共识机制使得每个参与者的服务器上都存储了大量完整的交易信息，不仅有自己的交易信息，还有其他参与者的交易记录，并且区块链记录的不可撤回性和不可篡改性造成了大量无用交易信息的留存。这些重复无用信息的存储，不仅带来了存储资源的浪费，而且还对存储技术的硬件容量提出了非常高的要求。例如，比特币从创世至今需要的客户端存储空间已经高达60GB，未来预计还会增加，随着存储数据的增多，每次客户端运行该程序时对数据查找和使用的速度将会越来越慢，这对运行与比特币相关软件的服务器造成了非常大的挑战。

5.2 对信息获取效率的挑战

区块链技术去中心化的特点确实节约了很多交易成本，如中介费用，但同时也提升了信息搜寻成本，这是去中心化对信息获取效率的挑战。没有统一集中的专业平台分门别类地对信息进行整合，交易双方要花费大量的精力去搜寻卖方和买方。如何在搜寻成本和交易成本之间进行权衡也是未来区块链贸易需要解决的问题。对运行速度的挑战，除了交易信息获取难度增大，交易信息的确认难度也在增大。目前，比特币交易一次需要确认的时间高达 10 分钟，这会造成大量数据的等待处理，使得对时间敏感性的交易望而却步。

5.3 区块链技术需要继续优化的挑战

现有的区块链应用如雨后春笋般开始出现，但无论是公有链、联盟链还是私有链，都在各自建立自己的运行规则，从而造成花费大量的时间成本和人力成本搭建起来的区块链之间却没有统一的数据传输和通信协议，使得数据无法跨区块流动，产生了大量的数据重建工作和迁移成本，降低了数据的使用效率。虽然区块链的发展时间较久，但是由于其技术非常复杂，使得每一层架构都有一些技术难题存在实施风险，这在交易出现的程序中有所体现。例如，以太坊智能合约就被频频爆出漏洞。未来需要建立起一整套的协议机制，不仅可以使区块链数据在区块链生态中自由流动，而且还可对在使用过程中出现的技术漏洞进行修补，迭代出效率更高的应用软件。

5.4 存在隐私泄露风险的挑战

区块链公有链上的交易数据可被任何参与者访问，虽然个人身份信息被隐藏，但一些特殊交易由于交易特征的鲜明性还是会存在交易参与者隐私被泄露的风险，不利于对交易者隐私的保护。由于私钥信息保存在客户手中，虽然黑客没有中心节点可以攻破，但还是可能入侵客户电脑获得本地的私钥信息，而区块链的身份识别仅依赖于私钥密码，该密码一经泄露，正确识别是否为本人操作的难度将会非常大。

5.5 对网络交易监管的挑战

由于任何参与者都可在区块链上进行自由交易，因此会产生海量的交易信

息，如此巨大的信息体量将使非法交易数据很容易淹没在正常交易数据之中，难以识别和抓取。点对点去中介化的交易由于其交易信息只有交易双方知晓，缺乏第三方监督，而失去了监管的交易很容易产生黑市交易或其他违法交易。面对日益增大的监管难度，为保障区块链市场的健康稳定增长，亟需成立专门的区块链监督管理部门，未来不仅要从创新监督机制、制定规范操作指引、规范交易行为等方面入手，还要出台相应的法律法规。在区块链技术日益进步的今天，对该领域进行实时监测的监管软件也需要不断迭代升级。

除了在区块链技术应用中的技术、监管等难题，对区块链从业者的培养工作也不容忽视，在这方面还存在较大的人才缺口，对相关人才的培养也应当重视起来。

（本模块内容的文稿撰写和线上视频讲授均由西部数字经济研究院副院长、西北大学国际商学院兼职教授郭建琼老师完成）

模块三　创业网络营销

☞ 内容提要

数字经济时代，为大众创业、万众创新提供了多种宣传渠道和媒介，能够发声就能产生影响力，就具有话语权。创业网络营销是中小创业企业快速打开市场，提升市场知名度的重要营销方式。下面将从创业网络营销内容、创业网络营销的环境剧变、创业网络营销的策划与推广、创业网络营销三式进行具体介绍。

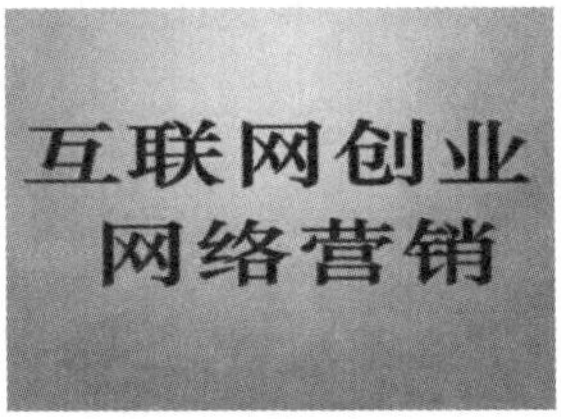

1. 什么是创业网络营销

创业网络营销是由创业阶段的网络营销（产品—服务—体验—创意）和创业项目的营销（商业计划—讲故事—项目路演）构成。

创业阶段的营销与传统营销并无本质差异。但由于创业阶段企业在产品、价格、渠道等方面存在一些不确定性，在这种情境下进行网络营销需要企业进行新的思考，这也是要单独讲述创业网络营销的重要原因。

创业网络营销是指在创业阶段就通过网络途径进行的营销，创业网络营销包括创业内容的网络营销和创业项目的网络营销。创业内容的网络营销应围绕产品、服务、体验和创意来进行，创业项目的网络营销则应围绕商业计划来进行，目的就是要讲好商业故事。

案例 3–1　小米手机与网络营销。

小米在创业阶段通过网络营销创造了行业销售的奇迹。从 2010 年小米公司成立，到 2011 年小米手机首次在线发售，小米手机通过网络营销，向消费者传递着小米“为发烧而生”的产品理念，通过发烧友对产品的苛刻、极致追求传达小米的创新、高品质。因此，小米手机首次在线发售时，网友已经对小米手机的产品性能、品牌理念和价值有了一定的了解，通过饥饿营销的方式更加激发了网友对小米手机的好奇和使用欲望。随着微博的出现和用户基数的不断增加，微博成为小米除官方商城之外的一个重要网络营销渠道。小米手机在微博上通过各种促销和创意活动增加与网友的互动，提高其知名度。小米手机创始人雷军俨然已经成为微博中小米手机的代言人。通过有影响力的微博大 V、小米官方微博和米粉群体形成了涵盖多层用户的小米营销网络。

案例 3-2 锤子 ROM 开发与创业网络营销。

从罗永浩注册锤子科技有限公司到锤子 ROM 发布，整个开发、生产过程都是通过微博网络营销的，受到手机发烧友和网友的持续关注和讨论。2012 年 4 月，罗永浩高调发微博表示将注册公司做手机。一位前新东方英语老师跨界做手机的消息迅速传遍网络，罗永浩也善于利用网络制造话题，通过传播自己的理念、与同类产品对比，在网友心中树立了“最具情怀”手机开发商的形象。先制造 ROM 再制造手机。先让消费者拥有比已有手机系统更易用、美观、个性化的安卓操作系统体验，然后再激发消费者对锤子制造手机的期待。2013 年 6 月，锤子科技发布锤子 ROM pre-alpha 版本后，因为只适用一款手机版本，引发大量网友对锤子科技的跳票质疑。罗永浩逆风而行，通过微博、产品发布会传递锤子 ROM 的工匠情怀，向消费者表达锤子科技注重品质、不断深耕的工匠精神。锤子 ROM 第一个版本发布后，几乎每个月都发布新版本或改进版本，从而得到消费者的信任和支持。

2. 创业网络营销环境的剧变

2011 年，营销领域出现了风靡全球的 SoLoMo 概念。SoLoMo 是由“social”（社交的）、“local”（本地的）、“mobile”（移动的）3 个单词的开头两个字母组合而成，基于 SoLoMo 的营销模式被公认为是互联网营销的发展趋势。之后，互联网营销在 SoLoMo 基础上又进行了升级。当前，网络营销环境的剧变主要体现在网络的时间、空间、内容和受众 4 个方面。

随着物联网、5G 通信等新技术的不断完善，基于流媒体、数字技术的直播实时性增强，消费者能够与企业实时、同步共享信息，而且 VR（虚拟现实技术）、4K 超高清画质为消费者进行场景还原，打造了超现实的临场感体验。网络营销环境剧变的另一个特点是受众的移动化。随着互联网空间中平台和内容的无限制增长，网络用户可选择的网络平台和应用越来越多。与此同时，媒介多渠道提供信息的能力也在不断增强，导致传递的内容多以片段化和小单元的形式呈现，学术界分别将其称为媒介间碎片化和媒介内碎片化。另一方面，互联网受众的转移成本较低，他们能够从多个网络平台或应用中找到满足其自我定义需要、兴趣爱好、社交需要的平台或应用，一旦平台或应用不能捕捉用户需要、满足用户需求，平台或应用就将面临用户流失的问题。网络营销的内容也从以往的自嗨式、自卖自夸式信息传递转向社交化的内容互动，通过增加消费者对网络营销内容之间的互动增加消费者对信息、产品、服务的体验。这种“社交化”的交互体验增加了消费者对营销内容的认同，如消费者从旁观者转化为参与者，从参与过程中感知到其与产品、服务、品牌宣传的一致性和同一性，将自己视为产品、服务或品牌的粉丝或拥护者，进而成为营销网络中的一个传播结点。

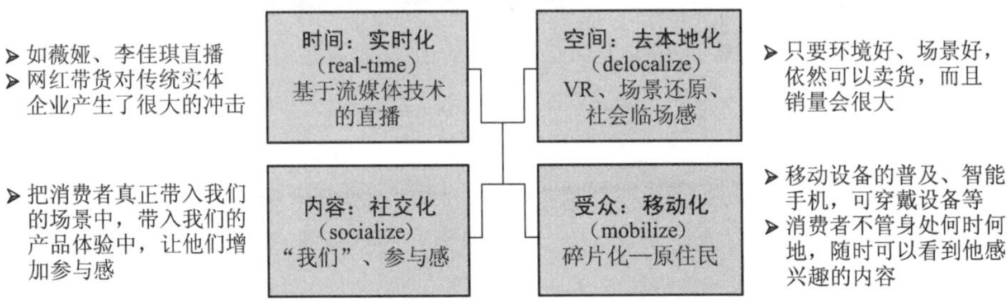

实时化（real-time）、去本地化（delocalize）、移动化（mobilize）、社交化（socialize）的网络营销环境促进了短视频和直播平台的发展。通过直播，网络主播聚集了大量的活跃用户，借助网络主播的使用、宣传与推广，创业企业能够快速接触大量消费者，将产品、服务与创意传递给消费者。薇娅、李佳琪等直播网红带货的能力不容小觑，对传统企业产生了很大的冲击。因此，网络直播为创业企业网络营销提供了快速营销的捷径，但是这种营销方式存在一个问题，即不能进行可持续营销。创业企业建立与消费者之间的联结后，还需要通过持续的互动发展，巩固与消费者之间的关系，从而让潜在用户转化为直接用户，让间接用户转化为潜在用户。一些企业已经通过明星超话、社会话题引发企业与消费者之间的社交化互动，增加消费者的认同感。网络营销的移动化变革，给创业企业带来了两个挑战：一是创业企业需要进行精确的市场分析，确定目标客户的特征，从而有选择地选取一些网络营销渠道或媒介，以最低的网络营销成本锁定目标客户群；二是创业企业如果是基于利基市场营销，则需要关注网络中的长尾用户，分别从多个网络营销渠道或媒介向目标客户群进行宣传推广。因此，移动化的网络营销特征存在扩展和收缩的张力。

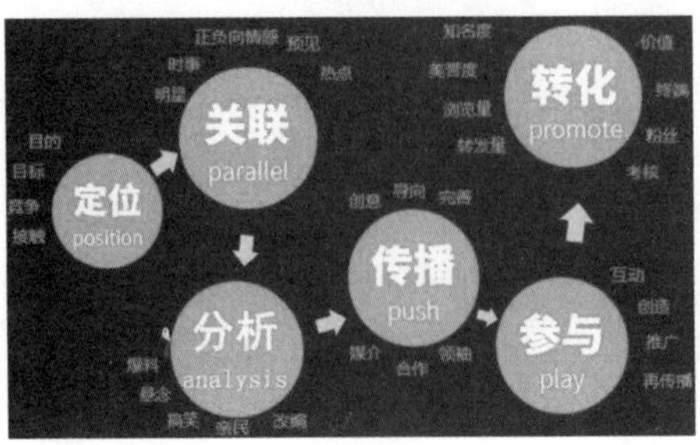

3. 创业网络营销的策划与推广

策划和推广是创业网络营销的两个关键环节。网络营销策划的关键是找到引爆点，企业在塑造引爆点时通常面临两个决策，是烧钱还是烧脑、是造浪还是借势。对于众多中小创业企业来说，烧钱都是最低等的选择，借势更是可遇不可求。因此，烧脑和造浪往往成为众多中小创业企业的必选之路。

塑造引爆点的核心是解构人性，理解消费者行为和心理，发现、满足、创造消费者的需要、欲望和需求。消费者心理研究认为，消费者心理现象可以分为消费者心理活动过程和个性消费心理特征。其中，消费者心理活动过程又可分为认知过程、感情过程和意志过程，个性消费心理特征包括兴趣、气质、性格和能力。广告、产品等营销刺激只有被消费者感知才会对其行为产生影响。消费者形成何种感知，既取决于感知对象，又与感知时的情境和消费者先前的知识与经验密切相关。

成功的网络营销案例都是能够引起消费者心理共鸣的，在此基础上量力而行，宣传造势，引发强烈的社会讨论或影响。

案例 3–3　云南白药牙膏。

2005 年，云南白药牙膏以超凡的胆识和魄力、势如破竹的姿态，在中国牙膏市场掀起了一场史无前例的风暴。2006 年年底，其市场销售额累计已飙升至 3 亿元，成功开拓了功能性牙膏高端市场的新大陆，确立了中国功能性牙膏的品牌地位；2012 年销售额超 12 亿元，一举成为医药产品进军日化领域的成功典范。作为后进入市场的新品，云南白药牙膏之所以能够以 20 多元的价格与“洋牙膏”竞争并快速打开市场局面，一个重要的原因就是云南白药牙膏找到了营销引爆点——云南白药品牌的影响力和功能性牙膏的市场定位。云南白药品牌享誉中外，是中国止血愈伤、消肿止痛、活血化瘀类产品的百年品牌。云南白药牙膏更是以牙膏为载体，借鉴国际先进口腔护理、保健技术研制而成的口腔护理保健产品。它选用高档软性洁牙磨料和高级润湿剂，膏体细腻，清新爽口，能有效祛除口腔异味，在日常刷牙中即可使牙龈、牙周、牙齿和口腔其他组织得到专业的护理、保健，令口腔更健康，牙齿更牢固，是新一代口腔护理、保健产品。

亲切、值得信赖的民族品牌，稀缺是市场定位，品牌与定位的契合性，这些因素迅速占据了消费者的心智，使其成功打开了功能性牙膏的高端市场。

传播是网络营销不可忽略的另一个重要环节。恰当的传播渠道能够带来核裂变的效果，为网络营销带来事半功倍的影响。特别是在网络媒介碎片化的时代，传播渠道和媒介选择对于网络营销的效果至关重要。目前，以微博为代表的社交媒体网络平台、以微信为代表的社交软件以及在线知识分享社区等都是相对低成本、高效能的网络营销渠道。

4. 创业网络营销三式

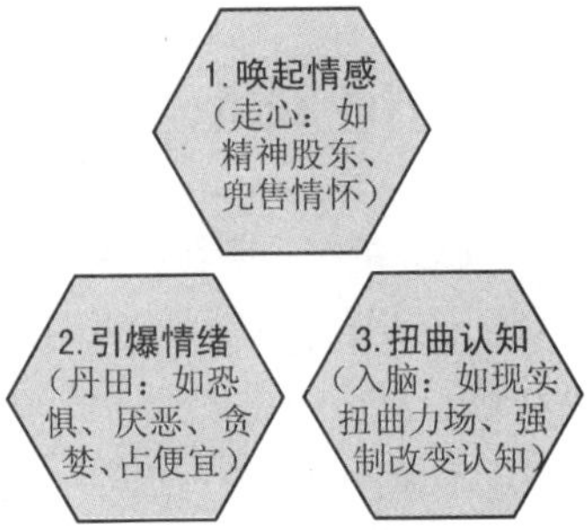

基于上述创业网络营销分析，笔者提出了新媒体背景下创业网络营销三式：唤起情感、引爆情绪、扭曲认知。

创业网络营销第一式：唤起情感。根据情感的社会性质可以将其分为理智感、道德感和美感 3 种。理智感是智力活动中产生的情感体验（如喜悦、愉悦、怀疑、惊讶等）；道德感是用一定的道德标准去评价自己或他人的思想或言行时所产生的情感体验；美感是指人的审美需要得到满足而产生的态度体验。情感和情绪都包括 3 个方面：在认知层面的主观体验、在生理层面的生理唤醒、在表达层面的外部行为。情感和情绪具有影响消费者认知、动机、态度、活动效率以及体力和健康的能力。

案例 3-4 电影《战狼 2》首映。

作为一部主旋律的商业电影，《战狼 2》以 56.8 亿元的票房刷新了华语电影的最高票房纪录，堪称主旋律电影中的现象级作品。《战狼 2》主打爱国情怀，这部高度赞扬国魂、军魂的军旅题材影片恰好在我国建军 90 周年前夕燃起了全民的爱国激情。很多网友观影后自发做“自来水”，二刷三刷，然后推荐给周围的朋友，正是作品的情感唤起作用，让陌生的消费者都变成了它的精神股东。所有人都看着《战狼 2》的票房涨到 20 亿元、30 亿元、40 亿元，大家心里都觉得很开心，好像自己投资了这部电影一样。

创业网络营销第二式：引爆情绪。詹姆斯 - 兰格的情绪外周理论认为，情绪是对机体变化的知觉，机体的生理变化在情绪经验中是第一位的，个体的情绪是直接由生理变化（如神经系统反应、血管扩张）引起的。坎农 - 巴德的情绪丘脑理论认为，情绪的产生主要是丘脑的作用，认为情绪体验和生理变化是同时发生的。阿诺德的“评定—兴奋”说认为，刺激情景导致了大脑皮层的评估，从而产生了情绪。根据情绪发生时的强度、速度、持续时间的长短和外部表现，情绪分为心境、激情和应激 3 种状态。心境是一种微弱、持久，使人的整个精神活动都染上相应色彩的情绪状态；激情是一种强烈的、爆发式的、持续时间短促的情绪状态；应激是由出乎意料的紧迫和危险情况所引起的急

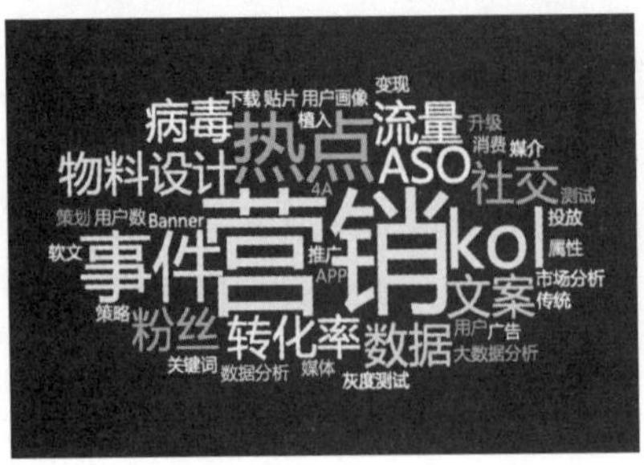

速而高度紧张的情绪状态。

案例 3–5　病毒式营销与《啥是佩奇》。

病毒式营销的一个典型特点是营销内容能够引发消费者强烈的情绪反应。2019年年初，贺岁短片《啥是佩奇》一经发布，迅速刷屏各大媒体网站、社交平台。《啥是佩奇》解析了现代人在城市化进程中的矛盾与冲突，通过爷孙之间的亲情故事，在春节前夕引爆全民亲情、团圆、团聚的情感共鸣。《啥是佩奇》之所以能够快速引爆全网，其关键在于戳中了中国老百姓回家过年的社会痛点，折射出国人的社会焦虑，引起网友的高度关注，从而让受众产生了共鸣。

创业网络营销第三式：扭曲认知。消费者的行为绝大部分是后天习得的。通过学习，消费者获得了丰富的知识和经验，提高了对环境的适应能力，其行为也在不断地调整和改变。消费者学习过程的基本要素包括动机、暗示、反应、强化和重复。学习理论中的认知学习理论认为，学习是个体对整个问题情境进行感知与理解，领悟其中各种条件以及条件与问题之间的关系，并在此基础上产生新的行为的过程。认知学习理论对消费者来说，是一个感知刺激、把刺激和需要联系、评估可选产品及评价产品是否满足预期的思维过程。

案例 3–6　电影《星际迷航》与扭曲认识。

《星际迷航》电影中有一个词叫“现实扭曲场”，特指外星人通过精神力量建造了新世界。好的营销方案也应该能够达到现实扭曲力场、强制改变认知的目的。如苹果公司前总裁乔布斯就通过口若悬河的表述、过人的意志力、扭曲事实以达到目标的迫切愿望，从而形成视听混淆的现实扭曲力场。SpaceX 创始人埃隆 · 马斯克不断向公众传递其野心勃勃的人类殖民火星梦想，从其提出的星链计划、载人火箭、星际飞船、太空旅行，很少有人相信一家私营企业能够实现这些“宏大目标”。但是，随着 SpaceX 星链计划的持续推进、载人龙飞船的成功发射，人们开始相信未来太空旅行将像洲际航空一样方便。埃隆·马斯克带着其野心勃勃的梦想，通过其强大的实践能力和执行力，改变了人们对于太空探索的认知。

其实，不管是唤起情感、引爆情绪还是扭曲认知，创业网络营销的核心在于理解技术、洞悉人性。理解技术就是根据创业企业的实际选择合适的营销渠道和媒介，使信息更快、更好地触达消费者；洞悉人性就是准确地把握消费者行为、情绪、情感、态度的需求和变化，找准痛点、泪点、笑点，实现创业网络营销内容能够深入消费者内心。

（本模块内容的文稿撰写和线上视频讲授均由西北大学经济管理学院博士、陕西新丝路电商研究院院长董驰老师完成）

模块四　创办战略

☞ 内容提要

创业企业除了把握波特的总成本领先、差异化和目标聚集战略外，还要建立自己的利基市场和利基战略，才会有独特的竞争优势；数字经济时代，与互联网平台企业合作共赢，建立平台战略的发展思路和理念，才是所有创业企业的存活法则。

1. 公司层面的创业战略

20世纪90年代以来，中国的创业活动一直保持活跃状态，根据清华大学中国创业研究中心推出的《全球创业观察（GEM）2015中国报告》，中国的创业活跃程度一直在全球创业观察成员中处于前列。新创企业，特别是处于种子期和初创期的新创企业，如何才能在市场竞争中生存下来，这是创业研究的一个热点问题。由于企业资源禀赋和发展阶段的不同，新创企业战略制定的出发点、战略的具体内容以及实施效果，必然与成熟企业存在着差异。从创业的角度“不看广告，只看疗效”，只要对创业有效果、有启发、有借鉴，就值得我们思考和研究，而不是进行形而上的概念之争。

1.1 创业战略的基础和模式

广义的创业不仅仅是指新企业的创立，还包括大公司内部的变革、创新等公司创业活动。当前的全球化商业环境要求成熟企业积极采取创业战略来谋求成功，这已经开始被视作公司竞争优势的潜在来源，是企业发展其持续成功所需关键能力的有效方式。已成熟的公司如何创新，在整个组织范围内的创新创业行为如果持续地使组织年轻化、活力化，并不断开拓新的业务范围？通过整合公司创业战略知识领域内的关键要素（把公司创业战略概念化为一个一体化的模型），即创业战略观，有助于推动创业的组织架构以及跨越组织等级所表现出来的创业进程和行为。围绕这 3 个基础，公司创业战略模式的组成主要包括：①公司创业的准备性活动，如企业家对于那些激发创业活动的组织成员以及外部环境条件的认知。②公司创业的要素，如高管对于公司组织架构的创业战略观，这些观点往往能够鼓励创业过程和行为。③公司创业的产出，如创业活动带来的组织收益，包括竞争力的加强和新的战略定位等。

1.2 创业战略模式的落地

公司层面创业的典型代表企业是青岛海尔。海尔集团历经 30 年的创新创业，从一家资不抵债、濒临倒闭的集体小厂发展成为目前全球家电第一品牌。海尔集团锐意进取，从公司层面来说，不断求新求变，积极拓展业务新领域，其业务已经不拘泥于现有的家电行业产品与服务形式，而是开辟了现代生活解决方案的新思路、新技术、新产品、新服务，引领着现代生活方式的新潮流。具体到“双创”工作方面，海尔集团把“双创”工作视为支撑企业转型升级和创新发展的核心动力，与企业发展战略、组织管控、生产经营等紧密结合，摸索出一些好的经验和做法。

面对体验经济、共享经济兴起的时代大趋势，海尔以“诚信生态 共享平台”“人单合一 小微引爆”作为新时代的海尔精神与作风，在战略、组织、制造三大方面进行了颠覆性探索，打造出一个动态循环体系。在战略上，建立了以用户为中心的共创共赢生态圈，实现了生态圈中各相关方的共赢增值；在组织上，变传统的封闭科层体系为网络化节点组织，开放整合全球一流资源；在制造上，探索以互联工厂取代传统物理工厂，从大规模制造转为规模化定制。海尔的商业模式主线一直是“人的价值第一”，在转型过程中，员工从雇用者、执行者转变为创业者、动态合伙人。目前，海尔集团已成功转型为开放创业平台，年营业收入超过 2 000 亿元。

2. 个人层面的创业战略

相对于公司组织层面创办战略而言，个人层面的创办战略由于视角和分类的不同，又有不同的战略划分方式。比如，根据核心团队创业人数来划分，可以分为企业家本人创业和团队创业。本书第一篇第一模块中已详细论述了企业家的作用和价值，在此不再赘述。本模块重点讨论根据创业的对象和市场来划分的创业战略，笔者进行了如下的分类。

2.1 利基战略

2.1.1 利基战略的思想和原则

“Niche”一词来源于法语。法国人在建造房屋时，常常在外墙上凿出一个不大的神龛。它虽然小，但边界清晰，因而后来被引来形容大市场中的缝隙市场。在英语里，它还有一个意思，就是悬崖上的石缝，人们在登山时，常常要借助这些微小的缝隙作为支点，一点点向上攀登。20 世纪 80 年代，美国商学院的学者们开始将这一词引入市场营销领域。

菲利普·科特勒在《营销管理》中给利基下的定义为：利基是更窄地确定某些群体，这是一个小市场并且它的需要没有被服务好，或者说“有获取利益的基础”。利基战略是指企业为了避免在市场上与强大的竞争对手发生正面冲突而受其攻击，选取被大企业忽略的、需求尚未得到满足的、力量薄弱的、有获利基础的小市场作为其目标市场的营销战略。通过对市场的细分，企业集中力量于某个特定的目标市场，或严格针对一个细分市场，或重点经营一个产品。

利基战略是适用于弱者、中小企业的成功战略，凝聚了以下战略思想与原则。

（1）避实击虚。不与大企业、强者展开硬碰硬的直接竞争，而是选择被其忽视、不愿做或不会全力去做的业务范围作为“战场”。

（2）局部优势。坚持“单位空间内高兵力比”的原则，集中全力于某个狭窄的业务范围内，在这个局部中形成相对于强大者的优势，努力成为局部的第一。

（3）集中原则。分散是战略的大忌，利基战略要求集中于利基业务，集中于战略目标，集中于建造壁垒。

（4）根据地原则。在某地域市场获取第一并巩固之后，再向其他地域市场扩展，集中全力成为第一之后再扩展，如此持续下去，最终由各地的小根据地组成一个大的根据地。

2.1.2 利基战略的意义和价值

实行利基战略的主要意义在于，在整个市场上占有较低份额的公司可以通过灵活巧妙地拾遗利基、见缝插针，从而实现高额利润。克利弗德和现伍纳两人曾详细研究了 20 多家非常成功的中型企业以及它们各自成功所依赖的因素，他们发现这些公司几乎都可以说是市场利基者。两位专家还发现了这些经营有方的中型公司的另外一些共同特征，即提供高品质产品、收取附加费用、创造新的经验曲线以及建立良好的企业文化和企业形象等。

实施利基战略之所以能给企业带来巨大收益的根本原因就在于进行市场利基

的公司，事实上已经充分了解了目标顾客群，因而能够比其他公司更好、更完善地满足消费者的需求。并且，市场利基者可以依据其所提供的附加价值收取更多的利润额。总之，市场利基者获得

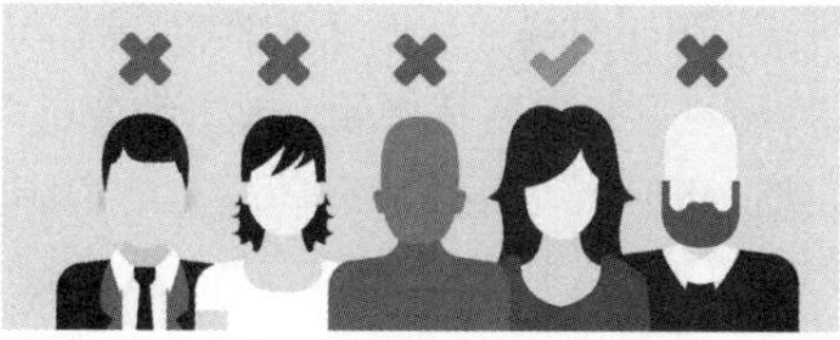

的是高边际收益，而密集市场营销者获得的只是高总量收益。服务，创造出产品和服务优势。

2.1.3 利基战略的商业案例

1989 年，好孩子集团以童车为利基业务；1992 年，明确提出“做第一”的目标；1993年，成为中国市场冠军；1999年，成为美国市场冠军，并一直保持至今。

聚龙集团的梁伯强在决定进入指甲钳市场的同时，就确立了“全球指甲钳第一品牌”的目标，并且通过多种方式将目标在全公司广为宣传，使其成为全体员工的共同目标。从现况来看，聚龙集团实现全球指甲钳冠军的目标指日可待。

中集集团是全球集装箱的冠军，2002 年开始寻找新的利基业务，经过两年多的调查、分析和研究，最后决定进入半挂车业务，同时确立了 3 ~ 5 年成为全球半挂车第一的目标。我们有理由相信，中集集团的新利基业务同样可实现其全球冠军的目标。

2.2 目标聚焦战略

目标聚焦战略（集中 / 聚焦战略）是战略大师迈克尔·波特从竞争战略角度提出的 3 个基本战略之一。该战略包含有利基战略的部分思想，甚至有学者认为集中 / 聚焦战略本身就是利基战略。笔者认为两者之间的差别较大，利基战略主要侧重于市场缝隙的狭窄领域，而目标聚焦战略则主要体现在目标客户群体、目标市场细分等专业化的聚焦战略方面。

在商业竞争领域，很多创业企业家也一样，非常崇尚集中优势兵力实现目标的思路，其实也都是目标聚焦战略的体现和应用。比如，华为的任正非经常强调集中兵力的理念：一定要把战略力量集中在关键突破口上，即一定要集中优势资源撕开市场的突破口；优秀的企业领导者在主战场上，一定是加强资源配置的集中度，集中力量打歼灭战；坚持压强原则，要么不做，要做就极大地集中人力、物力和财力实现重点突破。

巨人集团史玉柱在深入研究毛泽东军事思想后，非常有感触地说：“在营销手段的使用上，必须有一个重点，必须加大人力、物力、财力，做重点地区，使用重点手段，做深做透。一个企业资金实力再雄厚，也只能在几个重点行业、重点地区、重点产品上下功夫，如果没有重点，平均用力，必然会失败。”

任何时候，资源永远稀缺，尤其是精力和能力。作为创业公司，兵力资源本身匮乏，更需要集中兵力攻击细分目标。一旦确认了这个机会点，就不要有任何犹豫。想尽所有办法，调动所有的资源投入聚焦点上，如果没有以“置于死地而后生”的决心来追求目标，就很难成就伟业。

最大化单一要素（目标）聚焦，最小化所有其他要素，聚焦关键的一个核心要素（目标），所有资源围绕在这个单一核心要素上，把它最大化，击穿这个关键目标，从而实现创业成长路上的层层跨越。

2.3 价值赋值战略

在创业过程中，个人层面的创业者通过改变产品或服务的用途、价值或经济特性，让顾客接受和愿意购买。最常见的有 4 种方法：①创造顾客效用，让顾客觉得有价值；②改进定价方式，让顾客觉得划算；③了解和适应顾客的社会和经济现实，重新设计产品或服务；④提供顾客真正需要的价值。

数字经济时代，这种价值的重新赋值，颠覆了很多传统行业的商业模式。比如，现在市场上许多“羊毛”出在“猪”身上再由“狗”去埋单的市场模式，便是应用了这种战略，结果使用者不必付费便享用了服务，而供应者在赢得大量人气和注册用户后，获得大量的广告投入和风投的青睐，这正是各取所需。360 安全卫士将很多专业从事杀毒软件的公司替代或淘汰了；海底捞火锅连锁店开到了欧洲，欧洲人吃完火锅，感动得哭了，大喊：我的天呀！在家父母都没有对我这么好。海底捞的火锅味道怎么样，大家印象不一定深刻，但是海底捞的服务却赢得了所有顾客的认同。金吉列对产品定价进行创新，剃须刀架免费，顾客只需购买刀片。施乐复印机不卖机器，收费是以顾客使用复印件复印份数来计算的，这个改变满足了客户不愿为机器埋单、只愿为他们实际使用的服务付费的愿望，尽管两者的金额很相近。通用电气把大型汽轮机的咨询服务费变为替换叶片费，以适应顾客的现实情况；顾客不愿购买售后保障服务，但他们愿意为润滑机油埋单，这样换一个说法，客户的重型设备便得到有效的服务保障，同时也可以轻松地把打低价战的竞争对手拒之门外。

3. 外部资源型创业战略

资源基础理论认为，企业是一个有形资源和无形资源的集合体，这些资源的独特、稀有和珍贵程度决定了企业的竞争优势。按照资源要素对企业发展过程的参与程度，中小企业创业资源可以分为直接资源和间接资源两种。直接资源主要包括物质资源、资金资源、市场资源、管理资源和人力资源等，间接资源主要包括社会资源、信息资源和技术资源等。

根据对创业企业家的持续观察与跟进研究，中小企业创业者有很大比例是先就业相当一段时间后，积累了丰富的直接资源和间接资源，然后辞职进行创业。但是对初创企业来说，创业所需要的资源不可能是“万事俱备”，而且也不是一成不变的。要使得有限的资源发挥出最大的效用，则需要科学地整合和管理。构建资源整合、资源管理和资源效益评估“三位一体”的创业资源整合模式，是创业者有效整合资源的必然选择。

不同的创业阶段应该选用不同的资源整合方式，这样才能使创业资源发挥其应有的效率。资源整合的方法主要有以下 3 类。

（1）寻找式资源整合。这个方法主要是创业初期的资源整合方法。其基本方法是结合自身创业团队的资源情况，分析资源储备存在的不足，提出整合外界资源的方案，积极地寻找和整合所能利用的创业资源。

（2）累积式资源整合。这个方法主要是创业中期的资源整合方法。其基本方法是在初创企业的发展过程中，进一步了解创业资源的特征，对已有的资源进行准确分析定位，并在此基础上进行进一步的整合利用，从而发挥资源的最大效能。

（3）开拓式资源整合。这个方法主要是在企业取得初步发展之后的资源整合方法，其基本方法是把创新式思维注入其中，用创新的视角去寻找具有创新点的创业资源。

4. “互联网 +”时代新型创业战略

现代管理学之父彼得・德鲁克说过：“当今企业之间的竞争，不是产品之间的竞争，而是商业模式之间的竞争。”尤其是在中国正在面临“百年未有之大变局”的时代机会，随着移动互联网技术的持续高速迭代发展，国家不断营造“大众创业、万众创新”的创业氛围，互联网时代的商业业态巨变，影响传统创办企业战略、改变企业发展模式的最典型特征是商业模式的互联网化，即利用互联网精神（即平等、开放、协作、分享）来颠覆和重构整个商业价值链。从目前来看，主要有如下几种创业发展战略模式。

4.1 长尾战略

长尾概念及其理论是由克里斯・安德森提出的，它描述了媒体行业从面向大量用户销售少数拳头产品，到销售多种利基产品而面向大量分散用户的转变。虽然每种利基产品相对而言只产生小额销售量，但利基产品销售总额可以与传统面向大量用户销售少数拳头产品的销售模式相媲美。通过消费者对商家产品（C2B）的需求，实现大规模个性化定制，其核心就是“多款少量”。所以，长尾模式需要低库存成本和强大的平台，并使得有兴趣的买家容易获得利基产品。

在假设资源稀缺的前提下，传统经济属于典型的供给方规模经济，体现的是帕累托分布的需求曲线头部，用户的购买行为并不完全反映需求，主流产品的销售量大不等同于对它的需求也大，只是主流产品占据了大部分市场，限制了人们的选择权。随着整个社会经济以及科技的发展，我们今天已步入一个“富足经济”时代，人们的生活质量在不断提高。一方面，商品在无限地细分，用户的取向除了具备一些共性之外，越来越追求个性化的需求，所以对各种商品都有存在需求的可能；另一方面，随着技术进步和互联网的不断发展，通过电子商务聚集和整合了原本分散的用户及产品，同时也降低了交易成本。

对许多公司而言，长尾理论是对二八定律的颠覆。在全新的商业模式下，公司的利润不再依赖传统的这 20% 的“优质客户”，而是要关注许许多多原先被忽视的客户，他们的数量庞大，足以让你挣得盆满钵满。从公司产品的角度分析，拳头产品主打市场的老套路将趋于末路。

4.2 跨界

互联网预言学家凯文·凯利说过，不管你们是做哪个行业的，真正对你们构成最大威胁的对手一定不是现在行业内的对手，而是那些行业之外你看不到的竞争对手。

事实的确如此。中国银行业的变革不是肇始于银行业，而是余额宝；移动通信漫游费的下调，不是移动公司的锐意进取，而是微信的普及应用。江小白作为白酒界的段子手，写的文案一直备受欢迎。2017—2018 年，江小白推出了系列动漫《我是江小白》，网络 IP 又火了一把。更别说老干妈出了卫衣系列，大白兔出了唇膏，披萨推出了榴梿香水……这些跨界的经典企业案例层出不穷，在移动互联网时代，传统的产业要素、生产关系、生产流程等都得到了重构和再分配，并以此来提升整体系统的效率。因此，对于互联网企业来说，只要抓住传统行业价值链条当中的低效或高利润环节，利用互联网工具和互联网思维重新构建商业价值链，就有机会获得成功。

马化腾曾说过："互联网在跨界进入其他领域的时候，思考的都是如何才能够将原来传统行业链条的利益分配模式打破，把原来获取利益最多的一方干掉，这样才能够重新洗牌。"互联网时代，企业的商业模式和创业战略出现了跨界模式，甚至出现了完全不相关的跨界商业行为，为企业创业战略提供了不一样的启发与启示。

4.3 免费模式

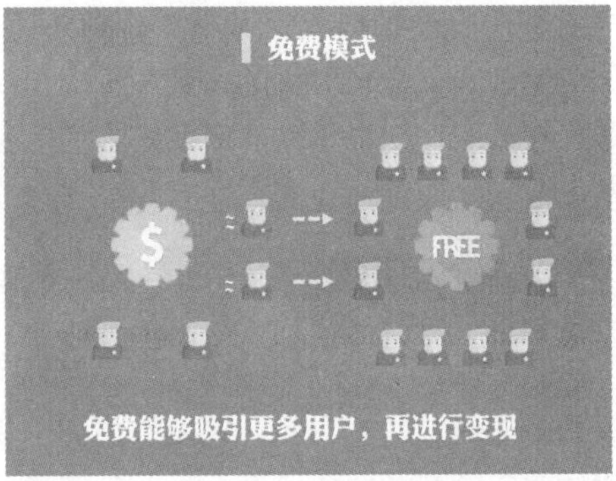

从传统经济学来看，"商品的价格 = 成本 + 利润"，虽然随着产量规模增加边际成本会逐步下降，但不可能变为零。那为什么在人们的生活中会随处可见各种各样的免费产品呢？为什么随着互联网经济的发展，免费模式会受到众多互联网企业的垂青呢？

"互联网 +"时代是一个"信息过剩"的时代，也是一个"注意力稀缺"的时代，怎样在"无限的信息中"获取"有限的注意力"，便成为"互联网 +"时代的核心命题。Michael H. Goldhaber 在 1997 年最早提出注意力经济的概念，他在《注意力购买者》（*Attention Shoppers*）一文中指出，注意力经济是指如何更有效地配置企业现有的资源，以最低成本去吸引用户或消费者的注意力，通过培养其潜在的消费群体，以期获得最大的未来无形资产，即经营消费者的注意力。当今社会是一个信息极大丰富甚至泛滥的社会，互联网的出现更是加快了这一进程，信息以及同质化的产品非但不是稀缺资源，相反是大量过剩。消费者去寻找这些信息或产品时就需要耗费时间和精力，以便建立对所需商品的了解和信任，而消费者的这种时间和精力的耗费又会随着信息的泛滥而不断增加。因此，相对于过剩的信息，消费者的注意力开始变得十分稀缺，从而使得吸引消费者的注意力成了互联网经济的显著特征。特别是当数字产品极低的边际成本使得传统的定价策略在数字产品市场上失效时，吸引消费者的注意力就成为成功获取最终收益的关键。

在互联网经济中，互联网企业为了盈利就必须要将注意力转化为经济价值，互联网媒体既需要吸引大众的注意力，同时又要完成注意力价值的交换，所以互联网经济是在吸引大众注意力的基础上创造价值。在注意力经济时代，拥有大量的客户就掌握了大众的注意力，庞大的客户群就成了公司最大的资产。这种将客户群纳入公司资产的做法改变了传统经济对资产的认识，与稀缺经济的理论方法有很大的不同。正如目前中国最大的互联网公司腾讯当初所采取的商业模式，在通过“免费”的产品“诱饵”成功获地消费者的注意和认可后，再通过这些产品的后续经营利润去回收当时的大量固定投资和免费产品的成本。当腾讯以免费聊天软件 QQ 赢得数以亿计的注册用户后，其后续的盈利模式就变得简单而又清晰了。可以说，腾讯公司的成功正是在于有效地吸引了当时消费者的注意力，在市场竞争尚未白热化之时及时地获得了消费者注意力的认可，从而获得了市场的绝大份额，为其后续数字商品的经营创造了非常有利的条件。

如果有一种商业模式既可以统摄未来的市场，也可以挤垮当前的市场，那就是免费模式。信息时代的精神领袖克里斯·安德森在《免费：商业的未来》中归纳基于核心服务完全免费的商业模式；一是直接交叉补贴，二是第三方市场，三是免费加收费，四是纯免费。

4.4 平台战略

平台战略是一种商业模式。平台商业模式的精髓在于它打造了一个完善的、成长潜能强大的生态圈。它拥有独树一帜的精密规范和机制系统，能有效激励多方群体之间的互动，达成平台企业的愿景。

纵观全球许多重新定义产业架构的企业，我们往往会发现它们成功的关键是建立起良好的平台生态圈，连接两个以上群体，弯曲、打碎了既有的产业链。

平台生态圈里的一方群体，一旦因为需求增加而壮大，另一方群体的需求也会随之增长。如此一来，一个良性循环机制便建立起来了，通过此平台交流的各方也会促进对方无限地增长。通过平台模式可以达到战略目的，包括规模的壮大和生态圈的完善，乃至对抗竞争者，甚至是拆解产业现状、重塑市场格局。

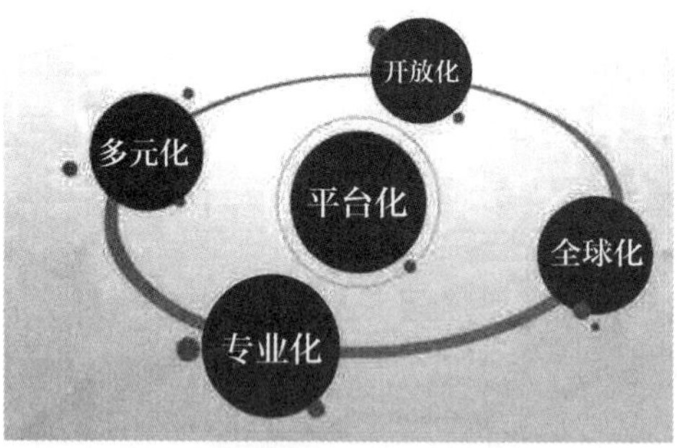

互联网的世界是无边界的，市场是全国乃至全球。平台型商业模式的核心是打造足够大的平台，产品更为多元化和多样化，更加重视用户体验和产品的闭环设计。张瑞敏对平台型企业的理解就是利用互联网平台，企业可以不断放大，其原因有以下两点：第一，这个平台是开放的，可以整合全球的各种资源；第二，这个平台可以让所有用户参与进来，实现企业与用户之间的零距离互动。互联网时代，用户的需求变化越来越快，越来越难以捉摸，单靠企业自身所拥有的资源、人才和能力很难快速满足用户的个性化需求，这就需要打开企业的边界，建立一个更大的商业生态网络来满足用户的个性化需求。通过平台以最快的速度汇聚资源，满足用户多元化的个性化需求。所以，平台模式的精髓在于打造一个多方共赢互利的生态圈。

（本模块内容的文稿撰写和线上视频讲授均由长安大学经济与管理学院博士、硕士研究生导师房路生老师完成）

模块五　创业融资路径与融资策略

☞ 内容提要

对创业者而言，资本是除了人才之外最重要的创业资源。下面将着重介绍创业融资的不同渠道，尤其是股权融资方式及其策略，启发创业者：什么样的融资商业计划书才能打动投资人，什么样的融资路演技巧和状态才能成功获得融资。

1. 创业与资本的关系

1.1 为什么创业

创业者是否找到了自己的真正动机？也就是你的发现是什么？如果只是觉得创业有意思，创业比打工更轻松，别人都当老板了我也想当老板，创业可以当领导去指挥别人，创业可以赚到钱……如果你的认知这么肤浅，那么你的创业是不可能持续的。

一个创业者需要以终为始，想清楚为什么出发，才能知道目的地在哪儿。首要的是定位自己的能力、所创造的产品或服务的市场价值、市场机会与市场空间的调研，你的起步资金投入、你的风险承受能力、你的经营能力等，同时你还必须面对“996”的生活，在极端环境的逼迫下快速成长。也就是说，你想过和别人不一样的生活，就意味着要付出同别人不一样的代价。若你是为了心中的梦想又是自己热爱的行业，为一种不惧艰险的使命感去创业，那你就基本符合一个创业者的基础条件了。因为资本所关注的是一个有市场价值的产品、有创造力的团队、能负重前行且意志坚定的创业者。

1.2 资本的本质

资本是逐利的，是流动的。资本的嗅觉最为灵敏，哪里有利就流向哪里。资本不是雷锋，只会做锦上添花的事情。资本和项目方有着共同的目标，也有着不一致的目标。资本和项目方都希望企业能够高盈利、高成长、高回报、高行业地位、低风险，但资本方更加注重短期回报，与项目方只是相互借力。资本更加关注收益、风险与退出。

2. 融资渠道与股权融资

2.1 创业融资渠道

下面就创业融资较为普遍可行的几种融资渠道进行描述，主要依据创业公司的发展阶段与技术特性进行分析，未涉及的融资模式还有很多，在此不再一一介绍。一般常用的创业融资渠道或模式有以下几种。

（1）亲情融资。创业的首笔资金数额一般不会很大，利用自有资金或向亲友借钱是个人筹集创业启动资金最常见、最简单、最有效的方式。亲情融资筹资的成本很低，同时也不需要信用记录或抵押。

选择这种融资方法的创业者，在筹资时应向亲友说明创业计划的可行性与预期收益以及潜在风险，争取让其明白投资所用，并最后形成一份正规的协议。

（2）政策基金融资。近年来，我国各级政府和社会组织为促进大学生创业设立了大学生创业基金，为大学生创业者提供了资金帮助。这种基金融资一般分为贷款和入股两种形式。其中，贷款需要承担还款压力，而入股则需要考虑股份的分配和公司控制权的占有率问题，但它们都具有资金链稳定和筹资成本较低的优点。上海市大学生科技创业基金就是公益性的基金“天使基金”，这也是培育自主创新创业企业的“种子基金”。其下设“创业雏鹰计划”和“创业雄鹰计划”两种资助计划，分别是以债权与股权两种方式对青年创业者提供资金帮助，并提供相应的后续支持与服务。

（3）银行贷款。银行贷款可进一步细分为担保贷款、抵押贷款、信用贷款、创业贷款等。因此，对大学生创业者来说，前 3 种贷款方式形同虚设，唯一可以考虑的就是创业贷款。

创业贷款是近年来银行推出的一项新业务，凡是被认定为具有一定生产经营能力的个人，因创业需要均可申请。这种贷款不仅利率较低，而且有的地区还有一定的补贴，一旦申请成功，创业者即可享受较为优厚的条件，但是它对申请企业的

要求很严苛。对大学生创业者来说，想要获得创业贷款，必须要有一个严密可行的创业计划，充分考虑还款压力和还款时间与企业预计经营状况的关系，确定贷款金额。申请贷款还需要经过工商管理部门、税务部门、中介机构等的综合评估，符合条件者方可获得创业贷款。

（4）合伙融资。如果新创企业是合伙形式的，那么就可以通过与合伙人合资来获得企业的首笔资金。合作伙伴之间还可以实现优势互补，整合人脉资源，实现新创企业健康快速地发展。这种融资方式的风险存在于财务和管理两个方面。因为合伙企业是无限责任制的，一旦公司出现危机，合伙人必须以全部财产按比例承担责任。在合伙创业开始之前，创业者要与合作者将权利、义务以及如何经营、如何获取投资收益、如何区分工资所得与股东权益所得等一系列问题商谈清楚。合伙融资最应注意的是合伙人之间是否具有相互信任的基础，如果仅仅是因为资金缺乏而选择合伙，最有效的措施就是在合伙之前将所有可能发生的问题以法律合同的形式固定下来，以免引起不必要的麻烦。

（5）风险投资。我国虽然在风险投资领域近年来发展较快，但整个社会资本体系发展还不完善。目前风险投资已经回归理性，背离价值本质的获投项目越来越少，创业者不能盲目地认为在创业早期能轻松地获得天使资金。目前，风投机构多关注以高新技术为基础的新兴产业领域，如人工智能、生物技术、新材料、电子信息等领域。风险投资人投资的是投资对象的未来价值，在于标的企业的发展前景，主要是通过标的企业的再融资价差出让股权或上市获得高额回报，一般需要 3 ~ 7 年才能实现。投资人不是以培养行业顶级企业为目的，而是将所投标的作为一种实现超额回报的载体。

大学生是否能争取到风险投资基金的青睐，主要取决于个人的综合能力以及项目的发展前景。除了关心创业者的技术，投资人也同样关注创业者本人的素质和新创企业的盈利模式。

2.2 债权融资与股权融资的区别

债权融资是一种借贷关系，企业通过“向人借钱”获得资金。这笔资金是有一定成本的，企业必须支付利息，并且债务到期时须偿还本金。债权融资获得的是资金的使用权而不是所有权。企业常见的债权融资方式包括银行贷款、政府贷款、企业债券等。对债权人来说，通俗地讲就是："我借给你钱，你付给我利息，到期还我本金。"

股权融资是指企业让出一定比例的股份以吸引新的股东加入，从而获得资金。股权融资获得资金后，企业无须还本付息，没有定期偿付的财务压力。投资人作为新股东加入公司，但与老股东同样分享企业的价值增长。常见的股权融资方式包括吸收直接投资、发行股票、私募股权基金等。对出资人来说，通俗地讲就是："我出钱，你给我股份，企业赚了钱我们一起分。"

债券融资和股权融资是最主要的两种融资方式，这两者间的区别是什么？从融资企业的角度出发，债权和股权又有什么区别呢？

（1）收益方式不同。债权有固定的投资期限和投资收益，企业融资后须向出资人支付固定的利息收益。对投资人来说，投资债权类的产品收益相对来说比较固定。

通常情况下股权并没有固定的期限，退出方式根据实际协商而定。对投资人来说，追求的是丰厚的经济回报，收益通常由企业的盈利水平和发展而定，主要分为股权增值和股权分红。股权增值相较于债权来说收益空间更有潜力。另外，根据企业盈利状况，在好的经营状况下，投资人还会有机会享受到股权的分红。

（2）管理权不同。债权是一种债务关系，不会涉及企业的控制和管理。投资人对企业经营有参考、咨询的作用，一般不介入决策。

股权是企业经营生产的基础。企业出让股份获取资金或有可能面临控制权分散或失去的风险。投资人的股权一旦达到一定的比例，甚至可以有权参与公司的管理和重大事项决策，具有更高的自主性。

（3）风险程度不同。债权义务是企业必须承担的，与企业的经营状况和盈利水平无关。从融资人角度出发，债权融资必须承担按期付息和到期还本的义务，此种偿债义务不受公司经营状况和盈利水平的影响。当公司经营不景气、盈利水平下降时，会给公司带来巨大的财务压力，甚至可能会导致公司无力偿还到期债务而破产，财务风险较高。对于融资公司而言，股权融资的风险小于债权融资的风险，公司没有固定付息的压力，且普通股也没有固定的到期日，因而也就不存在还本付息的融资风险。

3. 如何通过股权融资获得资本

3.1 资本逻辑与企业价值

随着"大众创业、万众创新"大环境的不断完善，创新创业的氛围和配套服务越来越好，我国现在的创业圈每年有几十万家创业公司成立，大家言必提风险投资、风投、VC，有的创业公司被风投追捧，有的创业公司使出浑身解数也无法得到风投的青睐。那么，我们有必要了解什么是风险投资和它的投资逻辑。

首先，我们了解一下什么是风投。风险投资是一种针对创业公司的资本运作模式，就是投资机构寻找有潜力的成长型公司投入资金，换取这些被投资公司的股份，并在合适的时候将股份出售，套现后实现退出。风险投资是典型的价值投资，属于私募股权投资的一种，风险投资的各阶段如下图所示。

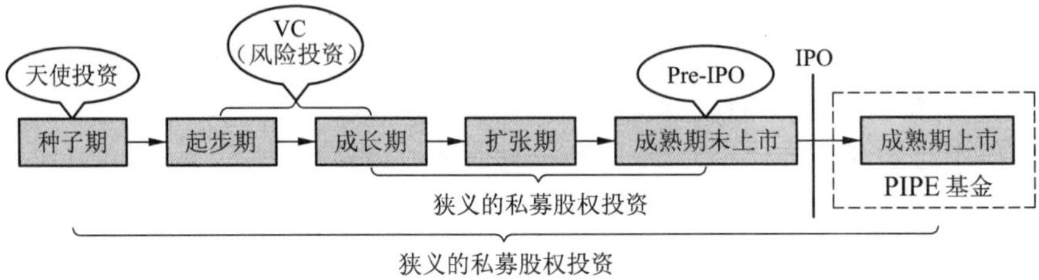

其次，我们要清楚你自身行业的特性，VC 公司都有自己感兴趣和关注的行业或领域，没有哪一家 VC 公司什么行业都看、什么领域的好项目都投。基本都是聚焦在自己关注或熟悉的投资领域。比如，有的专注于移动互联网、人工智能、区块链、大数据等，也有的专注于生物医药、新零售新消费、文化创意等。

种子期、早期、成长期单个项目投资的资金规模差异很大，典型情况如下：种子期为 10 万 ~ 300 万元，早期为 100 万 ~ 2 000 万元，成长期为 1 000 万 ~ 5 000 万元。

最后，我们需要了解投资机构的投资流程，常规的投资流程 VC 公司的投资与个人投资不一样，必须有一定的方法、流程和决策机制，如下图所示。

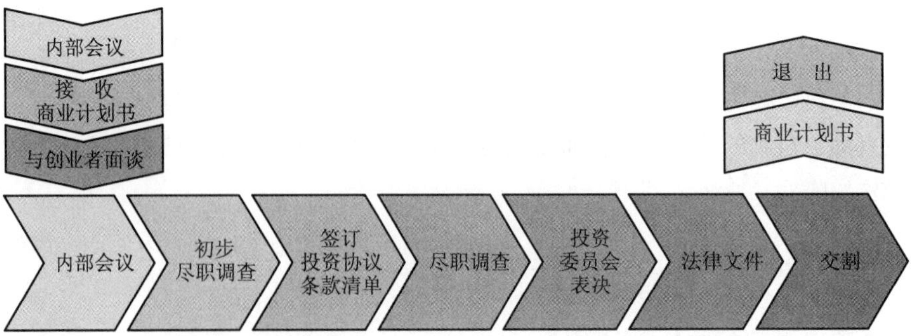

第一步，VC 投资人会根据自己的行业偏好，通过各种手段寻找项目。

第二步，投资人通常会要求先看项目方的商业计划书，以决定是否有必要面谈沟通。当然也有一些项目是先与创业者沟通之后，再要求看商业计划书的。

第三步，投资人与创业者面对面进行沟通，对于商业计划书中不够清晰的地方进行详细、深入的交流，也可能会进行多次交流。任何来源的项目，都需要打动VC公司里的第一个人才能向前推进，不管是合伙人还是投资经理。

第四步，如果投资人被项目打动，他会在VC公司内部定期举行的项目评估会上推荐这个项目，让大家进行讨论和排序。

第五步，如果这个项目能够在VC公司内部被看好，并能进入“潜在投资项目”排名榜的前列，接下来，投资人就会针对项目做一些初步的尽职调查。

第六步，初步尽职调查之后，对公司的情况做一些验证和核实。如果发现项目确实不错，VC公司就会与项目方谈判和签订投资协议条款清单（term sheet），也称为投资意向书。

第七步，投资协议条款清单不是最终的投资协议，VC公司随后会对项目进行详细、深入地尽职调查，甚至会聘请外部第三方专业机构来对公司的业务、财务、法务、团队等进行全方位地了解，以及对信息、数据进行核实。

第八步，最终这个项目会被送到VC公司内部的最高决策机构——投资决策委员会（Investment Committee，IC）去获得最后的审判决策。

第九步，一旦通过投资决策，VC公司就会根据投资协议条款清单的内容，起草和签署一系列与正式投资相关的法律文件。

第十步，VC公司将VC基金里的约定投资款，按照约定的批次和时间汇入创业公司的账户。

第十一步，VC公司里的项目负责人会适度参与被投公司的后续发展，并提供一些力所能及的投后服务。

第十二步，找到合适的机会，VC基金出售其所持有的被投公司的股权，套现退出。

综上所述，创业项目若属于种子期项目，且资金需求在200万元以内，可优先吸引亲戚、朋友进行投资，或合伙投资，这样做的优势在于有信任基础、投资快速。若投资在500万以内则考虑天使投资人，但是天使或VC基金一旦投资进入被投公司，其就变成了该公司的股东，持有公司的股份。如遇到公司破产，对破产清算后剩余的资产，VC基金要优先于公司创始人把该拿的钱拿回去。如果融资公司发展顺利，成功上市或者被大公司收购，VC基金要么以现金的方式直接变现退出，要么获得可以在证券市场流通的股票来实现投资回报。

3.2 价值塑造应关注的问题

由于股权融资过程中风险投资机构属于价值投资属性，创业公司的价值就成为获取投资的基础，机构是会通过专业且全方位的评估做出投资决策的。所以，即便你的行业、商业模式、技术、团队等要素均是非常不错的，也需要基于投资人的投资逻辑将你公司现在与未来的价值进行系统分析，充分发掘出你公司的价值优势以呈现给投资人，以便更好地获得投资人的青睐和投资，同时也会影响投资人对你公司的估值。

4. 融资商业计划书

4.1 股权投资的逻辑：人与事的匹配性

“见投资人之前你一定要准备一份商业计划书！”它包括公司战略、商业模式、市场分析、财务分析、你的竞争优势（技术或核心团队）等方面的内容。它不但是沟通投资人的工具，更是帮你自己理清商业思路的蓝图。如果你连自己的项目都没有想清楚，在沟通的时候又逻辑混乱，那么你是不可能获得投资的。

处于天使阶段的项目，大部分还很不完善。虽然天使投资的资金比较小，但所起的作用却很大，一方面能够给团队增加士气（有人认可你的方向），另一方面也给了模式验证一定的时间。在资金上主要用于搭建团队、产品原型制作、初始的简单运营等。由于天使投资人在项目的最早期进入，因此面临着各种的不确定性，失败的风险很大，一旦成功，收益将会相当可观。这也是早期 VC 或天使投资人能够拿到更好的估值条件进入的原因。

4.2 天使投资人关注的项目商业计划书的关键点

对于初创项目，天使投资人看项目商业计划书主要关注以下几个方面。

（1）团队背景。创始团队的背景，团队的互补程度，创始人的认识与自我定位是什么。

（2）市场前景。行业有没有前景，市场有多大，预期目标是否真实存在。

（3）产品及行业方向。“赛道”及你的项目在这个行业的天花板够不够高，未来的想象力够不够大，你的产品投入与产出周期如何。

（4）竞争壁垒。你的项目和同类项目相比有什么优势，这个行业的准入门槛是否与你的项目运作能力相匹配，这是未来竞争和获取利润的前提。

（5）财务测算。就是花多少钱，赚多少钱，行业的通行利润率以及你的项目盈利能力分析。

4.3 商业计划书如何打动投资人

4.3.1 直接告诉投资人你在做什么（痛点分析 / 需求分析）

通过一句话简明扼要地介绍你的项目是什么，把项目定位介绍写在商业计划书的首页，让人一眼就知道你是干什么的、你可以解决什么问题、你的独特价值是什么。

4.3.2 说明你的产品或解决方案（解决方案）

提出了问题就要匹配相应的解决方案。但是在创业环境中，针对一个问题往往可能有上百种解决方案，你一定要阐述你的解决方法的合理性以及你的产品是什么、有什么功能，是怎么解决问题的，为什么你觉得这种解决方案是最好的。

4.3.3 产品简介（产品介绍、用户画像）

痛点和解决方案的最终落脚点是产品，你的产品要如何体现出自己的解决方案，又是通过什么功能来解决相应问题的。你也可以告诉投资人清晰、明确的产品图景，第一步做什么、第二步做什么，而不是全部混淆在一起。

4.3.4 用数据说明市场的规模（市场概况）

论证整体的市场规模有多大，你是如何推算出来的，这个市场未来将如何发展。在论证的过程中最忌讳的就是长篇累牍，简洁地说明你推算的依据和基础数据来源即可。如果是对口的投资人，相比创业者他们对于市场情况了解得更多，因此不需要过多地阐述，如果有独特的见解最好，但应注意如下几点。

（1）市场有万亿，与你的关系也未必会很大。你要做的事情就是测算你在这个具体细分市场下，预计能够拥有多少市场占有率。

（2）市场分析要跟你的项目直接相关。如果你是做一个基因分析的市场，却讲述一个亚健康管理的市场，那就是牛头不对马嘴，会让投资人觉得你的思路很有问题。

（3）善于利用数据图。在市场分析中，结构是很重要的一个部分。一个市场中，不同玩家的方向各占据了多少的市场，你切入的又是哪一块？要说明这些对于投资人做分析和判断是比较有价值的信息。

4.3.5 商业模式

听起来非常玄乎的商业模式究竟是什么？我们更认同的一个观点是，商业模式包含了你的产品模式、用户模式、财务模式以及盈利模式。所谓产品模式，即要明确产品是如何来获取用户的，有什么独到之处，这些用户来了之后你能够做什么，最终设计一

个怎么样的模式让他们为此付费或者产生价值，多大的规模能够产生多大的价值。

4.3.6 说明目前的运营情况（运营数据）

对于早期项目来说，运营情况是很难有数据的，但对一些有 MVP（最小化可行性产品）的创业者来说，你就可以介绍一下你在小规模测试中的一些数据，这是你产品的很好证明，不过要注意在设计数据结构时应尽量精细，以取得能够解决问题的效果。

与此同时，早期创业者在创业的时候，一定要留意做数据分析，哪怕是现在暂时无法通过技术手段来解决的问题。我们在看很多项目的时候，他们的 BP 呈现给投资人的数据颗粒度都非常大，很难真正说明问题。有一句话说得好：“如果你现在不知道自己是怎么挣钱的，那么未来也还是不知道如何挣钱。”

你应该根据不同的项目情况去说明你的核心数据的现状以及未来可能出现的变化，现状体现了现有的产品和商业模式验证的程度，数据的趋势体现了在资金的驱动下，核心数据将会变化到什么样的程度。

对不同项目的核心数据应该做出一些区分，关注你真正关注的数据，而非一些虚荣指标（该名词最早出于《精益创业》）。如果你是一家社交公司，关注增长、留存以及用户使用时长是对的，而如果你是一个 B2B 公司，你可能更应该关注企业数、成交金额、成交单价、成交时间等。

数据是投资人对项目的解决方案和产品做初步检验和判断的依据，它证明了你的解决方案是否合理、是否经得起推敲，产品方向是否靠谱。今后的数据会成为融资中越来越重要的部分。

4.3.7 展示出你做这件事情的优势（竞争对手、竞争优势）

你需要说明目前市场上有多少团队在做同样的事情，相比你的竞争对手你做这件事有什么优势，你和他们有什么区别。

当然，很多创业者面对的挑战是，早期项目基本上是没有任何优势和门槛的，因此，开发速度快、产品理念好、有特殊的资源就能够构成一些综合的要素，以此去说服投资人你是值得投资的。

4.3.8 融资需求（股权结构、融资计划）

你需要告诉投资人你公司目前的股权是如何分配的，你需要多少钱，这些资金的用途是什么，分别占多大的比例。

很多创业者这时会很头痛，早期项目的估值究竟该怎么做才好？这里我们要为早期融资做个祛魅，其实很多项目在早期是毫无估值可言的，也无法用正常的估值计算方式来进行。你能做的就是估算自己在 1.5 ~ 2 年时间里大致需要达成的目标以及所需要的金额，出让 10% ~ 20%（根据谈判的结果而定）来确定你的估值。我们建议你更关注自己究竟需要多少资金更合理，而不是去关注估值的大小。

4.3.9 详细介绍自己的团队（团队介绍）

这里的“详细”是指要具体到团队成员的学历背景、工作经历和创业经历等，除了经历外，还需要列出一些主要成就，重点是让人相信你的团队有做成这件事情的认知和能力，毕竟“见过”和“做过”之间存在着巨大的差异。

5. 融资路演

什么是成功的路演？成功的路演就是当路演结束之后，投资人“乞求”着要投资你的公司，虽然听上去有些可笑，但这也并非不可能。如果你能做一场让投资人无法拒绝的融资路演，还怕不能获得成功？

融资路演是一件非常重要的事情，一旦获得投资人的青睐，就能帮助你的公司腾飞；相反，如果路演搞砸了，你的创业想法就可能永远无法实现。按照投资人的经验法则，在他们所做的投资考察中，大概只有 5% 左右的项目能够获得投资。从数字上来看，获得投资的概率其实非常小。尤其是在 2019 年股权投资市场逐步降温，再加之 2020 年初受疫情的影响，在未来获得资本的投资将会更加困难，如果能够好好地研究路演，或许能让你“赢得回头率”并提升获投概率。

那么，如何做一场引人注目、令投资人印象深刻的融资路演呢？

5.1 路演时间不超过 10 分钟

时间非常重要，如果你路演的时间越少，效果将会越好。一个闪亮的创意其实并不实在，除非你可以在路演的 PPT 上展示出来。当然，如果你能够更简洁地表现，效率就会越高。在讲解路演 PPT 时，要注意以下几个要点。

（1）如果你觉得某个 PPT“只要花几分钟”，那么就压缩到 1 分钟之内；如果你被投资人告知，“只有几分钟的路演时间”，那么就要把时间至少压缩到 5 分钟之内。

（2）如果你说“下面是最后一件事儿”或是类似的话，那么请确保这真的是最后一件要说的事儿。如果你使用幻灯片，在 1 张幻灯片上停留的时间不要超过 3 分钟。最好的路演时间大概是你说 10 分钟，如果投资人真的感兴趣，他们会问问题；如果他们不感兴趣，其实就相当于你解救了他们。

5.2 把路演变成讲故事

讲故事的方式非常能够抓住听者的关注，这是被论证过的。此外，这种方式也能让你的路演变得使人难忘。

投资人其实并不喜欢PPT、估值、数字之类的东西，如果他们想要那些信息，绝对是可以不费吹灰之力就能搞到的。所以，在投资人面前不要班门弄斧，你可以告诉他们自己的创业故事，每个人都喜欢听好故事，即便是最看重数据的投资人也不例外。

所以，讲一个你的故事，但得表述清楚。你的重点是要引起投资人的关注，让他们愿意为你投入资金，能达到这个目标就可以了。

5.3 保持专注

在投资人眼里，时间是他们最宝贵的资产。如果你的路演让投资人感到你非常尊重他们的时间，那么他们也会用投资来回报你。时间的重要性无须赘述，所以，路演时你需要时刻保持专注，同时还要重点关注以下几个要点。

5.3.1 准确解释你的产品是什么

不要只给投资人“画大饼”，要给他们展示一个实实在在的产品。这里要注意的是，不要过分解释你的产品特性，投资人最关心的其实是你的产品如何才能赚到钱。如果你了解了这一点，就能很容易地从投资人那里拿到钱了。

5.3.2 准确解释你的产品或服务与众不同之处

如果你无法制造或提供一些与众不同的产品或服务，最好不要去路演了，赶紧回去好好再钻研一下，设计出更好的东西吧！

5.3.3 准确解释你的目标受众

用你已经验证的或是行业已经存在的结果证明你的市场机会与市场价值，给投资人展示一些客户数据会更有说服力。

5.3.4 准确解释你是如何获取新客户的

公司是否能够获得成功，主要归功于营销。如果你有一个营销理念、方法或技术，请告诉投资人；相反，如果你有一款很好的产品，但却无法销售出去，那么也不会获得投资人的青睐。投资人需要看到的是一个无懈可击的营销策略，让你的产品能够上市。此外，如今的投资人会更看重线上营销，因此你需要格外注意。

5.3.5 解释你的盈利模式

投资人之所以会投资你，无非是希望能从你那里得到回报。因此，路演中投资人问得最多的问题就是你的公司是如何盈利的。实际上，他们是在询问你的收入模式。所以，请准确解释你是采用了哪些收入模式，以及如何执行这些模式。

5.3.6 要变得坚定而热情

投资人现在最关心的事情就是帮助创业者发展自己的想法，最看重的就是那些对自己产品及未来充满无限热情的创业者，因为激情是无法掩饰的。一个充满能量且有热情的创业者，在投资人面前至少能加一半分数。还有一点要注意，就是创业者一定要走出自己的舒适区。

5.3.7 路演时要重视穿着及精神气质

“以貌取人”的情况虽然看上去有些不公平，但在很多时候还是存在的，特别是在路演时，一定要重视你的穿着。别忘了如果你想要募集几百万元的投资，花上几千元买件好衣服并不算太过分。

5.3.8 多练习，多参加创业大赛

在正式路演之前，一定要多进行练习。一定要与你的合作伙伴、同学一起对你路演的内容进行悉心设计，达到逻辑、内容、表达、表情、状态的高度协调。同时也要多参加各类创业大赛，在历练自己的同时和其他选手进行交流学习，不断完善自己。

5.3.9 预见问题，提前回答

如果投资人对你感兴趣，他们肯定会问很多问题，因此要提前对可能问到的问题做到心中有数。如果你能回答一些非常棘手的问题，那么无疑就是从另一方面展示了你的能力，投资人其实是非常喜欢看到这一点的。

5.3.10 告诉投资人他们的“退出策略”

一个杀手级的融资路演，最重要的就是要向投资人展示他们的“退出策略”。实际上很多初创公司都会忽略这个问题，投资人关注的是在短时间内能赚到钱，但是“短时间”是多久呢？通常 5 年是个比较保险的时间范围。之后你需要做的，就是告诉投资人如何在 5 年之内赚到钱。而所谓的退出策略，就是未来你是否会上市、被收购，还是会有别的方式。在回答这些问题之前，都要做好准备，比如未来你公司的销售收入或估值可能会达到多少，投资人往往希望得到更多回报，而不是获得一些边际收益，毕竟谁不想躺在一艘大游艇上退休呢？

总结，什么是成功的路演？就是当路演结束之后，投资人争抢要投资你的公司，如果你能做一场让投资人无法拒绝的融资路演，那么投资离你其实也就很近了。祝你成功！

（本模块内容的文稿撰写和线上视频讲授均由西北大学国际商学院资本研究中心主任、研究员王鸿老师完成）

参考文献

[1][德]埃贝哈德·哈默．中产企业：创办、管理、机遇、风险[M]．顾颖，编译．北京：中国华侨出版社，1998.
[2][美]詹姆斯·柯林斯，杰里·波勒斯．基业长青[M]．北京：中信出版社，1994.
[3]顾颖．中小企业发展及其对社会阶层结构变迁影响研究[M]．北京：中国社会科学出版社，2004.
[4]赵守国，顾颖．中国西部中小企业创业与成长研究[M]．北京：中国社会科学出版社，2004.
[5]顾颖，马晓强．中小企业创业与管理[M]．北京：中国社会科学出版社，2006.
[6]顾颖，常云昆．家族企业继承人问题研究[M]．北京：中国社会科学出版社，2007.
[7][美]克里斯·安德森．长尾理论[M]．乔江涛，译．北京：中信出版社，2006.
[8][美]彼得·德鲁克．创新与企业家精神[M]．蔡文燕，译．北京：机械工业出版社，2007.
[9][美国]詹姆斯·柯林斯．从优秀到卓越[M]．俞利军，译．北京：中信出版社，2009.
[10]顾颖．企业经济学[M]．北京：中国社会科学出版社，2011.
[11]廖春红．九型人格[M]．北京：中国华侨出版社，2018.
[12][日]稻盛和夫．阿米巴经营模式[M]．上海：东方出版社，2010.
[13][美]杰克·特劳特，史蒂夫·里夫金．重新定位[M]．谢伟山，苑爱冬，译．北京：机械工业出版社，2011.
[14]陈威如，余卓轩．平台战略：正在席卷全球的商业模式革命[M]．北京：中信出版社，2013.
[15][美]凯文·凯利．必然[M]．周峰，董理，金阳，译．北京：电子工业出版社，2016.

[16][日]大前研一.专业主义：大前研一[M].裴立杰，译.北京：中信出版社，2010.
[17]汪中求.营销人的自我营销[M].北京：新华出版社，2003.
[18]姜戎.狼图腾[M].武汉：长江文艺出版社，2004.
[19]王伟立.华为的团队精神[M].深圳：海天出版社，2013.
[20]司春林.商业模式创新[M].北京：清华大学出版社，2013.
[21][美]迈克尔·波特.竞争战略[M].陈丽芳，译.北京：中信出版社，2014.
[22]曹磊，陈灿，郭勤贵，等.互联网+：跨界与融合[M].北京：机械工业出版社，2015.
[23]长铗，韩峰.区块链：从数字货币到信用社会[M].北京：中信出版社，2018.
[24]卢新元.众包模式中的用户行为研究[M].北京：科学出版社，2019.
[25]桂曙光，陈昊阳.股权融资：创业与风险投资[M].北京：机械工业出版社，2019.
[26]王中强，陈工孟.创新思维与创业教育[M].北京：清华大学出版社，2017.
[27]陈劲，郑刚.创新管理：赢得持续竞争优势[M].3版.北京：北京大学出版社，2016.
[28]张耀辉，张树义，朱锋.创业学导论：原理、训练与应用[M].北京：机械工业出版社，2011.
[29]曹裕，陈劲.创新思维与创新管理[M].北京：清华大学出版社，2017.
[30]罗玲玲，武青艳，代岩岩.创新思维与创新方法[M].北京：机械工业出版社，2020.
[31]汪军民，王茂琪，邓亚娇.创新思维与创业逻辑[M].北京：高等教育出版社，2016.
[32]雷家骕，葛健新，王华书.创新创业管理学导论[M].北京：清华大学出版社，2014.

致 谢

本教材是为了配合在线开放课程“创新创业新思维与新实践”（中国大学MOOC，课程编号：1202NWU025）而编写的。在本慕课的拍摄、制作、上线和本教材的编写以及出版过程中，凝结着许多机构和人士的辛勤劳动和智慧奉献。作为本慕课负责人、主讲人和本教材的主编之一，在此专门致谢。

首先，感谢西北大学给我这个机会开设了这门慕课。本慕课的前期基础是我主持的“大学生创新创业教育十大精华模块在线指导”课程项目，即“2018—2019西北大学本科精品在线开放课程建设项目”之一。本慕课从立项到拍摄上线和运行管理，西北大学教务处给予了很大的帮助和支持；同时，感谢“爱课程网”中国大学MOOC王冰怿老师的有力支持。

其次，感谢我作为委员的“2010—2015教育部高等学校创业教育委员会”和“2018—2022教育部高等学校创新创业教育指导委员会”；感谢上海财经大学常务副校长、本届“双创教指委”副主任徐飞教授为本教材所写的精彩序言；感谢中南大学杨芳教授，同济大学周斌教授、许涛教授，上海财经大学刘志阳教授等多位跨校同行及专家。

再次，基于创新创业与社会实践的高度关联性，我要感谢对本慕课和本教材出版给予帮助和指导的专家与学者：陕西浩公律师事务所主任王浩公，地特网“画乡之窗”创始人张少元，陕西绿源旅游景观工程有限公司合伙人王强，西安高度教育创始人、校长宁晓安，西安白马金服创业管理有限公司创始合伙人阮肖，他们作为创新创业专家及社会创业者，与我们分享了他们成功的创业经验；西北大学化工学院博士研究生王迪，西北大学文化遗产学院硕士研究生邢咚琳，西北大学化学与材料科学学院本科生王俪锦，西北大学信息科学与技术学院本科生彭万立，长安大学经济与管理学院本科生张后龙，与我们分享了他们优秀的大学校园创新创业项目的经验。

复次，感谢西北工业大学对本慕课的大力支持和对本教材内容的认同。该校已将本慕课纳入全校通识课的课程体系，建立了一个独立的SPOC，以便做好教学管理；同时，感谢西北大学出版社马来社长、张萍总编辑和刘秀玲编辑的有力支持。

最后，特别要感谢的是西北大学经济管理学院，我从学生到教师与她结下了38年之缘。目前，西北大学经济管理学院新生代的领导团队，他们不仅全力支持本慕课的上线和本教材的出版，而且还将本慕课列为学院本科生专业实践必修课，使我和我的课程团队教师深受鼓舞。这意味着，学院将从2020年起，每年将有不少于400名的本科生必修这门慕课。

创新创业是人类生存和发展的永恒话题。它不分文科和理科，也不分专家学者、党政干部、大学生和社会创业者以及就业者。在这条路上，需要大家一起学习、交流、合作，共同进步、成长！

顾　颖
西北大学教授、博士研究生导师
教育部高等学校创新创业教育指导委员会委员
陕西省高等学校创新创业教育工作委员会副主任

2020年8月